财务会计

主　编　张银灵
副主编　王朝霞　侯　鹏
编　者　周露露　陈亚菲

河南大学出版社
·郑州·

图书在版编目(CIP)数据

财务会计/张银灵主编. —郑州:河南大学出版社,2017.4(2018.2重印)
ISBN 978-7-5649-2829-2

Ⅰ.①财… Ⅱ.①张… Ⅲ.①财务会计 Ⅳ.①F234.4
中国版本图书馆 CIP 数据核字(2017)第 097397 号

责任编辑　韩　琳
责任校对　霍晓玉
封面设计　翟淼淼

出　版	河南大学出版社		
	地址:郑州市郑东新区商务外环中华大厦 2401 号	邮编:450046	
	电话:0371-86059712(高等与职业教育出版分社)		
	网址:www.hupress.com		
排　版	郑州市今日文教印制有限公司		
印　刷	开封日报社印务中心		
版　次	2017 年 8 月第 1 版	印　次	2018 年 2 月第 2 次印刷
开　本	787mm×1092mm　1/16	印　张	19.75
字　数	468 千字	定　价	42.00 元

(本书如有印装质量问题,请与河南大学出版社营销部联系调换)

前　　言

　　财务会计是高职高专会计专业的一门核心专业课程，本教材主要是面向高职高专会计专业的学习教材。本教材根据教育部高职高专财务会计课程的基本要求，按照"理论够用为度，注重知识的实用性"原则编写而成，不仅全面、系统地介绍现代财务会计理论的最新成果和实践操作技能，而且将教材和多媒体课件紧密结合起来，以求提高教学效果和教学质量，培养和提高学生运用所学知识解决实际问题的能力。

　　本教材以最新的《企业会计准则》和其他相关的法律法规为编写依据，以培养会计类专业学生的实践能力为目的，科学地设计出九个教学项目：财务会计基本认知；出纳岗位核算；往来岗位核算；存货岗位核算；资产岗位核算；职工薪酬岗位核算；资金岗位核算；财务成果岗位核算；财务报告岗位核算。为了促进学生对知识的理解和掌握，每个项目后面都附有练习题，以便缩小学生理论与实践的差距。本书内容丰富，结构新颖，注重讲练结合，具有很强的实用性和可理解性。

　　本书由郑州城市职业学院经济管理系会计电算化专业张银灵老师主编，王朝霞、周璐璐、陈亚菲、侯鹏参与编写。其中，项目一由侯鹏编写，项目二、项目六由周璐璐编写，项目三、项目七、项目八、项目九由张银灵编写，项目四由王朝霞编写，项目五由陈亚菲编写。

　　本书在编写过程中，参考了大量的相关教程和资料，在此向相关作者表示诚挚的感谢。由于水平有限，书中难免会有错误和不足之处，还望读者批评指正。

本书编写组
2017 年 2 月

目 录

前　言 ………………………………………………………………………………（1）

项目一　财务会计基本认知 ……………………………………………………（1）
　　任务一　财务会计概述 …………………………………………………………（1）
　　任务二　财务会计的目标及内容 ………………………………………………（3）
　　任务三　财务会计的基本假设和会计信息质量要求 …………………………（4）
　　任务四　财务会计报告要素及其确认与计量 …………………………………（7）
　　任务五　企业会计准则与制度 …………………………………………………（13）
　　任务六　会计环境 ………………………………………………………………（15）

项目二　出纳岗位核算 …………………………………………………………（22）
　　任务一　出纳岗位的核算任务与业务流程 ……………………………………（22）
　　任务二　出纳岗位的核算业务 …………………………………………………（26）
　　任务三　支付结算业务 …………………………………………………………（33）

项目三　往来结算岗位 …………………………………………………………（53）
　　任务一　往来结算岗位的会计职责和核算任务 ………………………………（53）
　　任务二　应收及预付款项的核算 ………………………………………………（54）

项目四　存货岗位核算 …………………………………………………………（77）
　　任务一　存货岗位的概述 ………………………………………………………（77）
　　任务二　存货的概念和核算 ……………………………………………………（79）

项目五　资产岗位核算 …………………………………………………………（117）
　　任务一　资产岗位的核算职责和核算任务 ……………………………………（117）
　　任务二　资产岗位的核算业务 …………………………………………………（118）

项目六　职工薪酬岗位核算 ……………………………………………………（140）
　　任务一　职工薪酬岗位的核算任务与流程 ……………………………………（140）
　　任务二　职工薪酬的确认与分配 ………………………………………………（142）
　　任务三　个人所得税的计算和代扣 ……………………………………………（148）

项目七　资金岗位核算 ……………………………………………………………（157）
　　任务一　资金岗位的会计职责和核算任务 …………………………………（157）
　　任务二　负债筹资的核算 ……………………………………………………（159）
　　任务三　权益筹资的核算 ……………………………………………………（165）
　　任务四　金融资产的核算 ……………………………………………………（173）
　　任务五　长期股权投资业务的核算 …………………………………………（185）

项目八　财务成果岗位核算 ……………………………………………………（206）
　　任务一　财务成果岗位的会计职责和核算内容 ……………………………（206）
　　任务二　收入的核算 …………………………………………………………（208）
　　任务三　费用业务核算 ………………………………………………………（222）
　　任务四　营业外收支核算 ……………………………………………………（227）
　　任务五　所得税的计算与交纳 ………………………………………………（229）
　　任务六　利润及利润分配的核算 ……………………………………………（240）

项目九　财务报告岗位核算 ……………………………………………………（251）
　　任务一　财务报告岗位的会计职责和核算任务 ……………………………（251）
　　任务二　财务报表的编制 ……………………………………………………（252）

参考文献 …………………………………………………………………………（307）

项目一　财务会计基本认知

【本章培养目标】

了解财务会计的相关概念,认识财务会计工作。
理解财务会计与管理会计的区别,明确财务会计的目标。
掌握会计基本假设和会计信息质量要求。
掌握财务会计报告要素的确认及计量方法。
熟悉财务会计的工作环境,并遵守相关的法律法规。

【本章重点】

财务会计的概念。
财务会计的目标及内容。
会计基本假设和会计信息质量要求。
财务会计报告要素及其确认与计量。

【本章难点】

会计信息质量要求。
财务会计报告要素及其确认与计量。

任务一　财务会计概述

一、财务会计的概念

财务会计是运用簿记系统的专门方法,以通用的会计原则为指导,对企业资金运动进行反映和控制,旨在为投资者、所有者、债权人提供会计信息的对外报告会计。

(一)财务会计以计量和传送信息为主要目标

从信息的性质看,财务会计主要是反映企业的整体情况,并着重于历史信息。

从信息的使用者看,财务会计的使用者主要是外部使用者,包括投资人、债权人、社会公众和政府部门等。

从信息的用途看,财务会计主要是利用信息来了解企业的财务状况和经营成果。

而管理会计的目标则侧重于规划未来,对企业内部的重大经营活动进行预测和决策,以及加强事中控制。

(二)财务会计以财务报告为工作核心

财务会计作为一个会计信息系统,其会计信息最终是通过会计报表反映出来的。因此,财务报告是会计工作的核心。

而管理会计并不把编制会计报表当作它的主要目标,只是为企业的经营决策提供有选择的或特定的管理信息,其业绩报告也不对外公开发表。

(三)财务会计仍然以传统会计模式作为数据处理和信息加工的基本方法

为了提供通用的会计报表,财务会计还要运用较为成熟的传统会计模式作为处理和加工信息的方法。传统会计模式也是历史成本模式,具有如下特点:

1. 会计反映依据复式簿记系统。
2. 收入与费用的确认以权责发生制为基础。
3. 会计计量遵循历史成本原则。

(四)财务会计以公认会计原则为指导

公认会计原则是指导财务会计工作的基本原理和准则,是组织会计活动、处理会计业务的规范。而管理会计不必严格遵守公认的会计原则。

二、财务会计信息的使用者

(一)投资者

对投资者而言,通过对会计报表的阅读和分析,可重点了解其投资的完整性和投资报酬、企业资本结构的变化、未来的获利能力和利润分配政策等。

(二)债权人

对债权人而言,通过对会计报表的阅读和分析,可重点了解企业的偿债能力,了解其债权的保障和利息的获取,以及债务人是否有足够的能力近期偿付债务。

(三)政府及其机构

对政府及其机构而言,通过阅读和分析会计报表,可了解企业的经营活动和社会资源的分配情况,据以作为决定税收等经济政策的依据和国民收入等统计资料的基础。

(四)潜在的投资者和债权人

对潜在的投资者和债权人而言,通过阅读和分析会计报表,可了解企业的发展趋势和经营活动的范围,并为选择投资和贷款方向提供依据。

三、财务会计与管理会计的区别

会计工作因具体处理对象的侧重而有所不同,侧重处理内部经济关系的会计,称为管理会计;侧重处理外部经济关系的会计,称为财务会计。

管理会计大致可分为两种:(1)以对企业生产经营决策的预期效果实行综合分析为主体内容的"决策会计";(2)以对企业生产经营的整个过程和各个方面进行严格控制考核为主体内容的"执行会计"。前者主要内容包括经营预测、短期经营预测、长期投资决策等,后者主要内容包括预算管理、成本控制、责任会计、绩效评价等。

会计的反馈控制和前馈控制主要是用于管理会计领域,如反馈控制中的责任会计、标准成本制度、信用控制、生产控制,以及前馈控制中的现金计划、经济订货量、研究与开发等,都属于管理会计的范畴。

财务会计是以货币为主要量度,对企业已发生的交易或事项,运用专门的方法进行确认、计量,并以财务会计报告为主要形式,定期向各经济利益相关者提供会计信息的企业外部会计。

财务会计与管理会计的区别主要体现在服务对象、依据标准、提供信息的类型、主要内容、所运用的程序和方法、报告的形式和时间范围、成本计算方法等方面。

本书以下内容中如无特别说明,"会计"一词仅指"财务会计"。

任务二 财务会计的目标及内容

一、财务报告的目标

财务报告目标也称会计目标或会计报表目标,是指在一定的会计环境中,人们期望通过会计活动达到的结果,或者说就是财务会计信息系统要达到的目的和要求。

财务报告目标主要解决的问题:向谁提供会计信息?提供什么样的会计信息?

受托责任观:(1)向资源所有者(股东)如实反映资源的受托者(经营者)对受托资源的管理和使用情况;(2)反映企业管理层受托责任的履行情况;(3)有助于评价企业的经营管理责任和资源使用的有效性。

决策有用观:(1)向财务报告的使用者提供对他们的决策有用的信息;(2)满足财务报告使用者的信息需要;(3)有助于财务报告使用者做出经济决策。

确定我国财务会计的目标,既要充分借鉴其他国家的经验,更要立足于我国的经济环境。2006年我国制定的《企业会计准则——基本准则》中规定:我国财务会计报告的目标是向财务会计报告使用者提供与企业财务状况、经营成果和现金流量等有关的会计信息,反映企业管理层受托责任履行情况,有助于财务会计报告使用者做出经济决策。

二、财务会计的内容

财务会计的内容即为财务会计应予以核算和监督的内容,财务会计要素是财务会计内容的具体化。若将这些要素进一步细化,则形成会计科目和报表项目。从某种意义上讲,财务会计编制会计报表的过程就是将会计科目和账户记录的信息转换为会计报表信息的过程,这个过程也就是财务会计进行核算与监督的过程。因此,财务会计的内容应该包括核算和监督两部分内容。

(一)财务会计核算的内容

财务会计核算的内容主要包括:
1. 企业款项和有价证券的收款。
2. 财务的收发、增减和使用。
3. 债权债务的发生和结算。
4. 资本、基金的增减。
5. 收入、支出、费用、成本的计算。
6. 财务成果的计算和处理。
7. 其他需要办理会计手续、进行会计核算的事项。

(二)财务会计监督的内容

财务会计监督的内容主要包括:
1. 企业会计资料的真实性。
2. 企业经济业务的合法性。
3. 企业财产的安全和完整。

任务三 财务会计的基本假设和会计信息质量要求

一、会计的基本假设

会计假设也称会计基本前提。它是对会计活动所处的空间范围、时间范围和基本程序等所做出的合理设定。

会计假设规定了会计核算工作赖以存在的一些基本前提条件，是企业设计和选择会计方法的重要依据。

会计假设既是会计核算的基本依据，也是制定会计准则和会计核算制度的重要指导思想。

（一）会计主体

会计主体又称会计实体，是指会计工作为之服务的特定单位。

会计主体这一假设认为，一个会计主体不仅和其他主体相对独立，而且独立于所有者之外。

《企业会计准则》明确指出："企业应当对其本身发生的交易或者事项进行会计确认、计量和报告。"

会计主体与法律主体（即法人）是有区别的。会计主体可以是法人，也可以是非法人。

（二）持续经营

持续经营是指企业或会计主体的生产经营活动将无限期地延续下去，也就是说，在可预见的未来，不会进行清算。

《企业会计准则》规定："企业会计确认、计量和报告应当以持续经营为前提。"

（三）会计分期

会计分期是指将企业持续不断的生产经营活动分割为一定的期间，据以结算账目和编制会计报表，从而及时地提供有关财务状况和经营成果的会计信息。

我国规定以日历年作为企业的会计年度，即以公历1月1日至12月31日为一个会计年度。

此外，企业还需按半年度、季度、月度编制报表，即把半年度、季度、月度也作为一种会计期间。

（四）货币计量

货币计量是指企业在会计核算过程中采用货币为计量单位，记录、反映企业的经营情况。企业会计准则规定，会计核算应以人民币为记账本位币。

（五）会计的确认基础——权责发生制

权责发生制原则既是一种会计基础，也是财务会计确认、计量的基本原则。权责发生制是指凡是当期已经实现的收入和已经发生或应负担的费用，不论款项是否收付，都应作为当期收入和费用处理；凡是不属于当期的收入和费用，即使款项在当期收付，也不应作为当期的收入和费用。

根据权责发生制进行收入与成本费用的核算，能够更加准确地反映特定会计期间真实的财务状况及经营成果。

二、会计信息质量要求

会计信息质量要求是指对企业财务报告中所提供的会计信息质量的基本要求,是使财务报告中所提供的会计信息有助于投资者等使用者进行决策而应具备的基本特征。根据《企业会计准则》规定,它具备可靠性、相关性、可理解性、可比性、实质重于形式、重要性、谨慎性和及时性的特征。

(一)可靠性

可靠性要求企业应当以实际发生的交易或者事项为依据进行确认、计量和报告,如实反映符合确认和计量要求的各项会计要素及其他相关信息,保证会计信息真实可靠、内容完整。

(二)相关性

相关性要求企业提供的会计信息应当与财务报告使用者的经济决策需要相关,有助于财务报告使用者对企业过去、现在及未来的情况做出评价或者预测。相关性的核心是对决策有用。一项信息是否具有相关性取决于两个因素,即预测价值和反馈价值。

(三)可理解性

可理解性要求企业提供的会计信息应当清晰明了,便于财务报告使用者理解和使用。

(四)可比性

可比性要求企业提供的会计信息应当具有可比性。

统一性和一贯性是构成可比性的两个因素,作为会计信息的质量要求,它们从属于可比性。

(五)实质重于形式

实质重于形式要求企业应当按照交易或者事项的经济实质进行会计确认、计量和报告,不应仅以交易或者事项的法律形式为依据。遵循实质重于形式的原则,体现了对经济实质的尊重,能够保证会计确认、计量信息与客观经济事实相符。

(六)重要性

重要性要求企业提供的会计信息应当反映与企业财务状况、经营成果和现金流量有关的所有重要交易或者事项。之所以强调重要性,很大程度上是考虑到会计信息的效用和核算成本之间的比较。

重要性可以从质和量两方面进行判断:从性质方面讲,只要该会计事项发生就可能对决策有重大影响的,属于具有重要性的事项;从数量方面讲,当某一会计事项的发生达到总资产的一定比例(如5%)时,一般认为其具有重要性。

(七) 谨慎性

谨慎性要求企业对交易或者事项进行会计确认、计量和报告时应当保持应有的谨慎，不应高估资产或者收益、低估负债或者费用。

(八) 及时性

及时性要求企业对于已经发生的交易或者事项，应当及时进行确认、计量和报告，不得提前或者延后。及时性在会计确认、计量的过程中主要体现在及时收集、处理和传递会计信息三个方面。

任务四　财务会计报告要素及其确认与计量

财务报告要素是会计工作的具体对象，是会计用以反映财务状况、确定经营成果的因素。财务会计要素按照其性质分为资产、负债、所有者权益、收入、费用和利润。其中，资产、负债、所有者权益要素侧重于反映企业的财务状况，收入、费用和利润要素侧重于反映企业的经营成果。

一、资产的定义及其确认条件

(一) 资产的定义

资产是指企业过去的交易或事项形成的、由企业拥有或者控制的、预期会给企业带来经济利益的资源。根据资产的定义，资产具有以下三个特征。

1. 资产是由过去的交易、事项所形成的

资产应当由过去的交易或事项所形成，过去的交易或事项包括购买、生产、建造行为及其他交易或事项。例如，企业有购买某存货的意愿或者计划，但是购买行为尚未发生，则该种存货就不符合资产的定义，不能因此而确认存货资产。

2. 资产是企业拥有或控制的

资产作为一项资源，应当由企业拥有或控制，具体是指企业享有资源的所有权，或者虽然不享有某项资源的所有权，但该资源能被企业所控制。

3. 资产预期会给企业带来经济利益

资产预期会给企业带来经济利益，是指资产直接或间接为企业带来现金和现金等价物流入的潜力。这种潜力可以来自企业日常的生产经营活动，也可以是非日常活动；带来的经济利益可以是现金或现金等价物形式，也可以是能转化为现金或现金等价物的形式，或者是可以减少现金或现金等价物流出的形式。

（二）资产的确认条件

将一项资源确认为资产,首先要符合资产的定义,并同时满足以下两个条件。

1. 与该资源有关的经济利益很可能流入企业

如果根据编制财务报表时所取得的证据,与该资源有关的经济利益很可能流入企业,那么就应当将其作为资产予以确认;反之,便不能确认为资产。

2. 该资源的成本或者价值能够可靠计量

在实务中,企业取得的许多资产都发生了实际成本,例如企业购买或者生产的存货、企业购置的厂房或者设备等。对于这些资产,只要实际发生的购买成本或者生产成本能够可靠计量,就可视为符合了资产确认的可计量条件。

二、负债的定义及确认条件

（一）负债的定义

负债是指企业过去的交易或事项形成的、预期会导致经济利益流出企业的现时义务。根据负债的定义,负债的特征有以下几点。

1. 负债是企业的现时义务

负债必须是企业承担的现时义务,这是负债的一个基本特征。其中,现时义务是指企业在现行条件下承担的义务。未来发生的交易或者事项形成的义务,不属于现时义务,不应当确认为负债。

2. 负债的清偿预期会导致经济利益流出企业

清偿预期会导致经济利益流出企业,也是负债的一个本质特征。只有企业在履行义务时会导致经济利益流出企业的情况,才符合负债的定义。在企业履行现时义务清偿负债时,导致经济利益流出企业的形式多种多样。例如,用现金偿还或以实物资产形式偿还,以提供劳务形式偿还,以部分转移资产、部分提供劳务形式偿还,将负债转化为资本,等等。

3. 负债是由企业过去的交易或事项形成的

负债应当由企业过去的交易或者事项所形成。企业将在未来发生的承诺、签订的合同等交易或者事项,不形成负债。

（二）负债的确认条件

将一项义务确认为负债,首先要符合负债的定义,并同时满足以下两个条件。

1. 与该义务有关的经济利益很可能流出企业

如果有确凿的证据表明,与现时义务有关的经济利益很可能流出企业,就应当将其作为负债予以确认;反之,如果企业承担了现时义务,但是导致经济利益流出企业的可能性已不复存在,就不符合负债的确认条件,不应将其作为负债予以确认。

2. 未来流出的经济利益的金额能够可靠计量

负债的确认在考虑经济利益流出企业的同时,对于未来流出的经济利益的金额应当能够可靠计量。对于与法定义务有关的经济利益流出金额,通常可以根据合同或者法律规定的金额予以确认。考虑到经济利益流出的金额通常在未来发生,因此有关金额的计量需要考虑货币时间价值等因素的影响。对于与推定义务有关的经济利益流出金额,企业应当根据履行相关义务所需支出的最佳估计数进行估计,并综合考虑有关货币时间价值、风险等因素的影响。

三、所有者权益的定义及其确认条件

(一)所有者权益的定义

所有者权益是指企业资产扣除负债后由所有者享有的剩余权益,即投资人对企业净资产的所有权。公司的所有者权益又称为股东权益。所有者权益反映了所有者对企业资产的剩余索取权,是企业资产中扣除债权人权益后由所有者享有的部分。

(二)所有者权益的来源构成

所有者权益按其来源主要包括所有者投入的资本、直接计入所有者权益的利得和损失、留存收益等。

1. 所有者投入的资本

所有者投入的资本是指所有者所有投入企业的资本部分,它既包括构成企业注册资本或者股本部分的金额,也包括投入资本超过注册资本或者股本部分的金额,即资本溢价或者股本溢价。

2. 直接计入所有者权益的利得和损失

直接计入所有者权益的利得和损失是指不应计入当期损益,但会导致所有者权益发生增减变动的与所有者投入资本或者向所有者分配利润无关的利得或者损失。

(1)利得

利得是指由企业非日常活动所形成的、会导致所有者权益增加的、与所有者投入资本无关的经济利益的流入。

(2)损失

损失是指由企业非日常活动所发生的、会导致所有者权益减少的、与向所有者分配利润无关的经济利益的流出。

需要注意的是,直接计入所有者权益的利得和损失,主要包括可供出售金融资产的公允价值变动额、现金流量套期中套期工具利得或损失属于有效套期的部分等。

3. 留存收益

留存收益是指企业历年实现的净利润留存于企业的部分,主要包括计提的盈余公积和未分配利润。

(三) 所有者权益的确认条件

由于所有者权益体现的是所有者在企业中的剩余权益,因此,所有者权益的确认主要依赖于其他会计要素,尤其是资产和负债的确认;所有者权益金额的确定也主要取决于资产和负债的计量。例如,企业接受投资者投入的资产,在该资产符合企业资产确认条件时,就相应地符合了所有者权益的确认条件;当该资产能够可靠计量时,所有者权益的金额也就可以确定了。

四、收入的定义及其确认条件

(一) 收入的定义

收入是指企业在日常活动中形成的、会使所有者权益增加的、与所有者投入资本无关的经济利益的总流入。对于某一会计主体来说,收入表现为一定期间现金的流入或其他资产的增加或负债的清偿。

收入有广义和狭义两种理解:广义收入把所有的经营和非经营活动的所得都看成是收入,即将企业净资产增加的部分都看作收入;狭义收入则仅仅将从经常的、主体性的经营业务中取得的收入作为收入,即营业收入。会计上通常所指的收入是狭义收入。

根据收入的定义,收入的特征有以下三点。

1. 收入应当是企业在日常活动中形成的

这里说的日常活动,是指企业为完成其经营目标所从事的经常性活动以及与之相关的活动。明确界定日常活动是为了将收入与利得相区分,因为企业非日常活动所形成的经济利益的流入不能确认为收入,而应当计入利得。

2. 收入应当会形成经济利益的流入,该流入不包括所有者投入的资本

收入会形成经济利益的流入,从而使资产增加。例如,企业销售商品,应当收到现金或者在未来有权收到现金,才表明该交易符合收入的定义。但是,经济利益的流入有时是所有者投入的资本的增加所造成的,所有者投入资本的增加不应被确认为收入,而应将其直接确认为所有者权益。

3. 收入应当最终会使所有者权益增加

与收入相关的经济利益的流入,应当会使所有者权益增加,不会使所有者权益增加的经济利益的流入不符合收入的定义,不应确认为收入。例如,企业向银行借入款项,尽管也造成了企业经济利益的流入,但该流入并不会使所有者权益增加,因此不应将其确认为收入,而将其应确认为一项负债。

（二）收入的确认条件

收入在确认时除了应当符合收入定义外,至少应当同时符合下列条件:

1. 与收入相关的经济利益很可能流入企业。
2. 经济利益流入企业的结果会造成企业资产的增加或者负债的减少。
3. 经济利益的流入额能够可靠计量。

五、费用的定义及其确认条件

（一）费用的定义

费用是指企业在日常活动中发生的、会导致所有者权益减少的、与向所有者分配利润无关的经济利益的总流出。它是企业在获取收入过程中的必要支出。费用必须按照一定的期间与收入相配比。

费用也有广义和狭义之分。广义的费用包括各种费用和损失,而狭义的费用只包括为获取营业收入而提供商品或劳务所发生的耗费。会计上通常所指的费用是狭义费用。

根据费用的定义,费用的特征有以下几点。

1. 费用应当是企业在日常活动中发生的

将费用界定为日常活动中所形成的,目的是为了将其与损失相区分,因此非日常活动所形成的经济利益的流出不能确认为费用,而应当计入损失。

2. 费用应当会导致经济利益的流出,该流出不包括向所有者分配的利润

费用的发生应当会导致经济利益的流出,从而导致资产的减少或者负债的增加(最终也会导致资产的减少)。其表现形式包括现金或者现金等价物的流出,存货、固定资产和无形资产等的流出或者消耗等。鉴于企业向所有者分配利润也会导致经济利益的流出,而该经济利益的流出显然属于所有者权益的抵减项目,因此不应确认为费用,而应当将其排除在费用的定义之外。

3. 费用应当最终会导致所有者权益的减少

与费用相关的经济利益的流出,应当会导致所有者权益的减少。不会导致所有者权益减少的经济利益的流出不符合费用的定义,不应确认为费用。

（二）费用的确认条件

费用的确认除了符合费用定义外,至少应当符合以下条件:

1. 与费用相关的经济利益很可能流出企业。
2. 经济利益流出企业的结果会导致资产的减少或负债的增加。
3. 经济利益的流出额能够可靠计量。

六、利润的定义及其确认条件

（一）利润的定义

利润反映的是企业的经营业绩情况，利润通常是评价企业管理层业绩的一项的重要指标，也是投资者、债权人等做出投资决策、信贷决策的重要参考指标。用公式表示为：

利润＝收入－费用＋利得－损失

（二）利润的来源构成

利润包括收入减去费用后的净额、直接计入当期利润的利得和损失等。其中，收入减去费用后的净额反映的是企业日常活动的业绩，直接计入当期利润的利得和损失反映的是企业非日常活动的业绩。直接计入当期利润的利得和损失，是指应当计入当期损益、最终会引起所有者权益发生增减变动的、与所有者投入资本或与向所有者分配利润无关的利得和损失。企业应当严格区分收入和利得、费用和损失之间的区别，以便更加全面地反映企业的经营业绩。

（三）利润的确认条件

利润反映的是收入减去费用、利得减去损失后的净额。因此，利润的确认主要依赖于收入和费用以及利得和损失的确认，其金额的确定也主要取决于收入、费用、利得、损失金额的计量。

七、会计要素计量属性

（一）会计要素的计量属性

企业为了将符合确认条件的会计要素登记入账并列报于财务报表，应当按照规定的会计计量属性进行计量，确定其金额。从会计角度而言，计量属性反映的是会计要素金额的确定基础，主要包括历史成本、重置成本、可变现净值、现值和公允价值。

1. 历史成本

历史成本又称实际成本，即取得或制造某项财产物资时所实际支付的现金或其他等价物。在历史成本计量下，资产按照购置时支付的现金或现金等价物的金额，或者购置资产时所付出的对价的公允价值计量；负债按照其因承担现时义务而实际收到的款项或资产的金额，或者承担现时义务的合同金额，或者日常活动中为偿还负债预期需要支付的现金或现金等价物的金额计量。

注意：对价的含义，简单来说就是一方当事人为取得对方的允诺，或使对方的允诺具有约束力而付出的某种代价。股权分置改革中的"对价"，可以说是非流通股股东为取得流通权而向流通股股东支付的相应的代价（对价）。对价可以采用股票、现金、权证、重组等其他共同认可的形式。

2. 重置成本

重置成本又称现行成本,是指按照当前市场条件,重新取得一项资产所需支付的现金或现金等价物的金额。在重置成本计量下,资产按照现在购买相同或者相似资产所需支付的现金或现金等价物的金额计量,负债按照现在偿付该项债务所需支付的现金或现金等价物的金额计量。在实务中,盘盈的固定资产采用重置成本计量。

3. 可变现净值

可变现净值是指在正常生产经营过程中,以预计售价减去进一步加工的成本和预计销售的费用以及相关税费后的净值。在可变现净值计量下,资产按照其正常对外销售所能收到现金或者现金等价物的金额扣减该资产至完工时估计将要发生的成本、销售费用以及相关税金后的金额计量。可变现净值通常应用于存货的期末计量。

4. 现值

现值是指对未来现金流量以恰当折现率进行折现后的价值,是考虑货币时间价值的一种计量属性。在现值计量下,资产按照预计从其持续使用和最终处置中所产生的未来净现金流入量的折现金额计量,负债按照预计期限内需要偿还的未来净现金流出量的折现金额计量。现值通常用于非流动资产可收回金额和摊余成本计量的金融资产价值的确定等。

5. 公允价值

公允价值是指在公平交易中,熟悉情况的交易双方自愿进行资产交换和债务清偿的金额。在公允价值计量下,资产和负债按照在公平交易中熟悉情况的交易双方自愿进行资产交换或者债务清偿的金额计量。公允价值主要应用于交易性金额资产、可供出售金融资产的计量等。

(二) 会计计量属性的应用原则

《企业会计准则》规定,企业在对会计要素进行计量时,一般应当采用历史成本。在某些情况下,为了提高会计信息质量,实现财务报告目标,《企业会计准则》允许采用重置成本、可变现净值、现值、公允价值计量的,应当保证所确定的会计要素金额能够取得并可靠计量;如果这些金额无法取得或者可靠计量,则不允许采用历史成本以外其他计量属性。

任务五 企业会计准则与制度

一、企业会计准则

从财务会计职业与实务的角度出发,《企业会计准则》是整个企业会计工作的规范,是人们合理处理会计信息系统中各种经济业务事项的准绳。我国《企业会计准则》分为基本准则和具体准则两个层面。

（一）基本准则

基本准则是我国企业会计核算工作的基本规范，它以《中华人民共和国会计法》（以下简称《会计法》）为指导，是制定具体准则和会计核算制度的依据，它对企业会计核算行为发挥着间接规范作用。

为适应我国社会主义市场经济发展的需要，统一企业会计标准，规范会计行为，保证会计信息质量并进一步与国际接轨，2006年2月15日，国家财政部发布了我国的会计准则体系，要求自2007年1月1日起在上市公司执行，并鼓励其他企业施行，这标志着我国与国际惯例趋同的企业会计准则体系正式建立。

（二）具体准则

具体准则是依据基本准则制定的有关企业会计核算的具体要求，它具体规范企业经济业务的会计处理及其程序，尤其是对上市公司的会计质量提出要求。具体准则包括各行业共同经济业务的具体准则、有关特殊经济业务的具体准则和有关信息披露方面的具体准则等内容。具体准则将适应会计业务发展的需要，适时发布。目前，我国已经发布了38项具体会计准则。

二、企业会计制度

企业会计制度是进行企业会计工作所遵循的具体规则、方法和程序的总称，它以《会计法》为依据，根据《企业会计准则》的要求，直接对企业会计核算工作发挥着规范作用。我国企业会计制度主要由《企业会计制度》（不含金融保险企业）、《金融保险企业会计制度》和《小企业会计制度》等组成。

企业会计制度在我国企业会计工作中起着举足轻重的作用，它是企业进行会计核算、对外提供会计报表的依据，也是注册会计师和有关部门进行审计和监督检查的主要依据，并为税收征管工作奠定了良好的基础。

三、其他会计规范

除上述会计规范外，《中华人民共和国公司法》、《中华人民共和国证券法》、《中华人民共和国合伙企业法》、《中华人民共和国企业破产法》、《中华人民共和国个人所得税法》的法律中都辟有专门的条目对企业财务与会计作了具体规定，这些规定同属于会计规范，也是企业财务会计工作者所应遵循的。

另外，上市公司类的企业除了应遵循前已述及的《会计法》、《企业会计准则》等有关会计规范外，还必须遵循国家证监会颁发的《上市公司信息披露管理办法》、《公开发行证券的公司信息披露内容与格式准则》等的相关规定进行会计信息披露。

此外,国务院颁发的《企业财务会计报告条例》以及财务部门制定的《企业会计核算补充规定》等也是会计工作规范的组成部分,与其他会计规范一样具有同等法定效力。

四、国际会计准则与国际会计惯例的协调

(一)国际会计准则

为协调各国会计标准,1973年6月19日,由澳大利亚等9个国家的16个会计职业团体在伦敦发起成立了国际会计准则委员会(IASC),目前已拥有来自100多个国家的专业会计组织的150多个会员。我国对此非常重视,并于1997年7月加入了国际会计准则委员会。

国际会计准则委员会制定公布的会计准则,称为国际会计准则(IAS),它也是一种会计规范,尽管其并不具备约束力,但对于协调各国会计准则、提高国际财务报表的可比性,发挥了重要作用。了解国际会计准则,既是对财务报表进行国际比较的必要条件,也是我国经济走向世界与国际接轨的必要条件。

(二)国际会计惯例的协调

国际会计惯例是指在世界范围内的会计界广为流行并基本上得到公认的会计法规。国际会计准则虽然还没有强制力,但已基本成为公认的国际会计惯例,对各国的会计准则和实务均产生了一定的影响。随着我国对外开放步伐的加快,特别是我国加入世界贸易组织之后,中国会计准则与国际会计准则相协调的要求显得十分突出与迫切。目前,我国颁布执行的会计准则体系与《企业会计制度》在基本会计政策上实现了与国际会计惯例的协调一致,但考虑到我国的实际情况,《企业会计制度》在法律性质、内容结构等方面仍体现出中国特色。不过可以预言,随着经济全球化步伐的不断加快,我国财务会计国际化的水平必然逐渐提高。

任务六 会计环境

会计据以开展职业活动的社会环境,简称会计环境。

会计环境的含义众说纷纭,但有两点是可以肯定的:一是会计环境确实存在,二是会计环境对会计的发展变化确实有重大影响。

为了更简明地说明问题,我们将会计所要处理的各种产权关系作为会计对象,而将会计主体直接的产权关系以外的可能促进会计变革的种种因素称为会计环境。

在这个意义上,产权关系变革是会计变革的直接或基本动力,而会计环境则是产权关系变革的力量源泉或会计变革的社会条件。

一、会计环境的主要构成

尽管对会计环境的表达各不相同,但一般可概括地将其表达为经济因素和非经济因素。

经济因素是对会计发展产生最直接最重要影响的因素。它在理论上应该包括两个大的方面:生产力发展水平与生产关系发展水平。

一般而言,生产力水平的变化并不会直接导致会计的变革,但是当生产力的发展产生了处理新型产权关系需要时,会计就具有了发展的动力。

这里的生产关系既包括主要的所有制形式、经济体制等产权建设的内容,也包括资本的社会化程度、证券化程度、市场的开放程度、国际化程度等关于市场的内容。

会计环境中的非经济因素与经济因素的界限有些内容比较难划分。一般而言,会计环境中的非经济因素包括政治因素、法律因素、社会文化因素、教育因素和科技因素。社会环境对财务会计各种影响因素如图 1-1 所示。

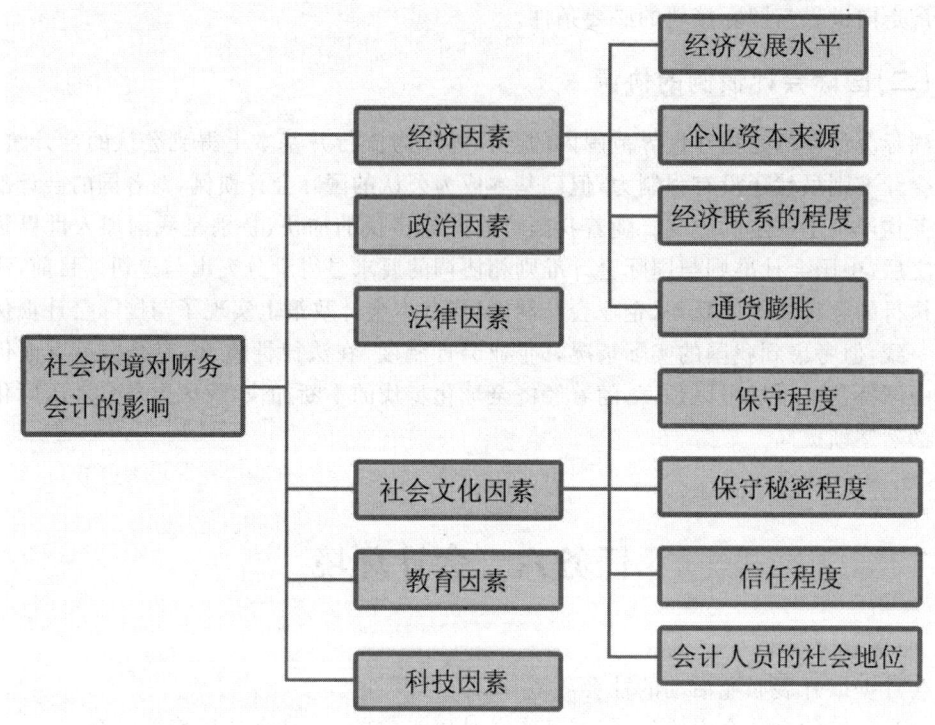

图 1-1 社会环境对财务会计的影响因素

二、会计环境对会计变革的意义

从总体上看,会计理论、会计实务要与不同的会计环境相适应,已成为各国会计界的共识。这实际上也就是会计国家化问题的实质。另外,伴随着资本国际化和市场国际化的进程,从而必然要求会计国际化,这就需要我们将会计环境的视野从特定国家的范围扩展到全球范围,进一步从会计全球化的角度考察会计环境。对会计环境不同角度的考察会带来会计理论上的不同结论,如何在不同的结论中寻找其平衡点,就成了研究会计国家化与国际化问题的一个重要课题。

生产力发展水平对会计发展的影响虽具有间接性的特征,但却往往是决定性的重大影响。会计界常说工业革命和铁路开发产生了成本会计和折旧会计,其实不然;正确的说法应该是工业革命和铁路开发造成了合伙、代理、公司制和产权关系处理的长期化,而这些产权关系的变化才是成本会计和折旧会计的直接动因。

现代社会已开始进入知识经济时代,制造业已不再是生产力水平的标志,科学技术水平的高低已逐步成为社会经济发展的决定性因素。科技发展对会计变革的促进与以往的生产力水平变化明显不同,因为它还可能对会计理论产生直接的影响。网络会计、事项会计、会计社会化、会计商品化等一系列会计新理念的提出,无不以相关科技发展到一定水平为前提。

生产关系变化是会计环境中对会计发展最直接、最重要、最快速的影响方式。生产关系变革如果没有相应的会计配套改革,就意味着整个经济生活的紊乱,那可能是一场真正的灾难。近年来我国财政部门的会计准则制定者将自己称为"救火队员",也正是面对持续的经济改革发出的一种无奈的感叹。

经济因素是影响和制约财务会计的所有因素中最为重要、直接的因素。经济因素影响财务会计的方式包括直接影响财务会计,以及借助政治、法律、文化、教育及其他环境因素来间接影响财务会计。经济因素对财务会计的直接影响是通过社会经济发展水平、企业资金来源、与其他国家和地区之间经济联系的密切程度及通货膨胀程度等多种因素的共同作用来实现的。

政治、法律、社会文化等非经济因素均属于上层建筑的范畴。故这些因素对会计发展的影响主要是间接影响,即通过对经济因素或对生产方式的影响,最终完成对会计的影响。应当明确指出,非经济因素对会计发展的影响,既可能是正面的也可能是负面的。因为上层建筑的变化速度虽可能与经济基础适应,但在产权关系日新月异的现代社会,更多的情况是上层建筑的变化速度慢于经济基础的变化,从而要充分考虑会计环境中的非经济因素对会计发展可能产生阻力的情况。财务会计在受到其所处的社会环境的影响和制约的同时,也会对社会环境产生积极的反作用,具体表现为:将科学技术运用于财务会计理论和实务的过程丰富了这些技术本身,从而也对其提出了新的要求;财务会计所提供的信息对于促进社会资源(包括人力资源)的优化配置、促进市场经济公平和效率发挥着积极的作用;财务会计在受到法律约束的同时,也会促使法律法规的不断发展和完善等。

课后练习题

一、单项选择题

1. 企业提供的会计信息应有助于财务会计报告使用者对企业过去、现在或未来的情况做出评价或预测,这体现了会计信息质量要求的是( )。

  A. 相关性　　　　B. 重要性　　　　C. 及时性　　　　D. 可靠性

  2. 下列各项中可以引起资产和所有者权益同时发生变化的是( )。

  A. 将一项房产用于抵押贷款

  B. 权益法下确认被投资企业当年实现的盈利

  C. 权益法下确认被投资单位宣告分配的利润或现金股利

  D. 用税前利润弥补亏损

  3. 企业计提固定资产折旧首先是以( )假设为前提的。

  A. 货币计量　　B. 会计分期　　　C. 持续经营　　　D. 会计主体

  4. 下列不属于中期财务报告的是( )。

  A. 年度财务会计报告　　　　　B. 半年度财务会计报告

  C. 季度财务会计报告　　　　　D. 月度财务会计报告

  5. 确定会计核算空间范围的基本前提是( )。

  A. 会计主体　　B. 持续经营　　　C. 会计分期　　　D. 货币计量

  6. 企业的资产按取得时的实际成本计价,这主要体现了( )。

  A. 可靠性　　　B. 可比性　　　　C. 历史成本　　　D. 实质重于形式

  7. 我国企业会计准则规定,企业的会计核算应当以( )为基础。

  A. 权责发生制　B. 永续盘存制　　C. 收付实现制　　D. 实地盘存制

  8. 企业对于已经发生的交易或者事项,应当及时进行会计确认、计量和报告,不得提前或者延后,这体现的是( )要求。

  A. 重要性　　　B. 谨慎性　　　　C. 可靠性　　　　D. 及时性

  9. 销售产品结转的产品成本应计入销售期间的利润表,这体现的会计核算基本前提是( )。

  A. 会计主体　　B. 持续经营　　　C. 会计分期　　　D. 货币计量

  10. 下列说法中,能够保证同一企业会计信息前后各期可比的是( )。

  A. 对于已经发生的交易或事项,应当及时进行会计确认、计量和报告

  B. 存货的计价方法一经确定,不得随意改变,如需变更,应在财务报告中说明

  C. 为了提高会计信息质量,要求企业所提供的会计信息能够在同一会计期间的不同企业之间进行相互比较

  D. 对应收账款计提坏账准备

  11. 强调某一企业各期提供的会计信息应当采用一致的会计政策,不得随意变更的会计信息质量要求的是( )。

  A. 重要性　　　B. 及时性　　　　C. 可比性　　　　D. 可理解性

  12. 下列对会计基本假设的表述中恰当的是( )。

  A. 会计分期和货币计量确定了会计核算的空间范围

  B. 一个法律主体必然是一个会计主体

  C. 会计主体为确认、计量和报告提供了必要的手段

  D. 会计主体确立了会计核算的时间范围

13. 导致权责发生制的产生,以及期末账项调整的会计处理方法的运用的基本前提是( )。
A. 持续经营　　B. 会计主体　　C. 会计分期　　D. 货币计量
14. 下列各项支出中,属于费用的是( )。
A. 企业筹建期间发生的办公费
B. 购入不需要安装的设备所支付的运杂费
C. 购买土地使用权而支付的耕地占用税
D. 销售人员的工资
15. 在企业会计核算的基本前提中,( )前提是企业选择会计处理方法和程序保持稳定的条件。
A. 货币计量　　B. 持续经营　　C. 会计分期　　D. 会计主体
16. 下列不属于我国会计信息质量要求的是( )。
A. 实质重于形式　　　　　　B. 持续经营
C. 客观性　　　　　　　　　D. 重要性
17. 会计核算的信息质量要求中,要求合理核算可能发生的费用和损失的是( )。
A. 重要性　　B. 谨慎性　　C. 权责发生制　　D. 可比性
18. 下列各项中,体现谨慎性信息质量要求是( )。
A. 存货采用历史成本计价　　　　B. 应收账款计提坏账准备
C. 当期销售收入与费用配比　　　D. 无形资产摊销

二、多项选择题

1. 下列计价方法中,符合历史成本计量属性的有( )。
A. 发出存货计价所使用的个别计价法
B. 期末存货计价所使用的市价法
C. 发出存货计价所使用的先进先出法
D. 交易性金融资产采用公允价值进行后续计量
2. 相关性要求所提供的会计信息( )。
A. 与使用者的决策需要相关
B. 满足国家宏观经济管理的需要
C. 满足企业内部加强经营管理的需要
D. 应当具有预测价值
3. 下列做法中,符合谨慎性要求的有( )。
A. 对应收账款计提坏账准备
B. 在物价上涨时对存货计价采用先进先出法
C. 被投资企业当年发生严重亏损,投资企业对此项长期投资计提减值准备
D. 对本期销售的商品计提产品质量保证费用
4. 上市公司的下列会计行为中,符合会计核算重要性要求的有( )。
A. 本期将购买办公用品的支出直接计入当期费用

B. 每一中期期末都要对外提供中期报告
C. 对主营业务进行核算时,应设置的会计科目是"主营业务收入"、"主营业务成本"、"营业税金及附加"和"销售费用"
D. 以后发现的以前年度非重大会计差错直接调整当期的相关项目

5. 按照规定,我国企业可在会计准则所允许的范围内,选择适合本企业经济业务特点的会计政策,且各期保持一致。上市公司的下列行为中,符合可比性要求的有(   )。

A. 根据《企业会计准则》的要求,交易性金融资产在资产负债表日按公允价值计量,不再计提跌价准备
B. 上期提取甲公司长期股权投资减值准备250 000元,鉴于股市行情下跌,本期又提取100 000元
C. 鉴于本期经营亏损,将已达到预定可使用状态的工程借款的利息支出予以资本化
D. 鉴于某项固定资产已经改扩建,决定重新确定其折旧年限

6. 下列各项中,体现实质重于形式要求的有(   )。

A. 售后回购的会计处理
B. 商品售后租回不确认商品销售收入
C. 将融资租赁的固定资产作为自有固定资产入账
D. 材料采用计划成本进行日常核算

7. 下列各项中,属于会计核算基本前提的有(   )。

A. 历史成本   B. 持续经营   C. 会计主体   D. 会计分期

8. 下列各组织中,可以作为一个会计主体进行会计核算的有(   )。

A. 企业生产车间   B. 母公司及子公司组成的企业集团
C. 分公司   D. 子公司

9. 根据《企业会计准则》,企业的会计期间可划分为(   )。

A. 年度   B. 季度   C. 月份   D. 旬

10. 下列各项中,属于企业的资产范围的有(   )。

A. 经营租入固定资产   B. 融资租入固定资产
C. 经营租出固定资产   D. 委托加工物资

11. 下列各项中,属于企业收入的会计要素有(   )。

A. 运输劳务收入   B. 银行存款利息收入
C. 接受捐赠收入   D. 出售材料收入

三、判断题

1. 明确会计主体可确定会计核算的范围。(   )
2. 会计主体和法律主体是统一的,会计主体只能是独立的法人,不能是非法人。(   )
3. 会计要素中的费用应当包括营业外支出。(   )
4. 根据《企业会计准则》的规定,我国境内企业必须以人民币作为记账本位币。(   )

5. 我国会计制度规定,所有单位都应以权责发生制作为基础进行核算。(   )

6. 某一会计事项是否具有重要性,在很大程度上取决于会计人员的职业判断。对于同一会计事项,在某一企业具有重要性,在另一企业则不一定具有重要性。(   )

7. 如果企业改变会计政策后能够更恰当地反映其财务状况和经营成果,则企业可以对其采用的会计政策做出变更,这不违背会计核算的可比性信息质量的要求。(   )

8. 会计核算的可比性信息质量要求,要求同一会计主体在不同的会计期间尽可能地采用相同的会计处理方法和会计程序,以便不同会计期间会计信息的纵向比较。(   )

9. 某一财产物资要成为企业的资产,其所有权必须属于本企业。(   )

10. 会计核算的谨慎性信息质量要求,一般是指对于可能发生的损失和费用应当合理预计,对可能发生的收益则不预计。(   )

项目二　出纳岗位核算

【本章培养目标】

了解出纳核算岗位的核算任务和核算流程。

掌握库存现金核算、银行存款核算、其他货币资金核算以及利用票据等支付结算方式办理往来结算的方法。

【能力培养目标】

能进行收付款单据编制和审核。

能进行现金和银行存款序时核算、日常和期末对账、银行收付款核算，以及其他货币资金业务的处理。

【本章重点】

库存现金、银行存款以及其他货币资金的核算。

【本章难点】

银行结算方式。

任务一　出纳岗位的核算任务与业务流程

一、出纳的核算任务

出纳岗位的日常工作主要包括货币资金核算和往来结算两个方面的内容。

（一）货币资金核算

货币资金核算的日常工作有以下几项内容。

1. 办理现金收付，审核审批有据

严格按照国家有关库存现金管理制度的规定，根据稽核人员审核签章的收付款凭证，进行复核,办理款项收付。对于重大的开支项目,必须经过会计主管人员、总会计师或单位领导审核签章,方可办理。收付款后,要在收付款凭证上签章,并加盖"收讫"、"付讫"戳记。

2. 办理银行结算,规范使用支票

严格控制签发空白支票。如因特殊情况确需签发不填写金额的转账支票时,必须在支票上写明收款单位名称、款项用途、签发日期、规定限额和报销期限,并由领用支票人在专设登记簿上签章。逾期未用的空白支票应交给签发人。对于填写错误的支票,必须加盖"作废"戳记,与存根一并保存。支票遗失时要立即向银行办理挂失手续。不准将银行账户出租、出借给任何单位或个人办理结算。

3. 认真登记日记账,保证日清月结

根据已经办理完毕的收付款凭证,逐笔顺序登记现金和银行存款日记账,并结出余额。现金的账面余额要及时与银行对账单核对。月末要编制银行存款余额调节表,使账面余额与对账单上余额调节相符。对于未达账款,要及时查询。要随时掌握银行存款余额,不准签发空头支票。

4. 保管现金和有价证券

对于现金和各种有价证券,要确保其安全和完整无缺。现金不得超过银行核定的限额,超过部分要及时存入银行。不得以"白条"抵充现金,更不得任意挪用现金。如果发现现金有短缺或盈余,应查明原因,根据情况分别处理,不得私下取走或补足。如有短缺,要负赔偿责任。要保守保险柜密码的秘密,保管好钥匙,不得任意转交他人。

5. 保管有关印章,登记注销支票

出纳人员所用的印章必须妥善保管,严格按照规定用途使用。但签发支票的各种印章,不得全部交由出纳一人保管。对于空白收据和空白支票必须严格管理,专设登记簿登记,认真办理领用注销手续。

6. 复核收入凭证,办理销售结算

认真审查销售业务的有关凭证,严格按照销售合同和银行结算制度,及时办理销售款项的结算,催收销售货款。发生销售纠纷,贷款被拒付时,要通知有关部门及时处理。

(二) 往来结算

办理往来结算的日常工作内容包括:办理往来结算和建立清算制度。

二、出纳的业务流程

(一) 现金收付业务流程

出纳办理现金收付款业务,在按照业务流程完成现金收付款工作的同时,还要注意以下几点。

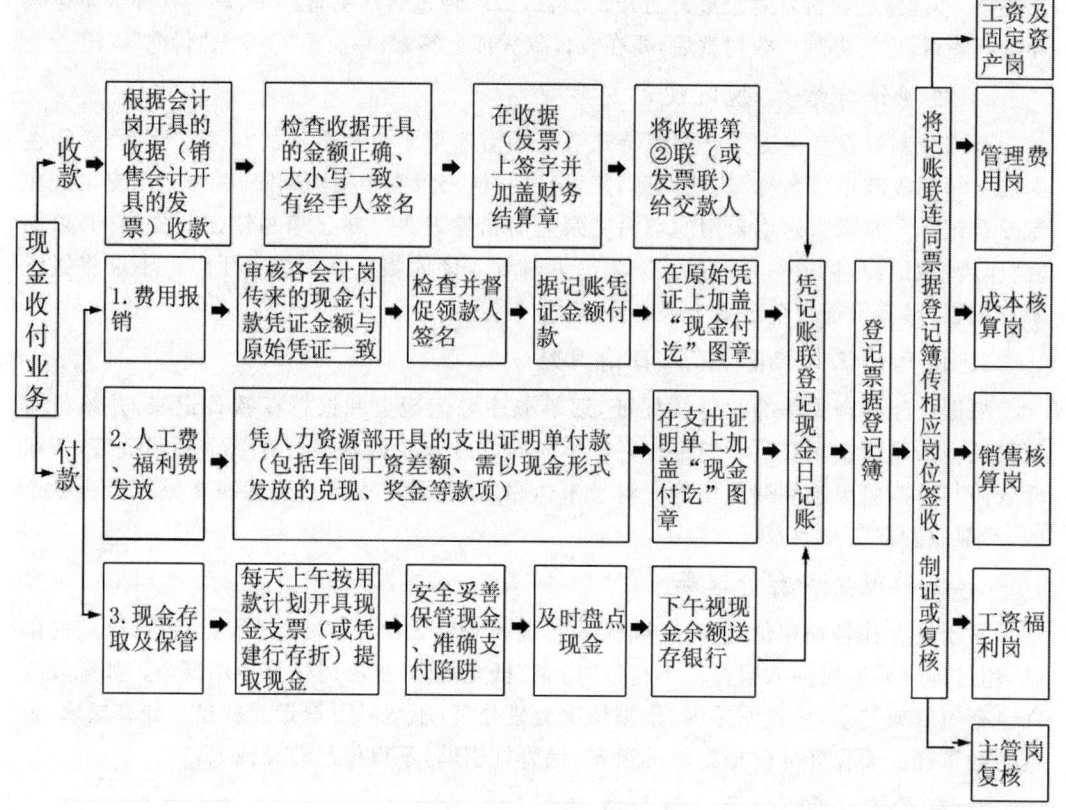

图 2-1 现金收付业务流程

1. 原则上只有收到现金才能开具收据,在收到银行存款或下账时需开具收据的,核实收据上已写有"转账"字样,后加盖"转账"图章和财务结算章,并登记票据登记簿后,传给相应会计岗位。

2. 随工资发放时代收代扣的款项,由工资及固定资产岗开具收据,可以没有交款人签字。

3. 下午下班后,现金库存应在限额内。

4. 从银行提取现金以及将现金送存银行时都须通知保安人员随从,注意保密,确保资金安全。

5. 管理现金日记账,做到日清月结,并及时与微机账核对余额。

现金收付业务流程如图2-1所示。

(二)银行存款收付业务流程

1. 银行收付款业务流程

企业收到或付出银行存款业务是企业日常业务发生比较频繁的经济业务,作为出纳人员要严格按照银行收付款业务流程办理,以防出现差错和漏洞,给企业造成重大经济损失。

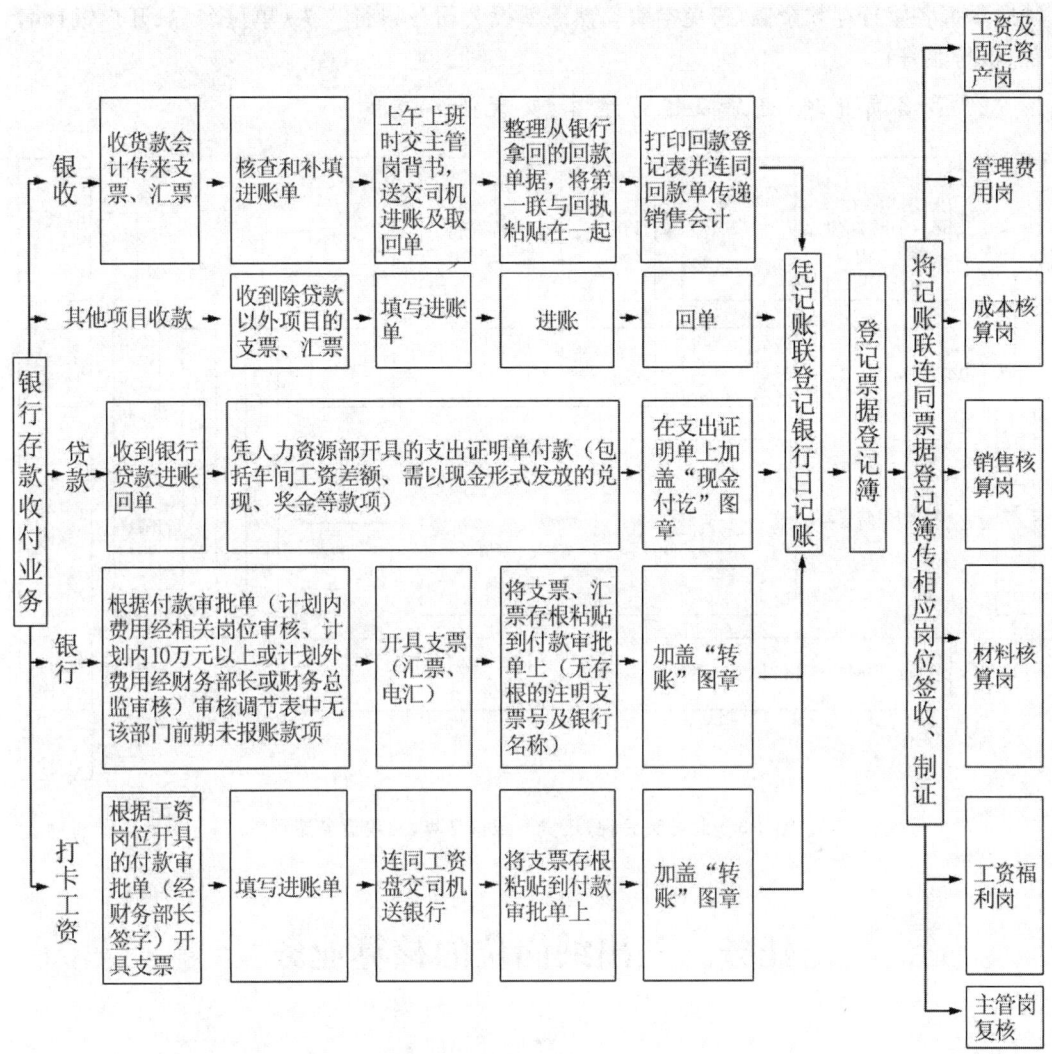

图 2-2 银行存款收付业务流程

出纳办理现金收付款业务,在按照业务流程完成银行收付款工作的同时,还要注意以下几点:

(1) 开出的支票应填写完整,禁止签发空白金额、空白收款单位的支票。

(2) 开出的支票(汇票、电汇)收款单位名称应与合同、发票一致。

(3) 有前期未报账款项的个人及所在部门,一律不办理付款业务。

(4) 每月根据工资发放时间,提前 2 天将工资所需款调入银行,并按时从基本开户行将工资款划入工资代发银行。

(5) 打卡工资的支票须于工资发放日前 1 天连同工资盘送达工资代发银行。

银行存款收付业务流程如图 2-2 所示。

此外,出纳还要及时将各银行对账单交内审岗编制银行调节表,对调节表上挂账及时进行清理和查询,责成相关岗位进行下账处理。根据银行收付情况统计各银行资金余额,随时掌握各银行存款余额,避免空头。熟练掌握公司各银行户头(单位名称、开户银行名称、银行账号)。

2. 业务员兑现、还贷及银行结算、交税业务流程

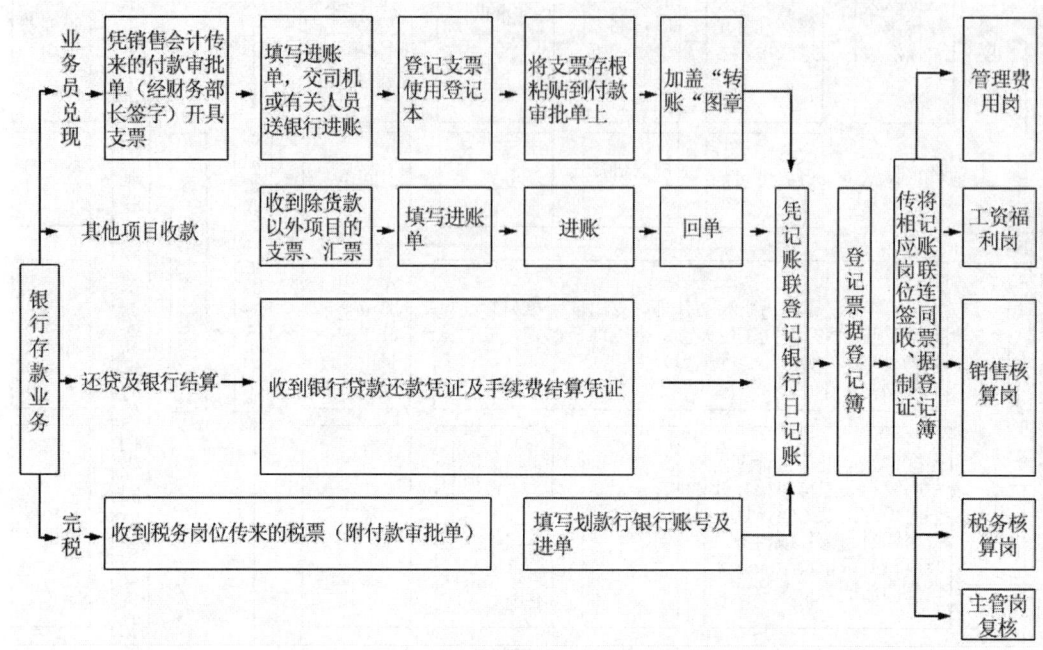

图 2-3　业务员兑现、还贷及银行结算、交税业务流程

任务二　出纳岗位的核算业务

一、库存现金核算业务

库存现金是指企业持有的可随时用于支付的存放在企业财会部门由出纳人员经管的现金,包括人民币现金和外币现金。库存现金限额是指为保证各单位日常零星支付,按规定允许留存的现金的最高数额。库存现金的限额,由开户行根据开户单位的实际需要和距离银行远近等情况核定,一般为单位3~5天日常零星开支所需现金额,边远地区和交通不便地区的开户单位的库存现金限额可按多于5天、但不得超过15天的日常零星开支的需要确定。库存现金与会计核算中"现金"科目所包括的内容一致。它是企业流动性最强的资产,对于维持企业正常的生产经营管理具有重要作用;但库存现金也是企业资产中最容易流失的资产,加强库存现金管理对于企业和国家都具有重要的意义。各单位经银行核定了库存现金限额后,必须严格将库存现金控制在核定的限额内,超出库存限额的现金必须及时送存银行;库存现金不足限额的,可向银行提取现金。不得在未经开户银行准

许的情况下坐支现金。严禁私设"小金库"和用"白条"抵库。单位的库存现金,不准以个人名义存入银行。

库存现金的使用范围如下:

1. 职工工资、津贴。这里所说的职工工资是指企业、事业单位和机关、团体、部队支付给职工的工资和工资性津贴。

2. 个人劳务报酬,指由于个人向企业、事业单位和机关、团体、部队等提供劳务而由企业、事业单位和机关、团体、部队等向个人支付的劳务报酬,包括新闻出版单位支付给作者的稿费,各种学校、培训机构支付给外聘教师的讲课费,各种演出与表演费,以及设计费、装潢费、安装费、制图费、化验费、测试费、咨询费、医疗费、技术服务费、介绍服务费、经纪服务费、代办服务费及其他劳务费用。

3. 根据国家制度条例的规定,颁发给个人的科学技术、文化艺术、体育等方面的各种奖金。

4. 各种劳保、福利费用以及国家规定的对个人的其他支出,如退休金、抚恤金、学生助学金、职工困难生活补助。

5. 收购单位向个人收购农副产品和其他物资的价款,如金银、工艺品、废旧物资的价款。

6. 出差人员必须随身携带的差旅费。

7. 结算起点(1 000元)以下的零星支出。超过结算起点的应实行银行转账结算,结算起点的调整由中国人民银行确定报国务院备案。

8. 中国人民银行确定需要现金支付的其他支出。如因采购地点不确定、交通不便、抢险救灾以及其他特殊情况,办理转账结算不够方便,必须使用现金的支出。对于这类支出,现金支取单位应向开户银行提出书面申请,由本单位财会部门负责人签字盖章,开户银行审查批准后予以支付现金。

库存现金收付的账务处理包括总分类核算和序时核算两方面。

(一)库存现金的总分类与明细分类核算

库存现金为了总括反映企业库存现金的收付及结存情况,应设置"库存现金"总分类账户。该账户属于资产类账户,借方登记库存现金的增加,贷方登记库存现金的减少,余额在借方,表示期末库存现金的结存数。

企业收到现金时,借记"库存现金"账户,贷记有关账户;付出现金时,借记有关账户,贷记"库存现金"账户。

【例2-1】9月1日,某企业签发现金支票一张,从银行提取现金300元备用。根据现金支票编制如下会计分录:

借:库存现金　　　　　　　　　　　　　　　　　　　　　　　300
　　贷:银行存款　　　　　　　　　　　　　　　　　　　　　　300

【例2-2】9月2日,该企业以库存现金支付管理部门购买办公用品100元。根据购货发票编制如下会计分录:

借:管理费用——办公费　　　　　　　　　　　　　　　　　　100

　　　　贷：库存现金　　　　　　　　　　　　　　　　　　　　　　　　　　100

【例2-3】9月3日,该企业职工李明因公出差,预借差旅费500元,付给现金。
根据借款单编制如下会计分录：
　　借：其他应收款——李明　　　　　　　　　　　　　　　　　　　　　500
　　　　贷：库存现金　　　　　　　　　　　　　　　　　　　　　　　　　500

【例2-4】9月4日,该企业收到仓库出售废旧物资款400元。根据所开库存现金收据编制如下会计分录：
　　借：库存现金　　　　　　　　　　　　　　　　　　　　　　　　　　　400
　　　　贷：营业外收入　　　　　　　　　　　　　　　　　　　　　　　　400

一般企业对库存现金不必进行明细分类核算,但在有币种业务的情况下,库存现金亦需要按币种设置明细分类账,进行明细分类核算。

(二)库存现金的序时核算

为了及时核算现金的收付和结存情况,加强对现金的管理,企业除了进行现金总分类核算外,还要设置"现金日记账"进行序时核算。现金日记账为订本式账簿,由出纳人员根据涉及现金收、付的记账凭证,按业务发生顺序逐日逐笔登记。每日业务终了应结出余额,与实存现金进行核对。现金日记账的格式如表2-1所示。

表2-1　现金日记账

年		凭证		摘要	借方									贷方									借或贷	余额								
月	日	字	号		十	万	千	百	十	元	角	分		十	万	千	百	十	元	角	分			十	万	千	百	十	元	角	分

(三)库存现金的清查

为保护现金的安全完整,做到账实相符,必须做好现金清查的工作。对库存现金的清查主要采用的是实地盘点法,并将库存现金的实存数和现金日记账上的余额进行核对。其中实存数是指企业金库内实际存在的现款,清查时注意不能用借条等单据来抵充现金。每日终了应查对库存现金实存数与其账面余额是否相符。为防止挪用现金,各部门或者车间必须配备备用金负责人,对现金进行管理,财会部门应进行抽查。对现金清查中发现的账实不符,即现金溢缺情况,应通过"待处理财产损益——待处理流动资产损益"账户进行核算。现金清查账务处理应分查明原因前和查明原因后两步处理。

1. 查明原因前

查明原因前的账务处理目的是要做到账实相符,当现金清查中发现短缺现金时,应按短缺的金额,借记"待处理财产损益——待处理流动资产损益"账户,贷记"库存现金"账户;现金清查中发现溢余的现金,应按溢余的金额,借记"库存现金"账户,贷记"待处理财产损益——待处理流动资产损益"账户。

2. 查明原因后

待现金清查中发现的现金溢余现象查明原因后,应分以下情况处理。

(1) 如为现金短缺,属于应由责任人赔偿的部分,借记"其他应收款"或"库存现金"等账户,贷记"待处理财产损益——待处理流动资产损益"账户;属于应由保险公司赔偿的部分,借记"其他应收款"账户,贷记"待处理财产损益——待处理流动资产损益"账户。无法查明原因的现金短缺,经批准后,借记"管理费用"账户,贷记"待处理财产损益——待处理流动资产损益"账户。

(2) 如为现金溢余,属于应支付给有关人员或单位的,借记"待处理财产损益——待处理流动资产损益"账户,贷记"其他应付款"账户。属于无法查明原因的现金溢余,经批准后,借记"待处理财产损益——待处理流动资产损益"账户,贷记"营业外收入"账户。

【例 2-5】A 公司 2016 年 5 月 15 对现金进行清查时,发现短缺 50 元,在查明原因前,应做如下账务处理:

借:待处理财产损益——待处理流动资产损益　　　　　　　　　50
　　贷:库存现金　　　　　　　　　　　　　　　　　　　　　　50

【例 2-6】承接例 2-5。经查明,现金短缺系出纳人员责任,应由其赔偿,则应做如下账务处理:

借:其他应收款——出纳人员××　　　　　　　　　　　　　　50
　　贷:待处理财产损益——待处理流动资产损益　　　　　　　　50

【例 2-7】B 公司 2016 年 6 月 10 日在对现金清查时,发现溢余 30 元,在查明原因前,应做如下账务处理:

借:库存现金　　　　　　　　　　　　　　　　　　　　　　　30
　　贷:待处理财产损益——待处理流动资产损益　　　　　　　　30

【例 2-8】承接例 2-7。现金溢余原因不明,经批准转作营业外收入。

借:待处理财产损益——待处理流动资产损益　　　　　　　　　30
　　贷:营业外收入　　　　　　　　　　　　　　　　　　　　　30

二、银行存款的核算业务

(一) 银行存款收付的总分类与明细分类核算

为了总括核算银行存款的收入、支出和结存情况,应设置"银行存款"总分类账户。该账户属于资产类账户,借方登记存入银行或其他金融机构的款项,贷方登记从银行提取或支付的款项,余额在借方,表示企业银行存款的实有数额。

企业收入款项时,借记"银行存款"账户,贷记有关账户;付出款项时,借记有关账户,贷记"银行存款"账户。

【例2-9】9月10日,某企业开出现金支票一张,从银行提取现金10 000元备发工资。根据现金支票存根,编制如下会计分录:

　　借:库存现金　　　　　　　　　　　　　　　　　　　　　10 000
　　　　贷:银行存款　　　　　　　　　　　　　　　　　　　　　　10 000

【例2-10】9月11日,该企业收到银行转来A公司汇来前欠货款5 000元。根据银行转来的收账通知,编制如下会计分录:

　　借:银行存款　　　　　　　　　　　　　　　　　　　　　　5 000
　　　　贷:应收账款——A公司　　　　　　　　　　　　　　　　　5 000

【例2-11】9月12日,该企业将本日销货款11 700元(其中含增值税1 700元)填制进账单送存银行。根据"进账单"回单等原始凭证,编制如下会计分录:

　　借:银行存款　　　　　　　　　　　　　　　　　　　　　　11 700
　　　　贷:主营业务收入　　　　　　　　　　　　　　　　　　　　10 000
　　　　　　应缴税金——应交增值税(销项税)　　　　　　　　　　1 700

【例2-12】9月14日,该企业购进甲材料一批,价款8 000元,增值税款1 360元,发转账支票付讫。根据转账支票存根及发票等原始凭证,编制如下会计分录:

　　借:材料采购　　　　　　　　　　　　　　　　　　　　　　8 000
　　　　应交税费——应交增值税(进项税额)　　　　　　　　　　　1 360
　　　　贷:银行存款　　　　　　　　　　　　　　　　　　　　　　9 360

银行存款一般不进行明细分类核算,但在有外币种业务的情况下,银行存款亦需要按币种设置明细分类账,进行明细分类核算。

二、银行存款的序时核算

为了及时核算银行存款的收付和结存情况,加强对银行存款的管理,企业除了进行银行存款总分类核算外,还要设置"银行存款日记账",进行序时核算。银行存款日记账采用订本式账簿,由出纳员根据记账凭证和银行收付款结算凭证,按经济业务发生的先后顺序逐日逐笔进行登记,每日终了应结出余额,定期与银行核对,保证账实相符。有外币业务的企业应分别按人民币和外币设置银行存款日记账进行序时核算。银行存款日记账的基本格式如表2-2所示。

表2-2　银行存款日记账

年		凭证		摘要	借方								贷方								借或贷	余额							
月	日	字	号		十万	万	千	百	十	元	角	分	十万	万	千	百	十	元	角	分		十万	万	千	百	十	元	角	分

(三)银行存款余额调节表

企业的往来结算业务,大多通过银行进行办理。为正确掌握企业银行存款的实有数额,需要定期将企业银行存款日记账的记录与银行转来的对账单进行逐笔核对,每月至少要核对一次,如果二者不符,应查明原因,予以调整。企业银行存款日记账按时间先后顺序记录了引起银行存款增减变动的每笔经济业务,银行转给企业的对账单列示了从上次对账到本次对账之间,银行对引起企业银行存款增减变动的经济业务所做的全部记录。一般情况下,两者应能核对相符,但也存在不符的情况,造成不符的原因如下:

1. 企业和银行双方存在一方或双方同时记账错误的情况。
2. 存在未达账项。未达账项是指由于企业间的交易采用的结算方式涉及的收付款结算凭证,在企业和银行之间的传递存在时间上的差异,造成一方已收到凭证并已入账,而另一方未收到凭证且未入账的款项。因此,未达账项会造成银行对账单上的存款余额同企业银行存款日记账的余额不一致的现象。归纳起来有以下几种未达账项:

(1)企已收银未收。
(2)企已付银未付。
(3)银已收企未收。
(4)银已付企未付。

第(1)种和第(4)种情况会造成企业银行存款日记账余额大于银行对账单余额,第(2)种和第(3)种情况会使得企业银行存款日记账余额小于银行对账单余额。

如上所述,由于记账错误和未达账项的存在,银行存款日记账的余额和银行对账单的余额可能是不相等的,此时,银行存款日记账余额和银行对账单余额都不代表企业银行存款的实有数额。为了掌握企业银行存款的实有数额,企业在收到银行转来的对账单后,要仔细将企业银行存款日记账的记录与对账单的记录进行核对,判断企业和银行双方有没有记账错误的情况;同时确定出未达账项,然后通过编制银行存款余额调节表来确定企业银行存款的实有数额。

实务中常用的银行存款余额调节表的编制方法是根据错记金额和未达账项同时将银行存款日记账余额和对账单余额调整到银行存款实有数额。这种方法不仅能检验企业或银行的错记金额及未达账项的确定是否准确,而且还能确定企业银行存款的实有数额。银行存款余额调节表格式如表2-3所示。

表2-3 银行存款余额调节表

单位:元

项目	金额	项目	金额
企业银行存款账面余额 加:银行已收,企业未收 减:银行已付,企业未付 加或减:企业错账		银行对账单账面余额 加:企业已收,银行未收 减:企业已付,银行未付 加或减:银行错账	
调节后的存款余额		调节后的存款余额	

【例2-13】A企业2016年12月31日银行存款日记账的余额为52 600元,银行对账

单余额为 57 700 元,经过银行存款日记账与银行对账单核对,发现未达账项如下:

(1) 12 月 20 日,委托银行收款,金额 2 000 元,银行已收妥入账,但企业尚未收到收款通知。

(2) 12 月份 A 企业开出的转账支票共有 3 张,持票人尚未到银行办理转账手续,金额合计为 6 700 元。

(3) 12 月 30 日,存入银行支票一张,金额 1 500 元,银行已承办,企业已凭回单记账,银行尚未记账。

(4) 12 月 31 日,银行代付电费 2 100 元,企业尚未收到收款通知。

根据上述资料编制银行存款余额调节表,如表 2-4 所示。

表 2-4　银行存款余额调节表

编制单位:A 企业　　　　　　　　2016 年 12 月 31 日　　　　　　　　单位:元

项目	金额	项目	金额
企业银行存款账面余额	57 700	银行对账单账面余额	52 600
加:银行已收,企业未收	1 500	加:企业已收,银行未收	2 000
减:银行已付,企业未付	6 700	减:企业已付,银行未付	2 100
加或减:企业错账		加或减:银行错账	
调节后的存款余额	52 500	调节后的存款余额	52 500

从表 2-4 中可以看出,表中左右两方调整后的余额相等。这说明该企业银行存款的实有数额既不是 57 700 元,也不是 52 600 元,而是 52 500 元。值得注意的是,对于银行已经入账而企业尚未入账的未达账项,应在收到有关收付款原始凭证后再进行账务处理,不能直接以银行存款转来的对账单作为原始凭证进行记账。

三、其他货币资金的核算业务

其他货币资金是指企业除库存现金和银行存款以外的各种货币资金。包括企业的外埠存款、银行本票存款、银行汇票存款、信用卡存款、信用证保证金存款、存出投资款等。

为了反映和监督其他货币资金的增减变化和结存情况,应设置"其他货币资金"总分类账户。该账户属资产类账户,借方登记其他货币资金的增加额,贷方登记其他货币资金的减少额,余额在借方,表示其他货币资金的结存额。该账户可按"外埠存款"、"银行汇票"、"银行本票"、"信用卡"和"存出投资款"等设明细账,进行明细分类核算。

(一) 外埠存款

外埠存款是指企业到外地进行临时或零星采购时,汇往采购地银行开设临时采购专户的款项。

采购专户只付不收,付完结束账户。外埠存款的核算程序可分为三个步骤:

1. 汇出资金并开户。
2. 采购付款。
3. 余额转回。

【例 2-14】 某企业委托当地的开户银行将 10 000 元采购资金汇往采购地某银行开设采购专户,收到汇兑结算凭证回单,编制如下会计分录:

借:其他货币资金——外埠存款　　　　　　　　　　　10 000
　　贷:银行存款　　　　　　　　　　　　　　　　　　　　10 000

【例 2-15】 企业收到采购员转来的供货单位的发票账单等原始凭证,内列采购材料货款 8 000 元,增值税款 1 360 元。根据供货单位的发票账单,编制如下会计分录:

借:材料采购——某供货单位　　　　　　　　　　　　8 000
　　应交税费——应交增值税(进项税额)　　　　　　　1 360
　　贷:其他货币资金——外埠存款　　　　　　　　　　　9 360

【例 2-16】 企业收到银行转回的多余款 640 元,根据银行收账通知,编制如下会计分录:

借:银行存款　　　　　　　　　　　　　　　　　　　　640
　　贷:其他货币资金——外埠存款　　　　　　　　　　　640

(二) 银行汇票存款、银行本票存款和信用卡存款

银行汇票存款是企业为取得银行汇票按规定存入银行的款项,银行本票存款是企业为取得银行本票按规定存入银行的款项,信用卡存款是企业为了取得信用卡按规定存入银行的款项。三者的核算均可分为三个环节:

1. 取得汇票、本票或信用卡。
2. 用票、卡付款。
3. 余额转回。

对银行汇票存款、银行本票存款和信用卡存款进行核算的具体方法将在后面讲支付结算业务时述及,这里不再举例。

(三) 存出投资款

存出投资款是指企业已存入证券公司但尚未进行短期投资的资金。

企业向证券公司划出资金时,应借记"其他货币资金——存出投资款"账户,贷记"银行存款"账户;企业购买股票、债券时,应借记"交易性金融资产"、"长期股权投资"账户,贷记"其他货币资金——存出投资款"账户。

任务三　支付结算业务

支付结算是指单位、个人在社会经济活动中使用票据、信用卡和汇兑、托收承付、委托收款等结算方式进行货币给付及其资金清算的行为。银行是支付结算和资金清算的中介机构。企业各项经济业务的款项结算,除按照国家库存现金管理条例规定可以直接使用库存现金办理收付结算外,都必须通过银行办理支付结算,即通过银行将收付的款项从付

款单位账户划转到收款单位账户。准确及时地办理支付结算,不仅有利于国家减少货币流通量,节约现金使用,充分发挥银行的监督作用,严明企业结算纪律,维护经济秩序,保障资金安全,而且有利于企业顺利结清债务,加速资金周转,提高资金使用效益。

一、支付结算的纪律

结算纪律是指企业与业务往来的有关单位或个人办理业务结算时,所必须遵守的基本原则和制度。单位和个人作为支付结算的重要当事人,严格遵守结算纪律,按照结算制度办理结算,是严肃信用制度、维护结算秩序的前提条件。根据《支付结算办法》及有关规定,单位和个人必须遵守的结算纪律可以概括为以下几项:

1. 不准套取银行信用,不准签发空头支票、印章与预留印鉴不符支票和远期支票以及没有资金保证的票据。
2. 不准无理拒付,任意占用他人资金。
3. 不准违反规定开立和使用账户。
4. 不准签发、取得和转让没有真实交易和债权债务的票据,套取银行和他人资金。

二、支付结算的原则

为了正确处理收付款双方和开户银行之间的关系,保证支付结算业务的顺利进行,单位、个人和银行办理支付结算时必须遵守下列原则:

1. 恪守信用,履约付款。
2. 谁的钱进谁的账,由谁支配。

根据《支付结算办法》的规定,支付结算办法包括票据、信用卡和结算方式三方面的内容。

学习情景1:票据

票据是指出票人依法签发的约定自己或委托付款人在见票时或指定的日期向收款人或持票人无条件支付一定金额并可转让的有价证券。包括银行汇票、商业汇票、银行本票和支票。

一、银行汇票

银行汇票是出票银行签发的由其在见票时按照实际结算金额无条件支付给收款人或者持票人的票据。单位和个人的各种款项结算,均可使用银行汇票。

(一)银行汇票结算的注意事项

1. 银行汇票一律记名,允许背书转让(填明"现金"字样的除外),背书转让是指在票据上所做的以转让票据权利为目的的书面行为。

2. 银行汇票的付款期限为一个月,逾期的汇票兑付银行不予受理。

3. 汇票申请人办理银行汇票,应向签发银行填写"银行汇票委托书",填明收款人名称、汇票金额、申请人名称、申请日期等事项并签章,签发银行受理并收妥款项后,签发银行汇票交给汇款人。

4. 汇票申请人持银行汇票向填明的收款人办理结算时,应将银行汇票和解讫通知一并交给收款人。

5. 收款人受理申请人交付的银行汇票时,应在出票金额内,根据实际需要的款项办理结算,并将实际结算金额和多余金额填入银行汇票和解讫通知的有关栏内。

6. 持票人向开户银行提示付款时,应在汇票背面"持票人向银行提示付款签章"处签章,并将银行汇票和解讫通知、进账单送交开户银行,银行审查无误后办理转账。

(二)银行汇票结算的一般程序

银行汇票结算的一般程序如图 2-4 所示。

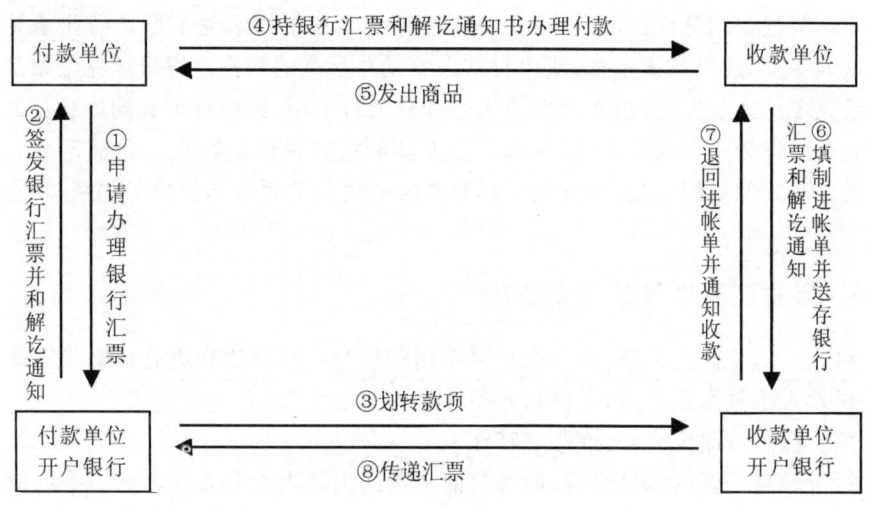

图 2-4 银行汇票结算的一般程序

(三)银行汇票结算的账务处理

1. 付款单位的账务处理

付款单位收到银行汇票和解讫通知后,根据"银行汇票委托书"存根联,编制如下会计分录:

借:其他货币资金——银行汇票存款
　　贷:银行存款

办理结算时,假定其为购买材料支付货款,且汇票款项有余额,应根据"银行汇票"第四联"多余款收账通知"和购货发票等原始凭证,编制如下会计分录:

借:材料采购
　　应交税费——应交增值税(进项税额)
　　银行存款(多余金额)
　贷:其他货币资金——银行汇票存款

2. 收款单位的账务处理

收款单位受理银行汇票后,应填制进账单并连同银行汇票一起送存银行,根据进账单回单和有关原始凭证,编制如下会计分录:

借:银行存款
　贷:主营业务收入
　　　应交税费——应交增值税(销项税额)

二、商业汇票

商业汇票是出票人签发的,委托付款人在指定日期无条件支付确定的金额给收款人或者持票人的票据。

商业汇票根据承兑人的不同,分为商业承兑汇票和银行承兑汇票。商业承兑汇票是指由收款人签发,经付款人承兑,或由付款人签发并承兑的票据。银行承兑汇票是指由收款人或承兑申请人签发,并由承兑申请人向开户银行申请,经银行审查同意承兑的票据。

商业汇票作为一种商业信用,具有信誉度高和结算灵活的特点。在银行开立存款账户的法人以及其他组织,只要相互之间具有真实的交易关系或债权债务关系,均可使用商业汇票。

(一) 商业汇票结算的注意事项

1. 付款人承兑商业汇票,应当在汇票正面记载"承兑"字样和承兑日期并签章。
2. 付款人承兑商业汇票,不得附有条件。
3. 商业汇票一律记名,允许背书转让。
4. 银行承兑汇票的承兑银行,应按票面金额向出票人收取万分之五的手续费。
5. 商业汇票的付款期限最长不超过6个月。
6. 商业汇票的提示付款期限为自汇票到期日起10日。
7. 符合条件的商业汇票的持票人可持未到期的商业汇票连同贴现凭证向银行申请贴现。

(二) 商业承兑汇票结算的一般程序

付款人依照购销合同签发商业承兑汇票并"承兑"后,将商业承兑汇票交给收款人;收款人收到经承兑的商业汇票,审核无误后发运商品。收款人应在汇票到期日前将汇票和委托收款凭证送交开户银行办理收款手续;付款人应在汇票到期日前,将票款足额交存银行,以备到期支付。付款人开户银行收到收款人开户银行转来的有关凭证后,于汇票到期日向付款人发出付款通知,并将票款从付款人账户划转到收款人开户银行。汇票到期时,如果付款人的存款不足支付票款,其开户银行应填制付款人未付票款通知书,连同商业承兑汇票退给收款人或被背书人,由其自行处理,银行不负责付款。收款人开户银行收到票款后,将委托收款凭证收账通知联加盖"转讫"章交收款人,通知款已收妥。商业承兑汇票的一般程序如图2-5所示。

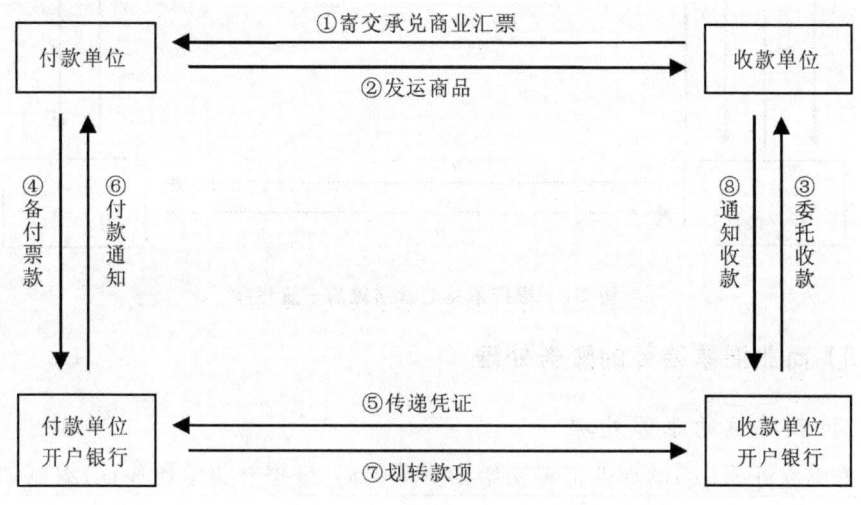

图2-5 商业承兑汇票一般程序

(三) 银行承兑汇票结算的一般程序

付款人持银行承兑汇票向其开户银行申请承兑。银行审查同意后,由付款人与其开户银行签订承兑协议,并将银行承兑汇票交给承兑申请人转交收款人。收款人收到银行承兑汇票经审查无误后,按合同发运商品。承兑申请人应于银行承兑汇票到期前将票款足额交存银行,以备支付。如果承兑申请人于汇票到期日未能足额交存票款,承兑银行除了要凭票向收款人、被背书人或贴现银行无条件履行支付外,还应根据承兑协议规定,对承兑申请人进行扣款处理,并对尚未扣回的承兑金额按每天万分之五计收罚金。收款人在汇票即将到期时,应将银行承兑汇票和委托收款凭证送交开户银行办理收款手续。承兑银行在汇票到期日凭票将款项划转给收款人,并向付款人发出通知。银行承兑汇票结算的一般程序如图2-6所示。

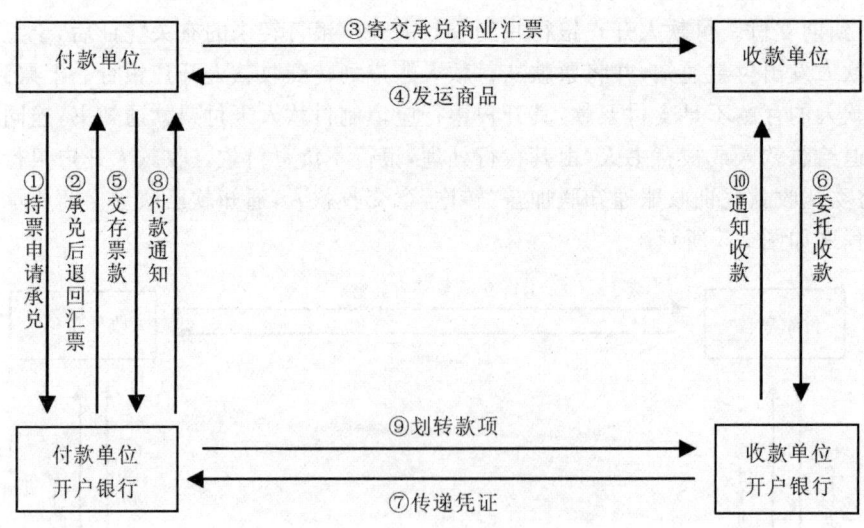

图 2-6 银行承兑汇票结算的一般程序

(四) 商业汇票结算的账务处理

1. 付款单位的账务处理

付款单位将承兑后的商业汇票交给销货单位后,根据有关原始凭证,编制如下会计分录:

借:材料采购
　　应交税费——应交增值税(进项税额)
　贷:应付票据

汇票到期支付票款后,根据有关原始凭证,编制如下会计分录:

借:应付票据
　贷:银行存款

2. 收款单位的账务处理

收款单位收到付款人交付的"商业汇票"并发运商品后,根据有关原始凭证,编制如下会计分录:

借:应收票据
　贷:主营业务收入
　　　应交税费——应交增值税(销项税额)

汇票到期收回票款后,根据委托收款凭证,编制如下会计分录:

借:银行存款
　贷:应收票据

采用银行承兑汇票结算时,承兑申请人按规定向银行支付承兑手续费后,应根据有关原始凭证编制会计明细账,借记"财务费用——手续费"账户,贷记"银行存款"账户。

三、银行本票

银行本票是银行签发的,承诺在见票时无条件支付确定金额给收款人或持票人的票据。银行本票作为一种流通和支付的手段,具有信誉度高、支付能力强、有代替现金使用功能的特点。单位和个人在同一票据交换区域需要支付各种款项时,均可使用银行本票。银行本票可以用于转账,注明"现金"也可以用于支取现金。

银行本票根据签发金额是否固定,可分为定额银行本票和不定额银行本票两种。定额银行本票面额为 1 000 元、5 000 元、10 000 元和 50 000 元。

(一)银行本票结算的注意事项

1. 银行本票一律记名,允许背书转让。
2. 银行本票的提示付款期限自出票日起最长不超过 2 个月。
3. 申请人办理银行本票时,应向银行填写"银行本票申请书",填明收款人名称、申请人名称、支付金额、申请日期等事项并签章,申请人或收款人为单位时,银行不得为其签发现金银行本票。
4. 持票人超过提示付款期限不获付款的,在票据权利时效期内向出票银行做出说明,并提供单位证明,可持银行本票向出票银行请求付款。
5. 申请人因银行本票超过提示付款期限或其他原因要求退款时,应将银行本票提交到出票银行并出具单位证明。
6. 若银行本票丧失,失票人可以凭人民法院出具的其享有票据权利的证明,向出票银行请求付款或退款。

(二)银行本票结算的一般程序

付款人申请办理银行本票时,应填写"银行本票申请书",并向银行交存款项;银行受理并收妥款项后,向付款人签发银行本票;付款人持银行本票向银行本票上填明的收款人办理结算;收款人对银行本票审核无误后,填制进账单并与银行本票一起交开户银行,经银行审查无误后办理转账。银行本票结算的一般程序如图 2-7 所示。

1. 付款单位的账务处理

企业将款项交存银行,取得银行本票后,根据"银行本票申请书"(单位留存联),编制如下会计分录:

借:其他货币资金——银行本票存款
　　贷:银行存款

企业持银行本票与收款人结算后,根据发票、账单等原始凭证,编制如下会计分录:

借:材料采购
　　应交税费——应交增值税(进项税额)
　　贷:其他货币资金——银行本票存款

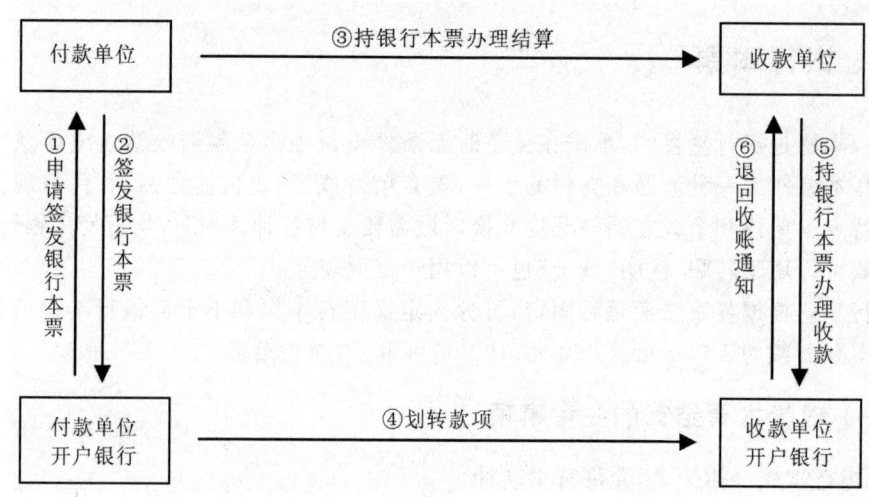

图 2-7 银行本票结算的一般程序

2. 收款单位的账务处理

企业收到银行本票后,连同进账单一并交开户银行办理转账,根据进账单回单及有关原始凭证,编制如下会计分录:

借:银行存款
　　贷:主营业务收入
　　　　应交税费——应交增值税(销项税额)

四、支票

支票是出票人签发的委托办理支票存款业务的银行在见票时无条件支付确定的金额给收款人或者持票人的票据。支票按其支付方式不同,可分为现金支票、转账支票和普通支票三种。支票上印有"现金"字样的为现金支票,现金支票只能用于支取现金。支票上印有"转账"字样的为转账支票,转账支票只能用于转账。支票上未印有"现金"或"转账"字样的为普通支票,普通支票既可以用于支取现金,也可以用于转账;在普通支票左上角划两条平行线的为划线支票,划线支票只能用于转账,不得支取现金。

支票作为流通手段和支付手段,具有清算及时、使用方便、收付双方都有法律保障和结算灵活的特点。单位和个人在同一票据交换区域的各种款项的结算均可使用支票。2006 年中国人民银行建成全国支票影像交换系统,实现了支票在全国范围的互通使用,企事业单位和个人持任何一家银行的支票均可在境内所有地区办理支付。2007 年 6 月 25 日,中国人民银行完成了影像交换系统在全国的推广建设。根据中国人民银行的规定,支票全国通用后,出票人签发的支票凭证不变,支票的提示付款期限仍为 10 天,异地使用支票款项最快可在 2 至 3 小时之内到账,一般在银行受理支票之日起 3 个工作日内均可到账。为防范支付风险,异地使用支票的单笔金额上限为 50 万元。对于超过规定限额的支付,收、付款人可约定采用其他支付方式。办理支票业务时银行向客户的收费暂按现行标准不变。

(一)支票结算的注意事项

1. 支票一律记名,可以背书转让。
2. 支票提示付款期限为自出票日起 10 日,但中国人民银行另有规定的除外。
3. 支票的金额、收款人名称,可以由支票人授权补记,未补记前不得背书转让和提示付款。
4. 签发支票必须使用碳素墨水笔,中国人民银行另有规定的除外。
5. 签发支票的金额不得超过付款时在付款人处实有的存款余额。禁止发行空头支票。
6. 不得签发与其预留银行签章不符的支票;使用支付密码的,不得签发支付密码错误的支票。
7. 如遇空头支票、签章与预留银行签章不符的支票、支付密码错误的支票,银行应予以退票,并按票面金额处以 5% 但不低于 1 000 元的罚款;持票人有权要求出票人赔偿支票金额 2% 的赔偿金。
8. 存款人领购支票时,必须填写"票据和结算凭证领用单"并签章,签章应与预留银行的签章相符。存款账户结清时,必须将全部剩余空白支票交回银行注销。

(二)支票结算的一般程序

支票结算的一般程序如图 2-8 所示。

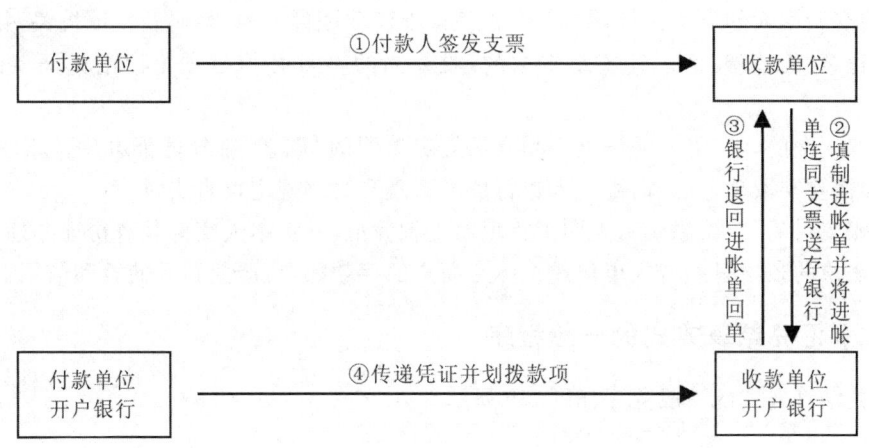

图 2-8 支票结算的一般程序

(三)支票结算的账务处理

企业签发现金支票提取现金时,必须在支票上背书后才能向开户银行提取现金。根据支票存根联,借记"库存现金"账户,贷记"银行存款"账户。

企业采购材料等签发转账支票时,根据支票存根联,借记"材料采购"等账户,贷记"银行存款"账户。

企业对外销售产品或提供劳务收到转账支票时,应填制"进账单"一式两联,并在支票背面背书人签章栏签章后,将支票连同进账单一并送存银行,根据进账单回单及有关原始凭证,借记"银行存款"账户,贷记"主营业务收入"等账户。

学习情景2:票据之外的银行结算方式

一、汇兑

汇兑是指汇款人委托银行将其款项支付给收款人的结算方式。汇兑结算方式具有适用范围大、服务面广、手续简便、划款迅速、灵活易用的特点。单位和个人各种款项的结算,均可使用汇兑结算方式。汇兑分为信汇和电汇两种,由汇款人自行选择使用。

(一)汇兑结算方式的注意事项

1. 汇款人委托银行办理汇兑时,应填写信汇或电汇凭证,详细填明汇入地点、汇入银行名称、收款人姓名或收款单位名称、汇款用途等项内容。

2. 汇入银行对开立存款账户的收款人,应将汇给其的款项直接转入收款人账户,并向其发出收账通知。

3. 未在银行开立存款账户的收款人,凭信汇、电汇的取款通知向汇入银行支取款项时,必须交验本人的身份证件,在信、电汇凭证上注明证件名称、号码及发证机关,并在"收款人签盖章"处签章;信汇凭签章支取的,收款人的签章必须与预留信汇凭证上的签章相符。

支取现金的,信、电汇凭证上必须有按规定填明的"现金"字样才能办理。未填明"现金"字样而要支取现金的,需由汇入银行按国家现金管理规定审查支付。

转账支付的,应由原收款人向银行填制支款凭证,并由本人交验其身份证办理支付款项。该账户的款项只能转入单位或个体工商户的存款账户,严禁转入储蓄和信用卡账户。

(二)汇兑结算方式的一般程序

汇兑结算方式的一般程序如图2-9所示。

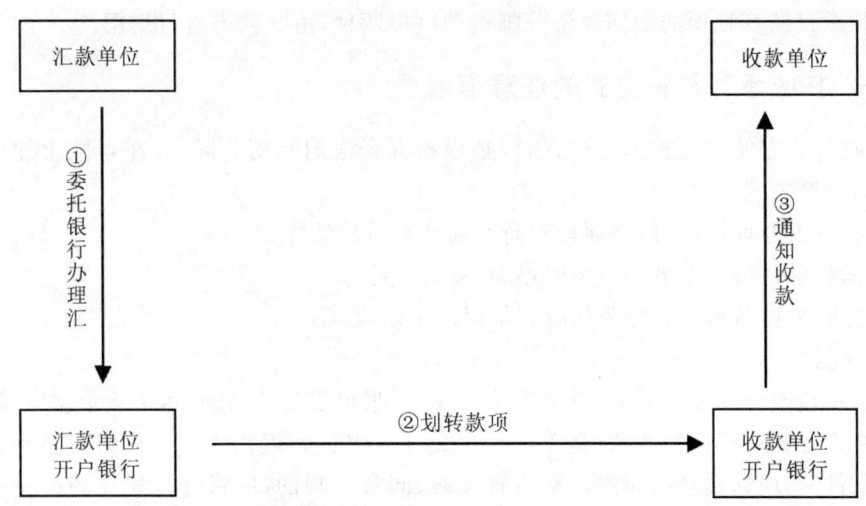

图 2-9 汇兑结算方式的一般程序

(三) 汇兑结算方式的账务处理

1. 汇款单位的账务处理

汇款单位的账务处理分两种情况。

汇款是为了进行各种款项的结算时,应根据汇兑结算凭证的回单联,编制如下会计分录:

借:应付账款
　　贷:银行存款

汇款是到外地进行临时或零星采购的,应开立临时存款户,根据汇兑结算凭证的回单联,编制如下会计分录:

借:其他货币资金——外埠存款
　　贷:银行存款

2. 收款单位的账务处理

收款单位收到款项时,根据银行转来的汇兑结算凭证收账通知,编制如下会计分录:

借:银行存款
　　贷:应收账款(主营业务收入、应交税费等)

二、托收承付

托收承付是根据购销合同,在收款人发货后委托银行向异地付款人收取款项,由付款人向银行承认付款的一种结算方式。使用托收承付结算方式的收款单位和付款单位必须是经营管理水平较高,且经开户银行审查批准的企业。

办理托收承付的款项必须是商品交易,以及因商品交易而产生的劳务供应的款项。代销、寄销、赊销商品的款项,不得办理托收承付结算。

托收承付结算款项的划回办法分邮寄和电报两种,由收款人自行选用。

(一) 托收承付结算方式的注意事项

1. 收付双方使用托收承付结算时,必须签有合法的购销合同,并在合同上注明使用托收承付结算方式。

2. 收款人办理托收时,必须具有商品确已发运的证件。

3. 托收承付结算每笔的金额起点为 10 000 元。

4. 托收承付结算方式分为托收和承付两个阶段。

(1) 托收

销货单位按合同发运商品,办妥发货手续后,根据发货票、代垫运杂费单据等填制"托收承付结算凭证",连同发货票、运单一并送交开户银行办理托收。开户银行接到托收凭证及其附件后,应认真进行审查。对审查无误、同意办理的,应将托收凭证的回单联盖章后退回销货单位。

(2) 承付

购货单位收到银行转来的托收承付结算凭证及所附单据后,应在规定的承付期内审查核对,安排资金。承付货款分为验单付款和验货付款两种,由收付双方商量选用,并在合同中明确规定。

① 验单付款

验单付款的承付期为 3 天,从付款人开户银行发出承付通知的次日算起。付款单位在承付期内未向银行表示拒绝付款的,银行即视作承付,并在承付期满的次日将款项付给收款单位。

② 验货付款

验货付款的承付期为 10 天,从运输部门向付款人发出提货通知的次日算起。付款单位在收到提货通知后,应向银行交验提货通知。付款单位在银行发出承付通知书后的 10 天内,如未收到提货通知,应在 10 天内将情况通知银行,如不通知,银行即视作已经验货,承认付款,并于期满次日予以划款。

不论是验单付款还是验货付款,付款单位都可以在付款期内提前向银行表示承付。付款单位在承付期满日款项不足支付的,其不足部分即为逾期未付款项,根据逾期天数,按每天万分之五计算逾期未付赔偿金。

付款单位在验单或验货时,若发现存在与合同规定或发货清单不符的款项,或所到货物的品种、规格、数量、价格与合同规定不符,可在承付期内,向银行提出全部或部分拒绝付款。付款单位提出拒绝付款时,必须填写"拒绝付款理由书"并签章,注明拒绝付款理由,送交开户银行。开户银行必须认真审查拒绝付款理由书并查验合同。银行同意部分或全部拒绝付款的,应在拒绝付款理由书上签注意见,并将拒付证明和拒付商品清单邮寄收款人开户银行转交收款人。

(二) 托收承付结算方式的一般程序

托收承付结算方式的一般程序如图 2-10 所示。

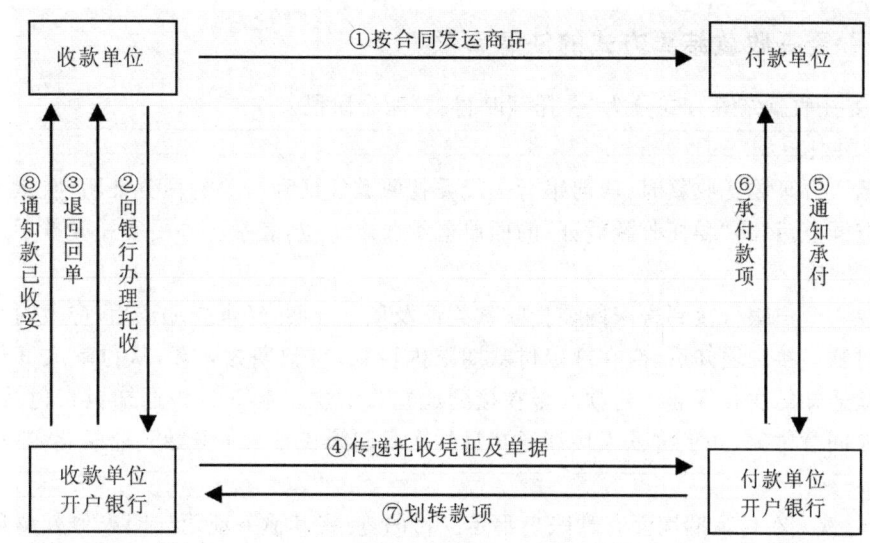

图 2-10 托收承付结算方式的一般程序

(三) 托收承付结算方式的账务处理

1. 付款单位的账务处理

承付货款后,根据银行转来的付款通知及有关原始凭证,编制如下会计分录:
借:材料采购
　　应交税费——应交增值税(进项税额)
　贷:银行存款

2. 收款单位的账务处理。

向银行办妥托收手续后,根据托收凭证回单及其他有关原始凭证,编制如下会计分录:
借:应收账款
　贷:主营业务收入
　　　应交税费——应交增值税(销项税额)

收到款项时,根据银行转来的收账通知,编制如下会计分录:
借:银行存款
　贷:应收账款

三、委托收款

委托收款是由收款人向其开户银行提供收款依据,委托银行向付款人收取款项的一种结算方式。单位和个人凭已承兑的商业汇票、债券、存单等付款人债务证明办理款项结算时,无论同城、异地,均可使用委托收款结算方式。委托收款结算款项的划回方式分邮寄和电报两种,由收款人自行选用,不受金额起点的限制。

(一)委托收款结算方式的注意事项

1. 委托收款结算方式分为"委托"和"付款"两个阶段。

(1)委托

收款人办理委托收款时,应向银行提交委托收款凭证和有关的债务证明,收款人开户银行审查同意后,将"委托收款凭证"的回单退给收款单位,表示已办妥委托收款手续。

(2)付款

付款人开户银行接到寄来的委托收款凭证及债务证明,经审查无误后,应及时通知付款人。付款人接到通知后,应在规定付款期限内付款,付款期为3天,从付款人开户银行发出付款通知的次日算起。付款人未在接到通知日的次日起3日内通知银行付款的,视作付款人同意付款,并于付款人接到通知日的次日起第4日上午开始营业时,将款项划给收款人。

2. 付款人在付款期满而存款账户不足支付的,应将其债务证明连同未付款项通知书邮至收款人开户银行,转交收款人。

3. 付款人审查有关债务证明后,对收款人委托收取的款项需要拒绝付款的,应在付款期内出具拒绝付款理由书;持有债务证明的,应将其送交开户银行。银行将拒绝付款理由书、债务证明和有关凭证一并寄给被委托银行,转交收款人。

(二)委托收款结算方式的一般程序

委托收款结算方式的一般程序如图 2-11 所示。

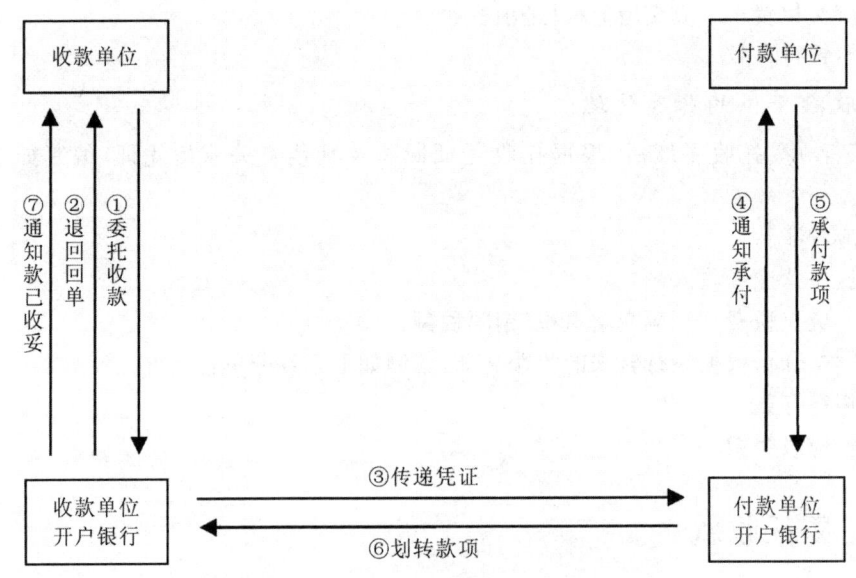

图 2-11 委托收款结算方式的一般程序

(三)委托收款结算方式的账务处理

1. 付款单位的账务处理

付出款项后,根据银行转来的付款通知及其他有关原始凭证,编制如下会计分录:
借:有关账户
　　贷:银行存款

2. 收款单位的账务处理

办妥委托收款手续后,根据委托收款凭证回单及其他有关的原始凭证,编制会计分录如下:
借:应收账款
　　贷:有关账户

收到款项后,根据银行传来的收账通知,编制如下会计分录:
借:银行存款
　　贷:应收账款

四、信用卡

信用卡是商业银行向个人和单位发行的,凭以向特约单位购物、消费和向银行存取库存现金,且具有消费信用的特制载体卡片。信用卡按使用对象分为单位卡和个人卡,按信誉等级分为金卡和普通卡。它适用于同城和异地的特约单位购物、消费。

(一)信用卡结算的注意事项

1. 单位申领信用卡时,应按规定填制申请表,连同有关资料一并送交发卡银行。符合条件并按一定要求交存一定金额的备用金后,银行为申请人开立信用卡存款户,并发放信用卡。

2. 单位卡账户的资金一律从其基本存款账户转账存入,不得交存库存现金,也不得将销货收入的款项存入其账户。

3. 信用卡仅限于合法持卡人本人使用,持卡人本人不得出租或转借信用卡。

4. 持卡人可持信用卡在特约单位购物、消费。单位卡不得用于10万元以上的商品交易、劳务供应款项的结算。

5. 持卡人凭卡购物、消费时,需将信用卡和本人身份证一并交特约单位。

6. 特约单位审查信用卡无误后,在签购单上压(刷)卡,并填写实际结算金额、用途、持卡人身份证件号码、特约单位名称和编号。

7. 特约单位不得通过压卡、签单和退货方式支付持卡人库存现金。

8. 特约单位每日营业终了,应将当日受理的信用卡签购单汇总,计算手续费和净计金额,并填写汇(总)计单和进账单,连同签购单一并送交收单银行办理进账。

9. 持卡人要求退货的,特约单位应使用退货单办理压(刷)卡,并将退货单金额从当日签单累计金额中抵减,退货单随签购单一并送交收单银行。

10. 单位卡一律不得支取库存现金。信用卡透支额依据其分类的不同而不同:金卡最高不得超过 10 000 元,普通卡最高不超过 5 000 元。透支期限最长为 60 天。

(二)信用卡结算的一般程序

信用卡结算的一般程序如图 2-12 所示。

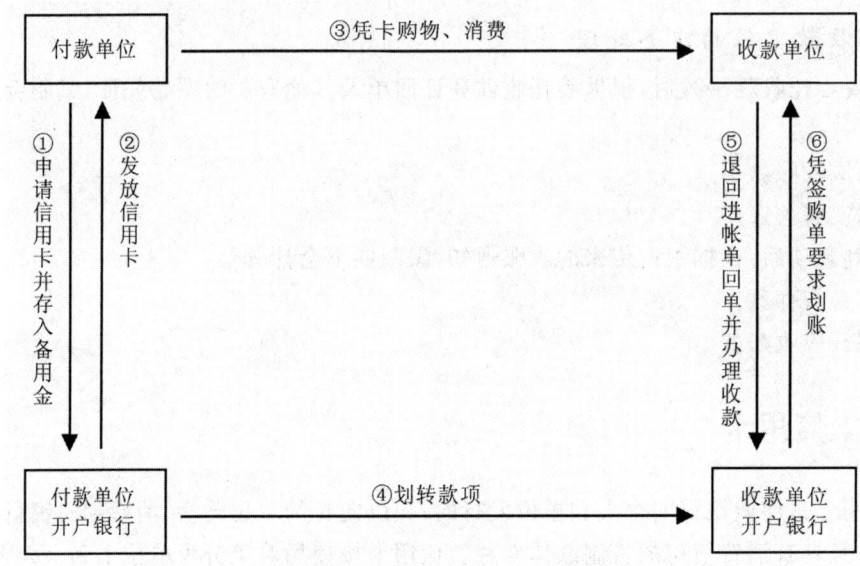

图 2-12 信用卡结算的一般程序

(三)信用卡结算的账务处理

1. 付款单位的账务处理

企业办理信用卡,存入备用金及支付手续费时,应根据支票存根、手续费收据等原始凭证,编制如下会计分录:

借:其他货币资金——信用卡存款(××持卡人)
  财务费用
 贷:银行存款

持卡人持发票来报销凭卡购物、消费的开支时,应根据审核无误的发票等原始凭证,编制如下会计分录:

借:材料采购
  应交税费——应交增值税(进项税额)
 贷:其他货币资金——信用卡存款(××持卡人)

2. 收款单位的账务处理

收款单位应根据汇(总)计单、进账单回单等原始凭证,编制如下会计分录:

借:银行存款

贷：主营业务收入
　　应交税费——应交增值税（销项税额）

课后练习题

一、单项选择题

1. 我国会计上所说的狭义的"现金"是指（　　）。
A. 库存现金　　　　　　　　　B. 库存现金和银行存款
C. 库存现金和有价证券　　　　D. 库存现金、银行存款和有价证券

2. "现金日记账"应由（　　）根据审核后的会计凭证逐日逐笔序时登记。
A. 会计员　　　B. 会计师　　　C. 会计主管　　　D. 出纳员

3. 现金清查中发现的长款应首先通过（　　）科目核算。
A. 其他应收款　　　　　　　　B. 其他应付款
C. 待处理财产损益　　　　　　D. 营业外收入

4. 企业办理日常结算和现金收付的银行存款账户是（　　）。
A. 基本存款账户　　　　　　　B. 一般存款账户
C. 临时存款账户　　　　　　　D. 专用存款账户

5. 企业支付的银行承兑汇票手续费应计入（　　）。
A. 管理费用　　B. 营业外支出　　C. 财务费用　　D. 其他业务支出

6. 企业将款项委托开户银行汇往采购地银行，开立采购专户时应借记（　　）。
A. 银行存款　　B. 材料采购　　C. 其他应收款　　D. 其他货币资金

7. 对于未达账项，企业应当（　　）。
A. 根据"银行存款余额调节表"直接入账
B. 根据"银行对账单"入账
C. 待有关结算凭证到达后入账
D. 根据自制凭证入账

8. 属于会计核算一般原则的是（　　）。
A. 持续经营　　　　　　　　　B. 实质重于形式
C. 会计分期　　　　　　　　　D. 货币计量

9. 对职工外出借款的凭据，错误的处理方法是（　　）。
A. 将借款凭据附在记账凭证之后　　B. 收回借款时，退还原借款收据
C. 收回借款时，另开收据　　　　　D. 收回借款时，退还借款副本

10. 将现金送存银行，应填制的记账凭证是（　　）。
A. 现金收款凭证　　　　　　　B. 现金付款凭证
C. 银行存款收款凭证　　　　　D. 银行存款付款凭证

11. 根据《会计档案管理办法》，各种明细账的保管期限为（　　）。
A. 5年　　　B. 10年　　　C. 15年　　　D. 25年

12. 同城和异地均可使用的转账结算方式是（　　）。
A. 支票　　　　B. 汇兑　　　　C. 信用卡　　　　D. 托收承付

二、多项选择题

1. 在托收承付结算方式下，付款人在承付期内可以向银行提出拒绝付款的理由有（　　）。
A. 供货方提前交货　　　　　　　　B. 供货方逾期交货
C. 验货时发现货物与合同规定不符　　D. 付款人存款不足支付
E. 验单时发现货款计算有误

2. 其他货币资金包括（　　）。
A. 存出投资款　　B. 外埠存款　　C. 银行本票存款
D. 银行汇票存款　　E. 信用卡存款

3. 付款人向异地收款人支付款项时，可以直接使用"银行存款"的结算方式有（　　）。
A. 汇兑　　　　B. 银行汇票　　C. 商业汇票
D. 托收承付　　E. 委托收款

4. 企业银行日记账与银行对账单不一致的原因有（　　）。
A. 记账差错　　B. 应收账款　　C. 预收账款
D. 未达账项　　E. 其他应收款

5. 企业银行日记账与银行对账单不一致时，可采用（　　）方法调整。
A. 补记　　　　B. 剔除　　　　C. 差额
D. 平均　　　　E. 权责发生制

三、判断题

1. 对于使用定额备用金的部门，凭单据报销差旅费时，会计部门应按报销金额冲减"其他应收款"或"备用金"账户。（　　）

2. 信用卡中的单位卡一律不得用于十万元以上的商品交易、劳务供应款项的结算，也不得支取现金。（　　）

3. 企业采用赊销、代销、寄销等方式销售商品，其销售的款项不得采用托收承付结算方式结算货款。（　　）

4. 企业只能选择一家银行的一个营业机构开立一个基本存款户，不得在同一家银行的几个分支机构同时开立一般存款户。（　　）

5. 根据现行的银行结算办法的有关规定，异地托收承付结算方式可用于各种企业办理商品交易，以及因商品交易而产生的劳务供应款项。（　　）

四、业务题

1. 练习现金业务的核算：
(1) 将现金1 000元存入银行。

(2) 用现金预支职工李某差旅费 800 元。
(3) 购买办公用品 500 元,以现金支付。
(4) 拨付总经理办公室备用金 2 000 元(实行定额管理)。
(5) 支付租用车辆的租金 600 元。
(6) 从银行提取现金 2 000 元备用。
(7) 职工李某报销差旅费 700 元,余款 100 元交回现金。
(8) 销售一批产品,货款 600 元,应交增值税 102 元,收到现金。
(9) 现金清查中发现长款 50 元,经批准转作营业外收入处理。
(10) 现金清查中,发现短款 100 元,原因待查。
(11) 总经理办公室凭报销单据报销购买办公用品的零星开支 500 元,补付现金。
(12) 办公室处理废旧报纸,收入 50 元。

要求:根据以上经济业务编制会计分录。

2. 练习银行存款业务的核算:
(1) 投资者投入货币资金 250 000 元,存入银行。
(2) 向银行存款 200 000 元,归还短期借款。
(3) 收到应收账款 50 000 元,存入银行。
(4) 购买原材料货款 100 000 元,增值税 17 000 元,开出支票支付货款。
(5) 用银行存款支付本月行政管理部门电费 1 800 元。
(6) 用银行存款上缴所得税税金 3 500 元。
(7) 委托银行向外地某公司汇款 1 850 元,偿还前欠货款。
(8) 销售一批商品收入 50 000 元,应交增值税 8 500 元,商品已发运,并向银行办妥托收手续。
(9) 购进一批原材料款 40 000 元,应交增值税 6 800 元,开出一张期限为三个月的商业承兑汇票。
(10) 向本市某公司销售乙产品一批,计价 30 000 元,应交增值税 5 100 元,收到一张转账支票存入银行。
(11) 销售甲产品计价 70 000 元,增值税 11 900 元,收到一张银行本票存入银行。
(12) 收到银行转来的付款凭证,增值税专用发票上列明货款 10 000 元,增值税 1 700 元。有关单据上列明运杂费 500 元,经审查无误,当即承付。
(13) 收到银行通知,前已托收的款项 58 500 元已收回。
(14) 用银行存款支付广告费 5 000 元。
(15) 从银行提取现金 50 000 元备发工资。

要求:根据以上业务,进行必要的计算和账务处理。

3. 练习其他货币资金业务的核算:
(1) 企业办理信用卡申领手续,缴存信用卡备用金存款 50 000 元。
(2) 企业向银行提交"银行汇票委托书",并将 200 000 元存入银行,取得银行汇票。
(3) 委托银行将 100 000 元汇往外地某银行开立临时存款账户。
(4) 向银行申请面值 20 000 元的银行本票一张,本票已收到。

(5) 用信用卡支付业务招待费 4 000 元。

(6) 用银行汇票支付前欠货款 180 000 元。

(7) 采购员从外地归来交来的有关单据证明,用临时存款购买原材料花费 80 000 元,增值税 13 600 元。

(8) 收到银行汇票及临时存款退回的余额。

要求:据以上业务,进行必要的计算和账务处理。

项目三　往来结算岗位

【本章培养目标】

了解往来结算岗位的会计职责和核算任务。

掌握应收票据、应收账款、其他应收款、预付账款、应付票据、应付账款、其他应付款、预收账款等的核算方法。

掌握坏账损失的确认与处理方法。

根据有关资料登记相关明细账簿。

【本章重点】

应收票据、应收账款、应付票据、应付账款、坏账准备的核算。

【本章难点】

票据的贴现和坏账准备的核算。

任务一　往来结算岗位的会计职责和核算任务

一、往来结算岗位的会计职责

往来结算岗位是企业债权债务会计核算岗位,其主要职责包括以下内容。

1. 与有关部门建立健全往来款项结算制度,拟定往来款项管理与核算的具体实施方法。

2. 与有关部门制定应收和预付款项的催收计划以及应付款项的偿还计划,严格控制应收及预付款项的机会成本和应付款项的偿还成本。

3. 负责制定切合实际的凭证传递程序,填制或审核往来款项有关原始凭证,进行往来款项的业务核算。

4. 负责应交税费的计算、申报以及上交工作。

二、往来结算岗位的核算任务

1. 执行往来结算办法,防止坏账损失。

坚持"前账不清,后账不借"的原则,对各项应收款项要及时催收,对应付款项要抓紧清偿。对确认无法收回的应收款项和无法支付的应付款项,应查明原因,按现行规定报经批准后处理。严格审查各种往来款项是否合法,并对审查后的往来账款进行归类分析。

2. 负责与供货单位、购买单位和其他单位或个人的购销业务的结算和明细核算。

对各项往来款项,要按照单位、科室或个人设置明细账,根据审核后的记账凭证逐笔登记,并经常核对余额。年终要抄清单,并向有关部门报告、核对。

3. 对购销业务以外的暂收、暂付、应收、应付、备用金、保证金、押金等债权债务及往来款项,要加强管理,及时清算。实行备用金制度的科室或个人,要核定备用金定额,及时办理领用和报销手续,并于年终全部上缴财务科,下年初重新办理暂借手续。对预借的差旅费,要及时办理报销手续,收回余额,不得拖欠,不准挪用。

4. 负责债务重组的结算和相关明细核算工作。

5. 领导交办的其他与往来结算有关的管理工作。

任务二 应收及预付款项的核算

学习情景1:应收票据业务的核算

一、应收票据的概念

应收票据是指企业因销售商品、提供劳务等而收到的商业汇票。商业汇票按承兑人的不同可分为商业承兑汇票和银行承兑汇票,按是否带息可分为带息商业汇票和不带息商业汇票。在我国,应收票据只指商业汇票,不包括支票、本票、银行汇票。

应收票据是商业信用的必然结果,是在商品交易过程中因赊销商品而产生的债权。和应收账款相比,应收票据有以下三个特点:

1. 应收票据是一种具有合法凭证的债权,因而比应收账款更具有法律上的约束力。

2. 商业汇票的流通性较强,持票人可以将持有的商业汇票贴现、背书转让或抵押。

3. 应收票据,特别是其中的银行承兑汇票发生坏账损失的风险较小。因此,会计核算上一般不对应收票据计提坏账准备,超过承兑期收不回的应收票据应转作应收账款,对应收账款计提坏账准备。

那么,企业销售商品或者提供劳务而收到的银行汇票、银行本票、转账支票,应分别通过什么账户核算呢?

二、应收票据的确认和计量

我国《企业会计制度》规定,应收票据应当按票据的票面金额入账。但对于带息的应收票据,按照现行制度的规定,应于期末(中期期末或年度终了)按照票据的票面价值和确定的利率计提利息,计提的利息应增加应收票据的账面价值。到期不能收回的应收票据,应将其账面余额转入应收账款,并不再计提利息。

三、账户设置

为了反映应收票据的取得、收回、转让、贴现等业务,企业应设置"应收票据"账户。该账户属于资产类账户,其借方登记取得的应收票据的面值和计提的利息,贷方登记到期收回票据或到期前向银行进行贴现的应收票据的账面余额;期末余额在借方,反映企业持有的应收票据的面值和计提的利息。该账户可以按开出、承兑商业汇票的单位进行明细核算。

四、应收票据业务的核算

(一)不带息应收票据取得与收回的核算

不带息应收票据的到期值等于其面值。企业因销售商品或提供劳务而收到承兑的商业汇票时,应按照商业汇票的面值,借记"应收票据"账户;按实现的收入,贷记"主营业务收入"账户;按增值税专用发票上注明的增值税金额,贷记"应交税费——应交增值税(销项税额)"账户。应收票据到期收回时,按票面金额,借记"银行存款"账户,贷记"应收票据"账户。如果应收票据到期而企业无力偿还票款,应将应收票据的票面金额转入"应收账款"账户。

【例3-1】甲企业2015年4月25日销售A产品一批给乙企业,增值税专用发票上注明的产品销售收入为10 000元,增值税税额为1 700元,同日收到一张期限为三个月、面值为11 700元的不带息商业承兑汇票。则甲企业的账务处理为:

收到票据时,根据取得的商业汇票以及增值税专用发票,编制以下分录:

借:应收票据——乙企业　　　　　　　　　　　　　　11 700
　贷:主营业务收入　　　　　　　　　　　　　　　　　　10 000
　　　应交税金——应交增值税(销项税额)　　　　　　　1 700

票据到期收到款项时,根据银行收款通知,编制以下分录:

借:银行存款　　　　　　　　　　　　　　　　　　　11 700
　贷:应收票据——乙企业　　　　　　　　　　　　　　11 700

票据到期未能收到款项时：

借：应收账款——乙企业　　　　　　　　　　　　　　　　　　11 700
　　贷：应收票据——乙企业　　　　　　　　　　　　　　　　　　11 700

（二）带息应收票据取得与收回的核算

企业收到带息应收票据时，除按照上述步骤进行核算外，还应于期末按应收票据的票面价值和票面利率计提利息，相应增加应收票据的账面价值，同时冲减财务费用。票面利息的计算公式为：

应收票据利息＝票面金额×票面利率×期限

公式中的"票面利率"一般指年利率，"期限"指签发日至到期日的时间间隔。票据期限有按月表示和按日表示两种。

票据期限按月表示时，应以到期月份中与出票日相同的那一天为到期日。如9月18日签发的为期三个月的商业汇票，到期日应为12月18日。月末签发的商业汇票，不论月份大小，均以到期月份的最后一天为到期日。如2015年2月28日签发的为期四个月的商业汇票，其到期日应为6月30日。计算利息时使用的利率要换算为月利率（年利率÷12）。

票据期限按日表示时，应从出票日起按实际经历的天数计算。通常出票日和到期日只能计算其中的一天，即"算头不算尾"或"算尾不算头"。如2015年3月18日签发的为期90天的商业承兑汇票，其到期日应为6月8日。计算利息使用的利率应换算为日利率（年利率÷360）。

带息应收票据到期收回时，应按收到的本息，借记"银行存款"账户；按账面余额，贷记"应收票据"账户；按其差额（未计提利息部分），贷记"财务费用"账户。

【例3-2】甲企业2015年4月6日销售一批A产品给乙企业，货款为200 000元，增值税税额为34 000元，同日收到商业承兑汇票一张，金额234 000元，期限120天，票面利率6%。则甲企业的账务处理为：

4月6日收到商业汇票时：

借：应收票据——乙企业　　　　　　　　　　　　　　　　　　234 000
　　贷：主营业务收入——A产品　　　　　　　　　　　　　　　　200 000
　　　　应交税费——应交增值税（进项税额）　　　　　　　　　　34 000

6月30日计算应计利息，并根据自制的利息计算表，编制以下分录：

计息期限＝（30－6）＋31＋30＝85（天）

票据利息＝234 000×6%×85÷360＝3 315(元)

借：应收票据——乙企业　　　　　　　　　　　　　　　　　　3 315
　　贷：财务费用——利息费　　　　　　　　　　　　　　　　　　3 315

8月4日票据到期收回：

到期值＝234 000×(1＋6%÷360×120)＝238 680(元)

借：银行存款　　　　　　　　　　　　　　　　　　　　　　　238 680
　　贷：应收票据——乙企业　　　　　　　　　　　　　　　　　　237 315

财务费用　　　　　　　　　　　　　　　　　　　　　　　　1 365

（三）应收票据转让的核算

　　企业将持有的应收票据背书转让，如果用于购买物资，应按购物物资的成本，借记"材料采购"、"原材料"或"库存商品"等账户，按增值税专用发票上列明的金额，借记"应交税费——应交增值税（进项税额）"账户；如果用于偿还债务，应按偿还债务金额，借记"应付账款"或"短期借款"等账户，按应收票据的账面余额，贷记"应收票据"账户，如有差额，借记或贷记"银行存款"等账户。如为带息商业汇票，除借记或贷记上述账户外，还应按尚未计提的利息，贷记"财务费用"账户。

　　【例3-3】承接例3-1。5月8日，乙企业将持有的商业汇票背书转让给丙企业，用于购买B原材料，材料价款为20 000元，增值税税款为3 400元，余款开出转账支票支付。则乙企业在5月8日转让商业汇票的账务处理为：

　　借：材料采购——B原材料　　　　　　　　　　　　　　　　20 000
　　　　应交税费——应交增值税（进项税额）　　　　　　　　　　3 400
　　　　贷：应收票据——乙企业　　　　　　　　　　　　　　　　11 700
　　　　　　银行存款　　　　　　　　　　　　　　　　　　　　　11 700

　　【例3-4】承接例3-3。7月2日，丙企业将持有的商业汇票背书转让给丁企业，用于偿还前欠货款200 000元，同时收到丁企业交来的多余款项。则丙企业的账务处理为：

　　借：应付账款——丁企业　　　　　　　　　　　　　　　　　200 000
　　　　银行存款　　　　　　　　　　　　　　　　　　　　　　　37 315
　　　　贷：应收票据——乙企业　　　　　　　　　　　　　　　　237 315

（四）应收票据贴现的核算

　　应收票据贴现是指企业因急需资金，将持有的未到期的商业汇票转让给银行，银行按票据到期值扣除贴现息后，将余款付给企业的一种融资行为。

　　应收票据的相关计算公式如下：
　　票据到期值＝票据面值＋票面利息
　　贴现息＝票据到期值×贴现率×贴现期
　　贴现净额＝票据到期值－贴现息

　　其中，贴现期是指自贴现日起至到期日为止的实际天数，可以用"算头不算尾"或"算尾不算头"的方法计算确定。

　　企业持未到期的商业汇票向银行申请贴现时，应按贴现净额，借记"银行存款"账户；按应收票据的账面余额，贷记"应收票据"账户；按两者的差额，借记或贷记"财务费用"账户。

　　【例3-5】承接例3-1。5月20日，甲企业急需资金，将收到的乙企业的商业承兑汇票向银行申请贴现，月贴现率为9‰。则其贴现的账务处理如下：

　　票据到期值＝11 700（元）
　　到期日为7月25日

贴现期＝(31－19)＋30＋24＝66(天)
贴现息＝11 700×9‰÷30×66＝231.66(元)
贴现净额＝11 700－231.66＝11 468.34(元)

借:银行存款　　　　　　　　　　　　　　　　　　　　　　　11 468.34
　　财务费用　　　　　　　　　　　　　　　　　　　　　　　　　231.66
　　贷:应收票据——乙企业　　　　　　　　　　　　　　　　　　　　　　11 700

【例3-6】承接例3-4。如果丁企业7月5日将收到的丙企业的商业承兑汇票向银行申请贴现,月贴现率为6‰。则其贴现的账务处理如下:

票据到期值＝234 000×(1＋6‰÷360×120)＝238 680(元)

到期日为8月4日

贴现期＝(31－4)＋3＝30(天)

贴现息＝238 680×6‰÷30×30＝1 432.08(元)

贴现净额＝238 680－1 432.08＝237 247.92(元)

借:银行存款　　　　　　　　　　　　　　　　　　　　　　　237 247.92
　　贷:应收票据——乙企业　　　　　　　　　　　　　　　　　　　　237 315
　　　　财务费用　　　　　　　　　　　　　　　　　　　　　　　　　　67.08

学习情景2:应收账款业务的核算

一、应收账款的含义

应收账款是指企业因销售商品、提供劳务等经济活动,应向购货单位或接受劳务单位收取的款项。会计上所说的应收账款有其特定的范围:(1)应收账款只反映销售商品或提供劳务形成的债权;(2)应收账款的回收期比较短,一般是三个月。

二、应收账款的计价

《企业会计制度》规定,应收账款应按实际发生额计价入账,其入账价值包括销售货物或提供劳务的价款、增值税以及代购货方垫付的包装费、运杂费等。在确认应收账款的入账价值时,还应考虑商业折扣、现金折扣等因素。

(一)商业折扣

商业折扣是指在出售商品时从商品价目单上规定的价格中扣减一定的数额,扣减后的金额才是实际的销售价格。商业折扣一般在交易发生时就已经确定,不需要在买卖双方的账上反映。因此,存在商业折扣的情况下,企业的应收账款入账金额应按扣除商业折扣后的实际售价确认。

（二）现金折扣

现金折扣是企业为了鼓励债务人在规定的期限内早日付款,而向债务人提供的债务扣除。现金折扣通常发生在以赊销方式销售商品、提供劳务的交易中。企业为了鼓励客户提前偿付货款,通常会与债务人达成协议,规定债务人在不同的期限内还款可享受不同比例的折扣。现金折扣一般用"折扣率/付款期限"来表示。如"2/10,1/20,N/30"分别表示在10天内付款给予2%的折扣,20天内付款给予1%的折扣,30天内付款不予折扣。

在现金折扣的情况下,应收账款的核算有总价法和净价法两种。但我国企业会计制度规定,在存在现金折扣的情况下,应收账款应以未扣减现金折扣的金额作为入账价值,即总价法入账。实际发生的现金折扣作为一种理财费用,计入当期损益。

三、应收账款业务的核算

（一）不存在商业折扣情况下

在这种情况下,企业以赊销方式销售商品或提供劳务等发生的应收账款,按应收的全部金额,借记"应收账款"账户;按货款和劳务收入金额,贷记"主营业务收入"、"其他业务收入"账户;按销项税税款,贷记"应交税费——应交增值税（销项税额）"账户。

【例3-7】甲企业向乙企业销售A商品一批,价款为50 000元,增值税税款为8 500元。甲企业代乙企业垫付运费1 500元,已向银行办妥托收手续。则甲企业的账务处理如下:

销售时:

借:应收账款——乙企业　　　　　　　　　　　　　　　　60 000
　　贷:主营业务收入——A商品　　　　　　　　　　　　　　　50 000
　　　　应交税费——应交增值税（销项税额）　　　　　　　　8 500
　　　　银行存款　　　　　　　　　　　　　　　　　　　　1500

甲企业收到银行收款通知时:

借:银行存款　　　　　　　　　　　　　　　　　　　　　60 000
　　贷:应收账款——乙企业　　　　　　　　　　　　　　　　60 000

（二）存在商业折扣的情况下

在这种情况下,企业发生的应收账款应按扣除商业折扣后的金额入账。

【例3-8】甲企业销售一批A商品给丙企业,商品价目表上列明的价款是10 000元,由于是成批销售,甲企业给丙企业以10%的商业折扣,折扣金额是1 000元,增值税税率是17%。则甲企业的账务处理如下:

销售时:

借:应收账款——丙企业　　　　　　　　　　　　　　　　10 530
　　贷:主营业务收入——A商品　　　　　　　　　　　　　　　9 000

　　　　应交税费——应交增值税（销项税额）　　　　　　　　　　　1 530
　　甲企业收到收款通知时：
　　借：银行存款　　　　　　　　　　　　　　　　　　　　　　　10 530
　　　　贷：应收账款——丙企业　　　　　　　　　　　　　　　　　　　10 530

（三）存在现金折扣的情况下

在这种情况下，企业发生的应收账款采用总价法入账，发生的现金折扣作为财务费用处理。

【例3-9】甲公司2015年4月5日销售A产品给乙公司，售价为10 000元，增值税税率为17%，现金折扣为"2/10,N/30"，产品发出并办妥托收手续。则甲公司的账务处理如下：

销售时：
　　借：应收账款——乙企业　　　　　　　　　　　　　　　　　　11 700
　　　　贷：主营业务收入——A产品　　　　　　　　　　　　　　　　10 000
　　　　　　应交税费——交增值税（销项税额）　　　　　　　　　　　1 700
如果4月14日收回货款：
　　借：银行存款　　　　　　　　　　　　　　　　　　　　　　　11 500
　　　　财务费用　　　　　　　　　　　　　　　　　　　　　　　　200
　　　　贷：应收账款——乙企业　　　　　　　　　　　　　　　　　　11 700
如果4月20日收回货款：
　　借：银行存款　　　　　　　　　　　　　　　　　　　　　　　11 700
　　　　贷：应收账款——乙企业　　　　　　　　　　　　　　　　　　11 700

学习情景3：预付账款及其他应收款业务的核算

一、预付账款业务的核算

预付账款是企业因购进货物、接受劳务而按合同规定预先支付给供应方款项所产生的短期债权。

预付账款应通过"预付账款"账户进行核算，该账户属于资产类账户。预付货款时，按实际预付金额，借记"预付账款"账户，贷记"银行存款"账户；收到所购货物时，借记"材料采购"、"原材料"、"库存商品"等账户，按应支付的金额贷记本账户。补付的款项，借记本账户，贷记"银行存款"等账户。退回多付的款项，做相反的分录。

【例3-10】甲工厂2015年3月5日根据合同规定向乙工厂预付购买甲材料的货款20 000元，6月5日收到A材料，货款30 000元，增值税5 100元，当即开出支票补付15 100元。则甲工厂的账务处理如下：

2015年3月5日预付货款时：

借：预付账款——乙工厂 20 000
　　贷：银行存款 20 000

2015年6月5日货物验收入库时：

借：原材料——A材料 30 000
　　应交税费——应交增值税（进项税额） 5 100
　　贷：预付账款——乙工厂 35 100

补付余款时：

借：预付账款——乙工厂 15 100
　　贷：银行存款 15 100

预付货款不多的企业，也可不设置"预付账款"账户，而通过"应付账款"账户进行核算，但在期末编制会计报表时，仍应将"应付账款"和"预付账款"分开列示。预付账款如有确凿证据表明其不符合预付账款的性质，或者因供货单位破产、撤销等原因已无望再收到所购货物的，应将原计入预付账款的金额转入其他应收款。

二、其他应收款业务的核算

（一）其他应收款的含义及其账户设置

其他应收款是指企业发生的非购销业务的应收债权，主要指除应收账款、应收票据、预付账款以外的其他各种应收、暂付款项，包括应收的各种赔款、罚款、存出保证金、向职工收取的各种垫付款项、向企业职能科室等拨付的备用金及其他各种应收、暂付款。

其他应收款应通过"其他应收款"账户进行核算，该账户属于资产类账户。发生各种其他应收款项时，借记"其他应收款"账户，贷记有关账户；收回其他应收款时，借记"现金"、"银行存款"等账户，贷记"其他应收款"账户。该账户应按不同债务人进行明细核算。

（二）其他应收款业务的核算

1. 备用金的核算

备用金是指为了满足企业内部各部门和职工个人经营活动的需要，而暂付给有关部门和职工个人使用的备用现金。备用金可以通过"其他应收款"账户进行核算，也可以单独设置"备用金"账户核算。

（1）定额备用金制

定额备用金制是指根据使用科工作的实际需要，先核定其备用金定额并依此拨付备用金，使用后再拨付现金，补足其定额的制度。

【例3-11】甲企业的总务科核定的备用金定额为5 000元，以现金拨付。其账务处理如下：

拨付备用金时：

借：其他应收款——总务科 5 000

  贷:库存现金   5 000

总务科报销日常管理支出4 000元：

 借:管理费用   4 000

  贷:库存现金   4 000

年终收回总务科备用金时：

 借:库存现金   5 000

  贷:其他应收款——总务科   5 000

（2）非定额备用金制

  非定额备用金制是指为了满足临时性需要而暂付给部门或个人现金,使用后实报实销的制度。

  【例3-12】 某企业采购员王某出差预借差旅费2 000元,以现金付讫。则其账务处理如下：

 采购员预借差旅费时：

  借:其他应收款——王某   2 000

   贷:库存现金   2 000

 王某出差回来报销1 500元,退回余款现金500元：

  借:管理费用   1 500

   库存现金   500

   贷:其他应收款——王某   2 000

 2. 备用金以外的其他应收款业务的核算

  【例3-13】 甲企业以银行存款代职工张某垫付应由某个人负担的水电费1 000元,垫付款项从张某工资中扣除。则其账务处理如下：

 垫付水电费时：

  借:其他应收款——张某   1 000

   贷:库存现金   1 000

 从工资中扣款时：

  借:应付职工薪酬——应付工资   1 000

   贷:其他应收款——张某   1 000

学习情景5：坏账损失业务的核算

一、坏账损失的含义

  坏账是企业无法收回或收回可能性极小的应收款项,包括应收账款和其他应收款。由于发生坏账而产生的损失,称为坏账损失。

二、坏账损失的确认

应收账款和其他应收款符合下列条件之一的,应确认为坏账:
1. 债务人破产,以其破产财产清偿后,确实无法追回的部分。
2. 债务人死亡,以其遗产清偿后,确实无法追回的部分。
3. 债务人在较长时期内未履行其偿债义务,并有足够的证据表明无法收回或收回可能性极小的应收款项。

三、坏账损失的核算方法

坏账损失的核算方法有直接转销法和备抵法两种。我国《企业会计制度》规定,企业应采用备抵法核算坏账损失。

备抵法是指采用一定的方法按期估计坏账损失并计入当期费用,同时建立坏账准备,当实际发生坏账损失时,应根据其金额冲减已计提的坏账准备,同时转销相应的应收款项的一种方法。

在备抵法下,企业应设置"坏账准备"账户,该账户属于"应收账款"和"其他应收款"等的备抵调整账户,贷方登记计提的坏账准备,借方登记坏账损失的发生及冲减多提的坏账准备,期末余额在贷方,表示期末已计提的坏账准备。

四、坏账损失的账户设置

(一)"坏账准备"账户

该账户属于资产类账户,贷方登记当期计提的坏账准备金额,借方登记实际发生的坏账损失金额和冲减的坏账准备金额;期末余额一般在贷方,反映企业已计提但尚未转销的坏账准备。本账户应按应收账款类别进行明细分类核算。坏账准备账户是应收账款的备抵账户,应收账款账户余额减去坏账准备账户贷方余额后的差额为应收账款账面价值。

(二)"资产减值损失"账户

该账户属于损益类账户,核算企业计提的各项资产减值准备形成的损失,借方登记企业发生的应收账款、存货、长期股权投资、持有至到期投资、固定资产、无形资产等资产减值而减记的金额,贷方登记企业计提的坏账准备、存货跌价准备、持有至到期投资减值准备等得以恢复而增加的金额;期末将本账户余额转入"本年利润"账户,结转后本账户无余额。

企业提取坏账准备时,借记"资产减值损失"账户,贷记"坏账准备"账户,如果应提取的坏账准备大于坏账准备账户的贷方余额,应冲回多计提的坏账准备,借记"坏账准备"账户,贷记"资产减值损失"账户。

实际发生坏账时,借记"坏账准备"账户,贷记"应收账款"、"其他应收款"等账户。如果已经确认并转销的坏账以后又收回,则应按收回的金额,借记"应收账款"、"其他应收款"等账户,贷记"坏账准备"账户;同时,借记"银行存款"账户,贷记"应收账款"、"其他应收款"等账户。

五、坏账准备的计提方法

企业采用备抵法进行坏账损失的核算时,应按期估计坏账损失。估计坏账损失的方法有应收款项余额百分比法、账龄分析法和销货百分比法等。根据我国《企业会计制度》规定,坏账准备的计提方法和计提比例由企业根据实际情况自行决定。

(一)应收账款余额百分比法

应收账款余额百分比法是指根据期末应收账款余额的一定百分比估计坏账损失,并计提坏账准备的方法。其计算公式如下:

1. 首次计提坏账准备的计算公式:

当期应计提的坏账准备=期末应收账款余额×坏账准备的计提比例

2. 以后各期计提坏账准备的计算公式:

当期应计提的坏账准备=期末应收款项余额×坏账准备的计提比例-坏账准备账户的贷方余额+坏账准备账户的借方余额

【例3-14】甲公司2012年起开始计提坏账准备,2012年年末应收账款余额为1 000 000元,2013年发生坏账损失6 000元,2013年年末应收账款余额为1 200 000元,2014年发生坏账损失3 000元,2014年年末应收账款余额为800 000元,2015年收回2014年已冲销的应收账款2 000元,2015年年末应收账款余额为900 000元,计提坏账准备的比例为5‰。则其账务处理如下:

2012年年末计提坏账准备:

2012年应计提的坏账准备金额=1 000 000×5‰=5 000(元)

借:资产减值损失　　　　　　　　　　　　　　　　　　　　　　5 000
　　贷:坏账准备　　　　　　　　　　　　　　　　　　　　　　　　5 000

2013年发生坏账时:

借:坏账准备　　　　　　　　　　　　　　　　　　　　　　　　6 000
　　贷:应收账款　　　　　　　　　　　　　　　　　　　　　　　　6 000

2013年年末计提坏账准备:

2013年应计提的坏账准备金额=1 200 000×5‰+(6 000-5 000)=7 000(元)

借:资产减值损失　　　　　　　　　　　　　　　　　　　　　　7 000
　　贷:坏账准备　　　　　　　　　　　　　　　　　　　　　　　　7 000

2014年发生坏账时:

借:坏账准备　　　　　　　　　　　　　　　　　　　　　　　　3 000
　　贷:应收账款　　　　　　　　　　　　　　　　　　　　　　　　3 000

2014年年末计提坏账准备：
2014年应提取的坏账准备金额＝800 000×5‰－(6 000－3 000)＝1 000(元)
借：资产减值损失   1 000
　　贷：坏账准备   1 000
2015年收回坏账时：
借：应收账款   2 000
　　贷：坏账准备   2 000
同时，
借：银行存款   2 000
　　贷：应收账款   2 000
2015年年末计提坏账准备：
2015年应计提的坏账准备金额＝900 000×5‰－(4 000＋2 000)＝－1 500(元)
借：坏账准备   1 500
　　贷：资产减值损失   1 500

(二) 账龄分析法

账龄分析法是根据应收账款账龄的长短来估计坏账损失的方法。账龄分析法下，应计提的坏账准备的计算方法类似于应收款项余额百分比法。其计算公式为：

当期应计提的坏账准备＝Σ(期末各账龄组应收账款余额×各账龄组坏账准备计提百分比)

【例3-15】 某企业2015年12月31日应收账款账龄及估计坏账损失的情况见表3-1。

表3-1　应收账款账龄及估计坏账损失情况表

单位：元

应收账款账龄	应收账款金额	估计损失(%)	估计损失金额
未到期	60 000	0.5	300
过期1个月	50 000	1	500
过期2个月	40 000	2	800
过期3个月	30 000	3	900
过期3个月以上	20 000	4	800
合计	200 000		3 300

从表3-1可以看出，该企业2015年12月31日坏账准备的账面余额应为3 300元，企业应根据坏账准备账户的已有余额计算本年应计提的坏账准备金额。

如果"坏账准备"账户2015年12月31日有贷方余额300元，则：

2015年年末应计提的坏账准备金额＝3 300－300＝3 000(元)

账务处理如下：

借：资产减值损失   3 000
　　贷：坏账准备   3 000

如果"坏账准备"账户2015年12月31日有借方余额300元,则:

2015年年末应计提的坏账准备金额＝3 300＋300＝3 600(元)

账务处理如下:

借:资产减值损失　　　　　　　　　　　　　　　　　　　　3 600
　　贷:坏账准备　　　　　　　　　　　　　　　　　　　　　　　　　3 600

(三) 销货百比分法

销货百比分法是根据企业赊销总额的一定百分比估计坏账损失的方法。采用这种方法估计坏账损失时,不需要考虑坏账准备的余额。其计算公式为:

当期应计提的坏账准备＝本期销售总额×坏账准备计提百分比

【例3-16】某企业2014年全年的赊销金额为100 000元,根据以往资料,估计坏账损失率为1％;2015年全年的赊销金额为150 000元,当年估计的坏账损失率为1.2％。则其账务处理如下:

2014年年末计提坏账准备:

当年应计提的坏账准备金额＝100 000×1％＝1 000(元)

借:资产减值损失　　　　　　　　　　　　　　　　　　　　1 000
　　贷:坏账准备　　　　　　　　　　　　　　　　　　　　　　　　　1 000

2015年年末计提坏账准备:

当年应计提的坏账准备金额＝150 000×1.2％＝1 800(元)

借:资产减值损失　　　　　　　　　　　　　　　　　　　　1 800
　　贷:坏账准备　　　　　　　　　　　　　　　　　　　　　　　　　1 800

学习情景6:应付票据业务的核算

一、应付票据的含义、确认与计量

应付票据是指企业开出并承兑商业汇票而形成的债务。商业汇票根据承兑人不同可分为商业承兑汇票和银行承兑汇票。应付票据应在开出并承兑商业汇票时入账。应付票据的入账价值视商业汇票是否带息而定。不带息商业汇票,应按票据面值入账;带息商业汇票,应在企业开出并承兑商业汇票时按面值入账,期末计算应计利息时要相应增加应付票据的账面价值。

二、应付票据的账户设置

应付票据的核算应通过"应付票据"账户进行。该账户属于负债类账户,借方登记到期承兑支付的票款或转出金额,贷方登记开出承兑汇票时的票面金额;期末余额在贷方,表示尚未到期的商业汇票的金额。该账户应按债权人进行明细核算。

三、应付票据业务的核算

(一) 开出承兑应付票据的核算

企业开出、承兑商业汇票用于抵付货款、应付账款时,应按票面金额,贷记"应付票据"账户,借记"材料采购"、"原材料"、"库存商品"、"应交税费——应交增值税（进项税额）"、"应付账款"等账户。对于开出银行承兑汇票,在按票面金额的万分之五向承兑银行支付手续费时,借记"财务费用"账户,贷记"银行存款"账户。

【例3-17】甲公司为增值税一般纳税人,2015年9月29日开出一张面值为58 500元、期限为五个月的不带息商业承兑汇票一张,用于向乙公司采购A原材料,材料尚未入库,材料价款为50 000元,增值税款为8 500元。则甲公司的账务处理如下:

借:材料采购——A原材料　　　　　　　　　　　　　　50 000
　　应交税费——应交增值税（进项税额）　　　　　　　 8 500
　　贷:应付票据——乙公司　　　　　　　　　　　　　　　　58 500

如果上例中开出的是银行承兑汇票,并向银行支付承兑手续费29.25元,则应做会计分录如下:

借:财务费用　　　　　　　　　　　　　　　　　　　　29.25
　　贷:银行存款　　　　　　　　　　　　　　　　　　　　29.25

如果承兑的是带息商业汇票,还应于期末计提利息,按计提的利息金额,借记"财务费用"账户,贷记"应付票据"账户。

(二) 到期偿付应付票据的核算

应付票据到期支付票款时,按应付票据的账面余额,借记"应付票据"账户;按实际支付的票款,贷记"银行存款"账户;如果是带息票据,还应按两者的差额借记"财务费用"账户。

【例3-18】例3-17中的票据到期,企业以银行存款支付票款的账务处理如下:

借:应付票据　　　　　　　　　　　　　　　　　　　　58 500
　　贷:银行存款　　　　　　　　　　　　　　　　　　　　58 500

(三) 应付票据到期无力偿还的核算

如果承兑的商业汇票到期无力付款,应按应付票据的账面余额,借记"应付票据"账户;若是商业承兑汇票,贷记"应付账款"账户,若是银行承兑汇票,贷记"短期借款"账户。对于带息票据,还应按尚未计提的利息金额,借记"财务费用"账户。

【例3-19】例3-17中的票据到期,企业无力偿付票款的账务处理如下:

借:应付票据　　　　　　　　　　　　　　　　　　　　58 500
　　贷:应付账款　　　　　　　　　　　　　　　　　　　　58 500

学习情景7：应付账款业务的核算

一、应付账款的含义、确认与计量

应付账款是指企业在正常的生产经营过程中，因购买商品、材料或接受劳务供应等而应付给供货单位的款项。

应付账款应以所购物资的所有权发生转移或接受劳务供应发生的时间作为入账时间。根据《企业会计制度》规定，因购买商品等产生的应付账款，应当按其公允价值和相关交易费用之和作为初始确认金额，用摊余成本对其进行后续计量。

二、应付账款的账户设置

为了总括地核算和监督企业应付账款的发生、偿还、转销等情况，应设置"应付账款"账户进行核算，该账户的贷方登记企业购买材料、商品和接受劳务等形成的应付未付款项，借方登记偿还的应付账款或开出商业汇票抵付应付账款的款项或冲销无法支付的应付账款；期末余额一般在贷方，表示尚未偿还的应付账款。企业应付的各种赔款、租金、存入保证金等不在本账户进行核算，而应通过"其他应付款"账户核算。该账户应以供应单位进行明细核算。

三、应付账款业务的核算

购买物资时，物资和发票账单同时到达而货款尚未支付的情况下，一般在所购物资验收入库后，再根据发票账单登记入账，确认应付账款。根据所购物资的计价成本，借记"材料采购"、"在途物资"、"原材料"、"库存商品"等账户；按可抵扣的增值税额，借记"应交税费——应交增值税（进项税额）"账户；按应付未付的款项，贷记"应付账款"账户。在所购物资已验收入库而货款账单未能同时到达或货款尚未支付的情况下，企业的债务已经成立，在会计期末，为了反映企业的负债情况，需要将所购物资和相关的应付账款暂估入账，借记"原材料"、"库存商品"等账户，贷记"应付账款"账户。等到下月初做相反的会计分录予以冲回。

企业接受劳务发生的应付未付款项，按供应单位的发票账单，借记"生产成本"、"管理费用"等账户，贷记"应付账款"账户。

由于收款人破产、死亡等其他原因造成货款无法支付的，应借记"应付账款"账户，贷记"营业外收入"账户。

【例3-20】甲公司采用托收承付的结算方式向乙公司购入一批A材料，价款为80 000元，增值税款为13 600元，对方代垫运杂费400元，材料已经验收入库，款项尚未支付。

则甲公司的账务处理如下：

　　借：原材料——A材料　　　　　　　　　　　　　　　　80 400
　　　　应交税费——应交增值税（进项税额）　　　　　　 13 600
　　　　贷：应付账款——乙公司　　　　　　　　　　　　　　　　94 000
　清偿上述应付账款时：
　　借：应付账款——乙公司　　　　　　　　　　　　　　94 000
　　　　贷：银行存款　　　　　　　　　　　　　　　　　　　　　　94 000

【例3-21】2015年3月28日A企业购进B企业一批商品，货物已到，但发票账单未到，这批货物的合同价为20 000元。则A企业的账务处理如下：
3月28日货物到达时暂不进行账务处理。
3月31日暂估入账：
　　借：库存商品　　　　　　　　　　　　　　　　　　　20 000
　　　　贷：应付账款——B企业　　　　　　　　　　　　　　　　20 000
4月1日冲销上月暂估入账：
　　借：应付账款——B企业　　　　　　　　　　　　　　20 000
　　　　贷：库存商品　　　　　　　　　　　　　　　　　　　　　20 000
假如4月5日发票账单到达，商品与合同相符，发票上列明货款20 000元，增值税税额为3 400元，用转账支票支付货款：
　　借：库存商品　　　　　　　　　　　　　　　　　　　20 000
　　　　应交税费——应交增值税（进项税额）　　　　　　 3 400
　　　　贷：应付账款——乙公司　　　　　　　　　　　　　　　　23 400

学习情景8：其他应收款的核算业务

一、预收账款的含义及账户设置

　　预收账款是企业按照合同的规定，向购货单位和个人预先收取的款项。预售账款应通过"预付账款"账户进行核算。该账户属于负债类账户，借方登记企业向购货方发货后冲销的预售账款数额和退回购货方多付的数额，贷方登记预收货款的数额和购货单位补付货款的数额，期末余额一般在贷方，表示已预收货款但尚未向购货方发货的数额；期末余额如在借方，则反映企业尚未转销的款项。该账户按购货单位进行明细核算。

二、预收账款业务的核算

　　企业向购货单位预收账款时，借记"银行存款"账户，贷记"预收账款"账户；将货物交给购货方时，按售价及增值税额，借记"预收账款"账户，贷记"主营业务收入"、"应交税费——应交增值税（销项税额）"账户；购货单位补付货款时，借记"预收账款"账户，贷记"银行存款"账户。

【例3-22】某企业与客户甲签订销货合同，向其提供A产品共计50 000元，合同规定签约预付30%的货款，余款交付产品2个月后结算。则该企业的账务处理如下：

收到购货方交来的预付款时：

借：银行存款　　　　　　　　　　　　　　　　　　　　　15 000
　　贷：预收账款——甲　　　　　　　　　　　　　　　　　　15 000

产品发出时：

借：预收账款　　　　　　　　　　　　　　　　　　　　　58 500
　　贷：主营业务收入　　　　　　　　　　　　　　　　　　　50 000
　　　　应交税费——应交增值税（销项税额）　　　　　　　　 8 500

发出商品2个月后结算货款时：

借：银行存款　　　　　　　　　　　　　　　　　　　　　43 500
　　贷：预收账款——甲　　　　　　　　　　　　　　　　　　43 500

对于预收货款业务不多的企业，可不设置"预收账款"账户，而将预收的货款直接记入"应收账款"账户的贷方。

学习情景9：其他应付款的核算业务

一、其他应付款的含义及账户设置

其他应付款是指企业除了应付票据、应付账款、应付职工薪酬、应付股利、应交税费等以外的各种应付、暂收款项。如租入包装物的应付租金，经营租入固定资产的应付租金，出租、出借包装物的押金，应付、暂收其他单位或个人的款项等。

其他应付款应通过"其他应付款"账户进行核算，该账户的贷方登记发生的应付、暂收款项，借方登记归还或转销款项；余额一般在贷方，表示尚未归还或转销的各种应付、暂收款项。该账户应按其他应付款的项目和对方单位（或个人）进行明细核算。

【例3-23】A企业向B企业收取包装物押金2 000元，并编制会计分录如下：

借：银行存款　　　　　　　　　　　　　　　　　　　　　 2 000
　　贷：其他应付款——应付B企业押金　　　　　　　　　　　 2 000

【例3-24】从2014年1月1日起，A公司以经营租赁方式向B公司租入管理用办公设备一批，每月租金50 000元，每季末支付。则A公司的有关账务处理如下：

1月31日应付经营租入固定资产租金：

借：管理费用——租金　　　　　　　　　　　　　　　　　50 000
　　贷：其他应付款——应付B公司租金　　　　　　　　　　　50 000

3月31日以银行存款支付本季度租金：

借:其他应付款——应付B公司租金　　　　　　100 000
　　管理费用——租金　　　　　　　　　　　　 50 000
　贷:银行存款　　　　　　　　　　　　　　　　　　　　150 000

课后练习题

一、单项选择题

1. 预付账款不多的企业,可以不设"预付账款"账户,而将预付的款项记入(　　)。
   A. "应付账款"账户的借方　　B. "应收账款"账户的借方
   C. "应付账款"账户的贷方　　D. "应收账款"账户的贷方
2. 票据贴现期即从(　　)。
   A. 票据开出日到贴现日　　　B. 票据开出日到到期日
   C. 票据贴现日到到期日　　　D. 票据贴现日到实际收款日
3. 采购人员预借差旅费,以现金支付,应借记(　　)科目核算。
   A. 现金　　B. 管理费用　　C. 其他应收款　　D. 其他应付款
4. 在总价法下,应收账款入账价值中不应包括(　　)。
   A. 增值税销项税额　　　　　B. 代购买方垫付的运杂费
   C. 可能给予客户的现金折扣　D. 给予客户的商业折扣
5. 在总价法下,销货方给予客户的现金折扣,会计上应该作为(　　)处理。
   A. 营业外支出　　　　　　　B. 冲减销售收入
   C. 财务费用　　　　　　　　D. 产品销售费用
6. 在我国,企业收到的商业汇票应以(　　)计价。
   A. 到期值的现值　　　　　　B. 到期值
   C. 面值　　　　　　　　　　D. 贴现值
7. 应收票据到期,如果因付款人无力支付票款,票据由银行退回,则收款单位应做的会计分录是(　　)。
   A. 借:应收票据　　　　　　B. 借:应收账款
   　　贷:银行存款　　　　　　　　贷:应收票据
   C. 借:应收账款　　　　　　D. 借:银行存款
   　　贷:银行存款　　　　　　　　贷:应收票据
8. 企业在购买材料时,若采用银行承兑汇票结算贷款,则支付的银行承兑手续费应计入(　　)。
   A. 材料采购成本　　　　　　B. 应付票据
   C. 管理费用　　　　　　　　D. 财务费用
9. 应收账款的入账价值不包括(　　)。
   A. 销售货物或提供劳务的款项　B. 代购货方垫付的运杂费
   C. 应收客户违约的罚款　　　　D. 销售货物或提供劳务应收的增值税

10. 提取坏账准备会导致（　　）。
    A. 减少应收账款   B. 减少坏账损失
    C. 减少当期利润   D. 增加可动用现金

11. 某企业1月15日销售产品一批，应收账款为11万元，规定对方付款的条件为"2/10,1/20,N/30"，购货单位已经于1月22日付款，则该企业实际收到的金额为（　　）万元。
    A. 11   B. 10   C. 10.78   D. 8.8

12. 某企业销售商品一批，增值税专用发票上标明的价款为60万元，适用的增值税税率为17%；企业为购买方代垫运杂费为2万元，款项尚未收回。则该企业确认的应收账款为（　　）万元。
    A. 60   B. 62   C. 70.2   D. 72.2

13. 某企业2015年年末应收账款余额为600 000元；2016年收回已转销的坏账1 000元，年末应收账款的余额为900 000元。如果该企业按照5‰计提坏账准备，则2016年年末应计提的坏账准备为（　　）。
    A. 500元   B. 3 000元   C. 4 500元   D. 1 500元

14. 企业采用备抵法计提坏账准备时，应该借记（　　）。
    A. 资产减值损失   B. 销售费用
    C. 坏账准备   D. 应收账款

15. 实际发生坏账损失时，应借记（　　）。
    A. 营业外支出   B. 坏账准备
    C. 管理费用   D. 营业费用

16. A公司2015年12月31日应收甲公司的账款账面余额为1 000万元，已计提坏账准备为100万元，经减值测试，A公司决定对该应收账款按15%计提坏账准备，则A公司的正确会计处理为（　　）。
    A. 借：资产减值损失   150
          贷：坏账准备   150
    B. 借：坏账准备   150
          贷：资产减值损失   150
    C. 借：资产减值损失   50
          贷：坏账准备   50
    D. 借：坏账准备   50
          贷：资产减值损失   50

17. 应收票据仅指企业因销售商品、提供劳务等而收到的（　　）。
    A. 支票   B. 银行汇票   C. 银行本票   D. 商业汇票

18. B企业2015年9月1日销售一批产品给甲公司，货已发出，专用发票上注明的销售收入为100 000元，增值税税额为17 000元。则2015年12月31日"应收票据"账户的余额是（　　）元。
    A. 117 000   B. 119 925   C. 118 950   D. 100 000

19. 确实无法支付的应付账款,应按其账面金额,贷记(　　)。
A. 资本公积　　　B. 营业外支出　　C. 财务费用　　　　D. 营业外收入

二、多项选择题

1. 根据我国的会计制度,通过"应收票据"科目核算的票据有(　　)。
A. 银行本票　　　B. 支票　　　C. 商业承兑汇票　　　D. 银行承兑汇票
2. 带息应收票据贴现时,影响其贴现款的因素有(　　)。
A. 票据的面值　　　　　　　　B. 票据的利息
C. 贴现率　　　　　　　　　　D. 贴现日到到期日的时间
3. 企业的应收账款不应包括(　　)。
A. 预付分公司款　　　　　　　B. 应收利息
C. 超过一年的应收分期销货款　D. 对职工的预付款
4. 总价法下,(　　)。
A. 销售收入以实际售价入账　　B. 应收账款以实际售价入账
C. 销售收入以报价入账　　　　D. 应收账款以报价入账
5. 备用金可以通过(　　)科目核算。
A. 应收账款　　　　　　　　　B. 其他应收款
C. 其他货币资金　　　　　　　D. 备用金
6. 企业的预付账款可以通过(　　)科目进行核算。
A. 预付账款　　　B. 应付账款　C. 其他应付款　　　D. 应收账款
7. 如果带息票据的利率与贴现率相同,则贴现款(　　)。
A. 一定等于票面额　　　　　　B. 可能等于票面额
C. 可能小于票面额　　　　　　D. 与贴现期长短无关
8. 下列内容中,应在"坏账准备"账户贷方反映的有(　　)。
A. 提取的坏账准备
B. 发生的坏账损失
C. 收回已确认为坏账并转销的应收账款
D. 冲回多提的坏账准备
9. 按现行制度规定,不能用"应收票据"及"应付票据"核算的票据包括(　　)。
A. 银行本票存款　　　　　　　B. 银行承兑汇票
C. 商业承兑汇票　　　　　　　D. 银行汇票存款
10. 一般来讲,企业的应收款项应确认为坏账的情况包括(　　)。
A. 债务人死亡,以其遗产清偿后,仍然无法收回
B. 债务人破产,以其破产财产清偿后,仍然无法收回
C. 债务人较长时间内未履行其偿债义务,并有足够的证据表明无法收回或收回的可能性很小
D. 超过一年的应收款项

三、判断题

1. 预付账款属于企业的流动资产，期末应列示于资产负债表流动资产项下的预付账款项目，如果是贷方余额，则以负数表示。（　　）
2. 按月计提应收票据利息时，应该借记"应收利息"，贷记"财务费用"。（　　）
3. 无论应收票据是否计息，企业从银行获得的贴现款一定小于应收票据的面值。（　　）
4. 在我国会计实务中，带息应收票据贴现时，应将其贴现息直接计入当期损益。（　　）
5. 我国会计制度规定，应收账款的入账金额应该包括商业折扣，但不包括现金折扣。（　　）
6. 在发生现金折扣的情况下，销项税额应以未扣除现金折扣后的不含税销售额为计算基础。（　　）
7. 商业折扣是债权人为鼓励债务人在规定期限内付款而向其提供的债务扣除。（　　）
8. 总价法将销售方给予客户的现金折扣视为融资的财务费用。（　　）
9. 企业坏账准备提取的方法和提取的比例应由国家统一规定。（　　）
10. 采用直接转销法核算坏账损失，需设置"坏账准备"科目。（　　）

四、业务题

1. 企业销售甲商品收入 60 000 元，增值税 10 200 元，已按照总价法入账。买方在 10 天以后、20 天以内付款，按合同条款享受 1% 的现金折扣（假设计算折扣时不考虑增值税），实际付款 69 600 元。

   要求：根据上述资料编制该企业销售收入入账和收到货款时的会计分录。

2. 甲企业 2015 年年末应收账款余额为 60 万元；2016 年发生坏账损失 8 000 元，其中 A 公司 6 000 元，B 公司 2 000 元，2016 年年末应收账款余额为 65 万元；2017 年，又收回上年已冲销的甲公司应收账款 6 000 元，2017 年年末应收账款余额为 76 万元。甲企业自 2015 年开始采用备抵法处理坏账损失，提取坏账准备的比例为 5%。

   要求：

   （1）编制该企业 2015 年年末计提坏账准备的会计分录。

   （2）编制该企业 2016 年发生坏账、年末计算并提取坏账准备的会计分录。

   （3）编制该企业 2017 年年末收回上年已经核销的坏账及年末计算并计提坏账准备的会计分录。

3. 甲公司 2015 年 6 月 1 日向 A 公司销售商品一批，价款 200 000 元，增值税 34 000 元，商品已交付 A 公司；当日收到 A 公司开出并由银行承兑的商业汇票，面值 234 000 元，期限 6 个月。10 月 1 日，甲公司向 B 公司采购原材料，价款 190 000 元，增值税 32 300 元，材料已验收入库，B 公司发货时代垫运费 1 700 元。

   要求：根据上述资料编制有关会计分录。（应交税费要写明细账户）

4. 甲企业为增值税一般纳税人,增值税税率17%。2013年12月1日,甲企业"应收账款"账户借方余额500万元,"坏账准备"账户贷方余额25万元,企业通过对应收款项的信用风险分析,确定计提坏账准备的比例为期末应收账款余额的5%,12月份甲企业发生相关业务如下:

(1) 5日,向乙企业赊销商品一批,按商品价目表标明价格计算的金额为1 000万元(不含增值税),由于是成批销售,甲企业给予乙企业10%的折扣。

(2) 9日,一客户破产,根据清算程序,应收账款40万元不能收回,确认为坏账。

(3) 11日,收到乙企业的销货款500万元,存入银行。

(4) 21日,2011年已经确认为坏账的应收账款10万元收回,存入银行。

(5) 30日,向丙公司销售商品一批,使用增值税专用发票,注明价款1 000 000元,增值税税额170 000元。甲企业为及早收回货款,在合同中规定现金折扣条件"2/10,1/20,n/30"。假定现金折扣不考虑增值税。

要求:根据上述资料做出相应的账务处理。

5. A企业发生以下经济业务:

(1) 向B单位销售产品,货款20 000元,增值税税额3 400元,共计23 400元,取得不带息商业承兑汇票一张,面值23 400元。

(2) 向C公司销售产品,货款60 000元,增值税税额10 200元,共计70 200元。取得期限为3个月的带息银行承兑汇票一张,出票日期为2008年11月1日,票面利息为10%。

(3) B单位承兑的商业汇票到期,企业收回款项23 400元,存入银行。

(4) 向D公司销售产品,货款40 000元,增值税税额6 800元,共计46 800元。取得期限为2个月的带息商业承兑汇票一张,出票日期为2008年12月1日,票面利息为9%。

(5) 2008年12月31日,计提C公司和D公司商业汇票利息。

(6) 向C公司销售产品所收的银行承兑汇票到期,企业收回款项,面值40 200元,利息1 755元,共计71 955元。

(7) 向D公司销售产品的银行承兑汇票到期,D公司无力偿还票款。

(8) 向E单位销售产品,货款45 000元,增值税税额77 650元,共计52 650元。收取期限为4个月的商业承兑汇票一张,面值为52 650元,出票日期为2009年3月1日。

(9) 向F企业销售产品,货款80 000元,增值税税额13 600元,共计93 600元。收取期限为3个月的商业承兑汇票一张,面值93 600元,票面利率为10%,出票为2009年4月1日。

(10) 2009年6月10日,将持有的一张F企业不带息的商业承兑汇票到银行贴现,银行年贴现率为12%。

(11) 企业将持有的账面价值为11 700元的商业汇票背书转让,以取得货款为10 000元、增值税税额为1 700元的材料。

要求:根据上述资料做出相应的账务处理。

6. 2010年1月1日,甲企业应收账款余额为3 000 000元,坏账准备余额为150 000元。2010年度,甲企业发生的相关业务如下:

(1) 销售商品一批,增值税专用发票上注明的价款为 5 000 000 元,增值税税额为 850 000 元,货款尚未收到。
(2) 因某客户破产,该客户所欠货款 10 000 元不能收回,确认为坏账损失。
(3) 收回上年度已转销为坏账损失的应收账款 8 000 元,存入银行。
(4) 收到某客户以前所欠的货款 4 000 000 元,存入银行。
(5) 2010 年 12 月 31 日,甲公司对应收账款进行减值测试,确定按 5% 计提坏账准备。

要求:
(1) 编制 2010 年度确认坏账损失的会计分录。
(2) 编制收到上年度已转销为坏账损失的应收账款的会计分录。
(3) 计算 2010 年年末"坏账准备"科目余额。
(4) 编制 2010 年年末计提坏账准备的会计分录。

项目四 存货岗位核算

【本章培养目标】

了解存货岗位的职责和核算任务。

掌握各种存货的分类、计价、收发手续以及核算方法。

【本章重点】

存货的核算。

【本章难点】

存货按计划成本核算的方法。

任务一 存货岗位的概述

一、存货岗位的职责和核算任务

存货岗位的职责和核算任务是由企业对存货核算和管理的要求决定的。根据存货核算和管理的要求,存货岗位的职责和核算任务可以分为以下七项。

1. 制定核算制度

根据《企业会计准则》和企业内部会计制度,制订存货岗位核算职责和具体核算办法。

2. 确认存货

按照存货确认原则,审核原始凭证,确认企业存货。

3. 计量存货初始价值

按照存货确认原则和成本构成,根据购货凭证或货物入库凭证,正确计量存货的初始价值,以便入账。

(1) 核算外购存货

根据购货发票、运费单据、付款凭证等进行采购核算,根据入库单进行存货入库核算。

（2）核算自制存货

根据存货入库单据及成本计算单进行入库核算。

（3）核算其他来源存货

如接受存货投资、接受捐赠、债务重组等取得的存货。

4. 对发出存货进行核算

（1）按照存货计价方法，正确计算发出存货的成本。

（2）按照包装物、低值易耗品的摊销方法，正确计算其当期摊销价值。

（3）根据存货出库凭证，结转发出存货成本，进行存货出库核算。

5. 对存货进行期末计价核算

会同有关部门核定期末存货价值，根据期末存货减值报告单和账面记录，确定存货减值金额或冲回已提减值准备金额，计提或冲回存货跌价准备。

6. 进行存货清查核算

参与存货清查盘点，并根据存货短缺、溢余报告单进行存货盘亏、毁损和盘盈的核算。

7. 编制存货收、发、存明细表

与仓储部门核对存货当期收、发、存状况，并将有关存货明细账与总账核对相符。

二、存货岗位的核算业务流程

存货岗位的核算内容主要包括存货购进、入库和耗用、销售发出的核算。

（一）材料核算业务流程

1. 审核材料入库单、发票、付款单、发料单、期末减值报告单、盘存报告单等原始凭证。
2. 根据审核无误的上述原始单据，填制记账凭证。
3. 审核记账凭证。
4. 根据审核无误的记账凭证和相关原始凭证，登记材料采购明细账、材料明细账、周转材料明细账等。
5. 编制材料收、发、存明细表。
6. 将材料明细账和材料总账、仓库账进行核对。

（二）库存商品核算业务流程

1. 审核产品入库单、成本计算单、产品出库单、销售成本计算单、期末减值报告单、盘存报告单等原始凭证。
2. 根据审核无误的上述原始凭证，填制记账凭证。
3. 审核记账凭证。
4. 根据审核无误的记账凭证和相关原始凭证，登记库存商品明细账。
5. 编制库存商品收、发、存明细表。
6. 将库存商品明细账和库存商品总账、仓库账进行核对。

任务二　存货的概念和核算

学习情境1：存货的概述

一、存货的概念及分类

存货是指企业在日常活动中持有以备出售的产成品或商品、处在生产过程中的在产品、在生产过程或提供劳务过程中耗用的材料和物料等。包括商品、产成品、半成品、在产品以及各种材料、燃料、包装物、低值易耗品、委托加工物资等。存货按不同的标准可以进行如下分类。

（一）存货按经济用途分类

1. 在正常经营过程中储存以备出售的存货，如工业企业的产成品、流通企业的库存商品等。
2. 为了最终出售而正处于生产过程中的存货，如工业企业的在产品和自制半成品等。
3. 为了生产供销售的商品或提供劳务以备消耗的存货，如工业企业储存的原材料、周转材料等。

（二）存货按其存放地点分类

1. 库存存货，即企业已验收入库的各种材料、商品、自制半成品和产成品等。
2. 在途存货，即企业已付款但仍在运输途中或已到达但尚未验收入库的存货。
3. 加工中存货，即企业正在生产加工及委托外单位加工中的存货。

二、存货的确认条件

根据《企业会计制度》规定，存货只有同时满足下列条件的，才能予以确认。

1. 与该存货有关的经济利益很可能流入企业

实务中判断该存货所含经济利益是否很可能流入企业的一个重要标志是企业对该存货是否拥有法定所有权。凡法定所有权属于企业的各种商品、材料、物资等，无论其存放何处或处于何种状态，均应作为该企业的存货确认；凡是法定所有权不属于企业的各种商品、材料、物资等，即使存放在企业，也不应作为该企业的存货确认。

2. 该存货的成本能够可靠计量

要想使存货的成本能够可靠计量,必须取得确凿的、可靠的证据,并且能够合理估计,具有可验证性。企业还应该划清存货与固定资产之间的关系。

三、存货的初始计价

《企业会计准则》要求,存货应当按照成本进行初始计量。存货成本是指其达到目前状态和场所而发生的各种成本,包括采购成本、加工成本和其他成本。由于存货的来源渠道多种多样,存货成本的具体构成内容也有所差别。因此,必须根据存货的取得方式分别确定其实际成本。

(一)外购存货

外购存货的实际成本是指货物从采购到入库前所发生的全部支出,包括购买价款、相关税费、运输费、装卸费、保险费以及其他可归属于存货采购成本的费用。

1. 购买价款

购买价款即购货发票上列明的价款,不包括按规定可以抵扣的增值税税款。

2. 相关税费

相关税费是指企业购买、自制或委托加工存货所发生的消费税、资源税、关税和不能从增值税税额中抵扣的进项税额。

3. 其他可归属于存货采购成本的费用

包括存货在采购过程中发生的仓储费、包装费,运输途中的合理损耗,入库前的挑选整理费等。这些费用能分清负担对象的,应直接计入存货的采购成本;不能分清负担对象的,应选择合理的分配方法,分配计入有关存货的采购成本。

外购商品在采购过程中发生的运输费、装卸费、保险费以及其他可归属于存货采购成本的进货费用,也应当计入商品采购成本。在实务中,也可以将上述进货费用先进行归集,期末再根据所购商品的存销比例进行分摊。已销售商品的进货费用,应计入主营业务成本;未销售商品的进货费用,应计入期末存货成本。采购商品时进货费用金额较小的,也可以在发生时直接计入当期损益。

综上所述,外购存货实际成本的计算公式为:

外购存货实际成本=购买价款+相关税费+运输费+装卸费+保险费+(仓储费+包装费+运输途中的合理损耗+入库前的挑选整理费)

(二)自制存货

自制存货的实际成本是指存货在加工过程中发生的各项实际支出,包括直接材料、直接人工和制造费用等。

制造费用,是指企业为生产产品和提供劳务而发生的各项间接费用,包括企业生产部门(如生产车间)管理人员的薪酬、办公费、水电费、折旧费、修理费、机物料消耗、劳动保护费、季节性和修理期间的停工损失等。在同一生产过程中,同时生产两种或两种以上的产品,并且每种产品的加工成本不能直接区分的,其加工成本应当按照合理的方法在各种产品之间进行分配;如果只生产一种产品,企业可以先将制造费用进行归集,然后直接计入该种产品成本。

自制存货实际成本的计算公式为:

自制存货实际成本＝直接材料＋直接人工＋制造费用

(三) 委托加工存货

委托加工存货的实际成本是指委托外单位加工完成的存货,其以实际耗用的原材料或半成品或商品、加工费、运输费、装卸费、保险费等费用,以及按规定应计入成本的税金,作为实际成本。

(四) 投资者投入存货

投资者投入存货的实际成本是指投资合同或协议约定的价值,但合同或协议约定的价值不公允的除外。

(五) 盘盈存货

盘盈存货的实际成本为同类或类似存货的市场价格。

(六) 接受捐赠的存货

接受捐献的存货的实际成本按照下列规定确定。

1. 捐赠方提供了有关凭证(如发票、报关单等)的,按凭证上标明的金额加上应支付的相关税费作为实际成本。

2. 捐赠方没有提供有关凭证的,按以下顺序确定其实际成本:

(1) 同类或类似存货存在活跃市场的,按照同类或类似存货的市场价格的估计金额,加上应支付的相关税费作为实际成本。

(2) 同类或类似存货未存在活跃市场的,按该接受捐赠的存货的预计未来现金流量现值作为实际成本。

除以上来源渠道之外,企业通过债务重组、非货币性资产交换和企业合并等取得的存货,其成本按照有关企业会计准则确定。

四、存货的计价

存货发出的计价是指对发出存货和结存存货价值的计量。其具体计价方法因企业采用的存货核算方法不同而有差异。存货核算方法包括实际成本法和计划成本法。

(一) 实际成本法下发出存货的计价

外购材料按实际成本计价即每一种材料的采购、入库、发出和结存,在总账和明细账中都按材料的实际成本登记入账。

外购材料包括外购原材料、低值易耗品和包装物。原材料包括原料及主要材料、辅助材料、外购半成品、修理用备件、包装材料、燃料等。

1. 账户设置

为了核算外购材料的增减变动和结存情况,企业应设置以下账户。

(1)"原材料"账户

该账户属于资产类账户,用来核算企业库存的各种原材料的实际成本。该账户的借方登记验收入库原材料的实际成本,贷方登记发出原材料的实际成本;期末余额在借方,表示库存原材料的实际成本。该账户应按照材料类别、品种、规格及原材料的保管地点设置"原材料明细账"进行明细分类核算。

(2)"在途物资"账户

该账户属于资产类账户,用来核算企业已经购进但尚未到达或尚未验收入库的各种材料物资的实际成本。这里已经购进的材料物资是指企业已经付款或开出已承兑的商业汇票,或者虽未付款、未开出已承兑的商业汇票但购货方给予了延期付款商业信用的材料物资。该账户的借方登记已经购进但尚未到达或尚未验收入库的各种材料物资的实际成本;贷方登记验收入库的各种材料物资的实际成本;期末余额在借方,表示已经购进但尚未到达或尚未验收入库的各种材料物资的实际成本。该账户应按照材料类别或供应单位设置明细账进行明细分类核算。

(3)"周转材料"账户

该账户属于资产类账户,用来核算低值易耗品和包装物验收入库、领用、摊销和结存情况。该账户的借方登记验收入库或盘盈低值易耗品和包装物的实际成本,贷方登记领用、盘亏低值易耗品和包装物的实际成本;期末余额在借方,表示库存未用低值易耗品和包装物的实际成本。该账户应按照"低值易耗品"和"包装物"设置两个二级明细账,其下分别按照低值易耗品和包装物的类别、品种、规格设置明细账进行明细分类核算。

2. 业务核算

由于各种外购材料的采购地点和结算方式有所不同,材料验收入库和款项支付的时间也不一致,因此它们在会计核算上的处理也不相同。在实际工作中有以下五种情况。

(1)单货同到

即外购材料的发票账单和材料同时到达。企业支付材料的采购款项并将材料验收入库后,应根据结算凭证、发票账单和收料单等,做出相关购料的账务处理。

【例4-1】A公司购进甲材料一批,货款30 000元,增值税5 100元。2015年7月3日发票账单等结算凭证已到,价税款已通过银行转账支付,材料已验收入库。

根据发票账单等结算凭证和收料单,应编制记账凭证如下:

借:原材料——甲材料   30 000
  应交税费——应交增值税(进项税额)   5 100
 贷:银行存款   35 100

如果销货方给予企业商业信用,允许其延期付款,或由于企业货币资金不足或其他原因,企业暂时未支付材料采购款项,那么将材料验收入库后,应根据结算凭证、发票账单和收料单等,做出相关收料的账务处理。

【例 4-2】B 公司购进乙材料一批,货款 100 000 元,增值税 17 000 元;发生运费 1 000 元,增值税 110 元。2015 年 7 月 6 日收到发票、运费单据等结算凭证。由于该企业暂时资金周转困难,销货方同意其在 30 天内付清所有款项。材料已验收入库。企业根据发票、运费单据等结算凭证和收料单,应编制记账凭证如下:

  借:原材料——乙材料   101 000
    应交税费——应交增值税(进项税额)   17 110
    贷:应付账款——B 公司   101 110

(2) 单到货未到

即外购材料的发票账单已经到达企业,但材料尚未到达(或尚未验收入库)。这种业务,一般是异地采购材料,多采用"托收承付"结算方式,结算凭证与材料到达企业的时间不一致。

【例 4-3】2015 年 7 月 2 日 A 公司收到银行转来的 B 公司托收承付结算凭证及发票、代垫运费单据等,列明货款 20 000 元,增值税 3 400 元;发生运费 400 元,增值税 44 元。合计 23 800 元。经审核无误并承付该款项。企业根据发票、运费单据等结算凭证,应编制记账凭证如下:

  借:在途物资——B 公司   20 400
    应交税费——应交增值税(进项税额)   3 444
    贷:银行存款   23 844

2015 年 7 月 6 日,仓库转来甲材料收料单如下,根据收料单应编制记账凭证如下:

  借:原材料——甲材料   20 400
    贷:在途物资——B 公司   20 400

(3) 货到单未到

即外购材料已经到达企业,但发票账单尚未到达。这种情况暂不付款,也不进行账务处理,待发票账单到达后,再做材料购进的账务处理。如果到月末发票账单仍未到达,而该材料确系本单位所购买,则应按该材料的合同价格,或者按相同材料或同一类别材料的实际成本、计划成本等暂估入账,下月初再用红字编制相同的记账凭证冲销该笔记录。待结算凭证到达后,按单货同到的情况进行处理。

【例 4-4】2015 年 6 月 20 日 A 公司仓库转来"收料单",验收本公司购进的 10 吨丙材料,但结算凭证、发票账单尚未到达。月底,结算凭证仍未到达。该材料的合同单价为 5 000 元/吨。则 A 公司的账务处理如下:

6 月 30 日,依据"收料单":

  借:原材料   50 000
    贷:应付账款——暂估应付款   50 000

7 月 1 日,用红字冲回:

  借:原材料   50 000

　　　　贷：应付账款——暂估应付款　　　　　　　　　　　　　　　　　　　　50 000

7月6日，结算凭证、发票账单到达，增值税专用发票列明材料价款50 000元，增值税税额8 500元，价税款已承付。

　　借：原材料——丙材料　　　　　　　　　　　　　　　　　　　　　　　50 000
　　　　应交税费——应交增值税（进项税额）　　　　　　　　　　　　　　　 8 500
　　　　贷：银行存款　　　　　　　　　　　　　　　　　　　　　　　　　　58 500

（4）采用预付货款方式购入材料

收到材料发票账单并将材料验收入库后，借记"原材料"、"应交税费——应交增值税（进项税额）"账户，贷记"预付账款"账户。

【例4-5】A公司按照合同向B公司预付甲材料部分款项50 000元。3日后，A公司收到发票账单，列明材料款80 000元，增值税13 600元；运费2 000元，增值税220元。余款已经支付，材料已验收入库。则其账务处理如下：

根据预付货款的付款凭证：
　　借：预付账款——B公司　　　　　　　　　　　　　　　　　　　　　　　50 000
　　　　贷：银行存款　　　　　　　　　　　　　　　　　　　　　　　　　　50 000
根据发票账单、入库单等：
　　借：原材料——甲材料　　　　　　　　　　　　　　　　　　　　　　　　82 000
　　　　应交税费——应交增值税（进项税额）　　　　　　　　　　　　　　　13 820
　　　　贷：预付账款——B公司　　　　　　　　　　　　　　　　　　　　　 95 820
根据补付货款的付款凭证：
　　借：预付账款——B公司　　　　　　　　　　　　　　　　　　　　　　　45 820
　　　　贷：银行存款　　　　　　　　　　　　　　　　　　　　　　　　　　45 820

（5）外购材料短缺、毁损的处理

外购材料在验收入库时，企业如果发现材料短缺或毁损，应及时查明原因，区分不同情况进行处理。属于供货单位造成的短缺、毁损，若价税款尚未支付，则待收到发票账单时，按短缺、毁损材料金额及其应分担的运杂费、相应的增值税，填写拒付理由书，拒付相应的款项，不做账务处理；若价税款已经支付，则向供货单位索赔。

【例4-6】某饮料公司向广西糖烟酒批发公司购进白糖一批，发票、运费单据列明白糖8 000千克，每千克4元，货款32 000元，增值税税率17%，增值税税额5 440元，验收入库时发现短缺50千克。

经查明原因，如为供货单位少发造成，在尚未支付货款的情况下，应填写拒付理由书，根据发票、运费单据、拒付理由书、付款凭证和收料单，按实收数进行处理：

实收货物金额＝32 000－50×4＝31 800（元）
应负担的进项税额＝31 800×17％＝5 406（元）
　　借：原材料　　　　　　　　　　　　　　　　　　　　　　　　　　　　　31 800
　　　　应交税费——应交增值税（进项税额）　　　　　　　　　　　　　　　 5 406
　　　　贷：银行存款　　　　　　　　　　　　　　　　　　　　　　　　　　37 206

经查明原因，如为供货单位少发造成，在已经支付货款的情况下，应按实收数验收入

库,将未收数暂记"应付账款"账户,根据收料单和材料短缺或毁损报告单,编制会计分录如下:

上月已经填制的记账凭证:
借:在途物资　　　　　　　　　　　　　　　　　　　　32 000
　　应交税费——应交增值税(进项税额)　　　　　　　 5 440
　　贷:银行存款　　　　　　　　　　　　　　　　　　　　37 440

本月收到货物入库时:
借:原材料　　　　　　　　　　　　　　　　　　　　　　31 800
　　应付账款——广西糖烟酒批发公司　　　　　　　　　　200
　　贷:在途物资　　　　　　　　　　　　　　　　　　　　32 000

此后,若收到供货单位补发的50千克白糖,应根据收料单验收入库并冲销"应付账款":
借:原材料　　　　　　　　　　　　　　　　　　　　　　　200
　　贷:应付账款——广西糖烟酒批发公司　　　　　　　　　　200

若经协商,供货单位退回短缺货物的有关款项,根据对方开来的红字发票和收款凭证:
借:银行存款　　　　　　　　　　　　　　　　　　　　　　234
　　应交税费——应交增值税(进项税额)　　　　　　　　　 34
　　贷:应付账款——广西糖烟酒批发公司　　　　　　　　　　200

短缺或毁损材料若属于运输途中的合理损耗,则按实收数量和材料实际总成本入账,不单独核算短缺或毁损部分的材料。其账务处理如下:
借:原材料　　　　　　　　　　　　　　　　　　　　　　32 000
　　应交税费——应交增值税(进项税额)　　　　　　　 5 440
　　贷:银行存款　　　　　　　　　　　　　　　　　　　　37 440

但在明细账中,数量应记录为7 950千克,不能记录为8 000千克。

短缺或毁损材料若属于运输途中发生的非常损失,则应先转入"待处理财产损益"账户,待查明原因之后,经过有关部门领导批准,再根据具体情况进行处理,借记"其他应收款"、"管理费用"、"营业外支出"等账户,贷记"待处理财产损益——待处理流动资产损益"账户。

若50千克白糖属于运输途中意外事故造成,假设已经支付过货款,则其账务处理如下:

在验收入库时:
借:原材料　　　　　　　　　　　　　　　　　　　　　　31 800
　　待处理财产损益——待处理流动资产损益　　　　　　　234
　　贷:在途物资　　　　　　　　　　　　　　　　　　　　32 000
　　　　应交税费——应交增值税(进项税额转出)　　　　　34

若待查明原因后,经批准,由运输单位赔偿时:
借:其他应收款　　　　　　　　　　　　　　　　　　　　　234

贷：待处理财产损益——待处理流动资产损益　234

（二）计划成本法下发出存货的计价

在材料收发业务较多且有比较健全、合理计划成本的企业，一般采用计划成本法对材料进行收、发、结存的核算。

材料按计划成本计价的核算，就是每一种材料的收入、发出和结存，在材料总账和明细账中都按材料的计划成本登记入账。

1. 账户设置

在计划成本计价法下，需设置以下几种账户。

（1）"原材料"账户

该账户属于资产类账户，用于按计划成本总括地反映企业库存各种原材料的增减变动和结存情况。该账户的借方登记验收入库原材料的计划成本，贷方登记发出原材料的计划成本，期末余额表示库存原材料的计划成本。该账户应按照材料类别、品种、规格及保管地点设置"原材料明细账"进行明细分类核算。

（2）"材料采购"

该账户属于资产类账户，用来核算企业购入的各种材料物资的采购成本。该账户的借方登记采购材料的实际成本，贷方登记验收入库各种材料物资的计划成本。当借方金额大于贷方金额时，表示采购成本超支，应从本账户的贷方转入"材料成本差异"账户的借方；当贷方金额大于借方金额时，表示采购成本节约，应从本账户的借方转入"材料成本差异"账户的贷方；期末余额在借方，表示企业尚未验收入库的各种材料物资的实际成本。该账户一般按材料物资的供应单位和品种设置明细账进行明细分类核算，也可按照材料物资的类别和品种设置明细账进行明细分类核算，由企业根据具体情况确定。

（3）"材料成本差异"账户

该账户属于资产类账户，也是"原材料"账户的调整账户，用来核算各种材料实际成本与计划成本之间的差异。该账户的借方登记验收入库材料的实际成本大于计划成本的差异，贷方登记验收入库材料的实际成本小于计划成本的差异和结转发出材料应负担的成本差异（实际成本大于计划成本的差异用蓝字登记，实际成本小于计划成本的差异用红字登记）。该账户的期末借方余额是库存材料实际成本大于计划成本的差异；若为贷方余额，则是实际成本小于计划成本的差异。该账户应分别按原材料、低值易耗品、包装物的类别设置明细账，进行明细分类核算。明细账可以采用三栏式，也可以采用多栏式。

2. 业务核算

采用计划成本计价时，外购材料的账务处理同按实际成本计价一样，也应根据外购材料的采购地点和结算方式不同，分以下四种情况进行处理。

（1）单货同到

【例4-7】某公司为增值税一般纳税人，购进A材料一批，增值税发票列明货款10 000元，增值税税额1 700元。发票账单等结算凭证已到，价税款已通过银行转账支付。材料已验收入库。A材料计划成本为9 500元。则其账务处理如下：

根据发票账单、转账支票存根等结算凭证,编制会计分录如下:

借:材料采购——××单位　　　　　　　　　　　　　　10 000
　　应交税费——应交增值税(进项税额)　　　　　　　　1 700
　　贷:银行存款　　　　　　　　　　　　　　　　　　　11 700

根据收料单,编制会计分录如下:

借:原材料——A材料　　　　　　　　　　　　　　　　9 500
　　材料成本差异——原材料　　　　　　　　　　　　　 500
　　贷:材料采购——××单位　　　　　　　　　　　　10 000

(2) 单到货未到

【例4-8】某公司为增值税一般纳税人,购进A材料一批,发票账单等结算凭证已到,列明货款21 000元,增值税税额3 570元。已开出并承兑三个月的商业汇票结算价税款,材料运到。A材料计划成本为18 800元。则其账务处理如下:

根据发票账单、商业汇票等结算凭证,编制会计分录如下:

借:材料采购——××单位　　　　　　　　　　　　　　21 000
　　应交税费——应交增值税(进项税额)　　　　　　　　3 570
　　贷:应付票据　　　　　　　　　　　　　　　　　　　24 570

待材料验收入库再结转采购成本。

(3) 货到单未到

【例4-9】某公司为增值税一般纳税人,购进A材料一批,材料已经运到,并已验收入库,由于发票账单未到,货款尚未支付。该批材料的计划成本为23 000元。

对该批材料暂不处理,只登记材料明细账。则其账务处理如下:

9月30日,暂估入账:

借:原材料　　　　　　　　　　　　　　　　　　　　　23 000
　　贷:应付账款——暂估应付款　　　　　　　　　　　　23 000

10月1日,用红字冲回:

借:原材料　　　　　　　　　　　　　　　　　　　　　23 000
　　贷:应付账款——暂估应付款　　　　　　　　　　　　23 000

待收到发票账单后,再根据发票账单等结算凭证做材料购进和入库的处理。

(4) 外购材料短缺、毁损的处理

外购材料短缺或毁损的处理与按实际成本计价方法相同,只是验收入库时应按计划成本,借记"原材料"账户,贷记"材料采购"账户。定期或在材料入库时将入库材料的实际成本与计划成本之间的差异记入"材料成本差异"账户。

【例4-10】某服装公司从中原纺织厂购进布料,由本公司运输部门提货并运回单位。发票列明布料6 000米,每米10元,货款60 000元,增值税税率17%,增值税税额10 200元,验收入库时发现短缺100米。此布料计划单位成本为每米12元。

经查明原因,如为供货单位少发造成,在尚未支付货款的情况下,应填写拒付理由书,并根据发票、拒付理由书、付款凭证,编制会计分录如下:

借:材料采购	59 000
应交税费——应交增值税(进项税额)	10 030
贷:银行存款	69 030

根据收料单,按实收数,编制会计分录如下:

借:原材料	70 800
贷:材料采购	59 000
材料成本差异	11 800

在已经支付货款的情况下,按实收数验收入库,将未收数暂记"应付账款"账户,根据收料单和材料短缺或毁损报告单,编制会计分录如下:

借:原材料	70 800
应付账款——中原纺织厂	1 000
贷:材料采购	60 000
材料成本差异	11 800

此后,若收到供货单位补发的100米布料,则根据收料单验收入库并冲销"应付账款",编制会计分录如下:

借:原材料	1 200
贷:应付账款——中原纺织厂	1 000
材料成本差异	200

若经协商,供货单位退回短缺货物的有关款项,根据对方开来的红字发票和收款凭证,编制会计分录如下:

借:银行存款	1 170
应交税费——应交增值税(进项税额)	170
贷:应付账款——中原纺织厂	1 000

注意:

① 短缺或毁损材料若属于运输途中的合理损耗,则按实收数量和材料实际总成本入账,不单独核算短缺或毁损部分的材料。实际上,这是将短缺或毁损部分的材料成本费用计入实际收到材料的采购成本,相应地提高了收到材料的实际单位成本。

② 短缺或毁损材料若属于运输途中发生的非常损失,则应先转入"待处理财产损益"账户,待查明原因之后,经过有关部门领导批准,再根据具体情况进行处理。应由保险公司、责任人或单位赔偿的借记"其他应收款",经批准转销的借记"管理费用";扣除残值和责任人或保险公司赔偿后的净损失,借记"营业外支出",贷记"待处理财产损益——待处理流动资产损益"。

若100米布料属于运输途中意外事故造成的损失,假设已经支付过货款,则在验收入库时应编制会计分录如下:

借:原材料	70 800
贷:材料采购	59 000
材料成本差异	11 800
借:待处理财产损益——待处理流动资产损益	1 170

贷：材料采购　　　　　　　　　　　　　　　　　　　　　　　　　1 000
　　　　应交税费——应交增值税（进项税额转出）　　　　　　　　　　　170
上述损失经过调查研究，应由保险公司赔偿 1 000 元，其余经有关部门批准转销，应编制会计分录如下：
　　借：其他应收款——××保险公司　　　　　　　　　　　　　　　　1 000
　　　　管理费用　　　　　　　　　　　　　　　　　　　　　　　　　　170
　　　　贷：待处理财产损益——待处理流动资产损益　　　　　　　　　1 170

学习情境 2：外购低值易耗品和包装物的核算

低值易耗品同固定资产一样，也属于劳动资料。在生产经营过程中，它可以被多次周转使用而不改变其原有的实物形态，其价值在使用过程中因磨损而逐渐转移到产品成本或期间费用中去。由于低值易耗品的品种较多，数量较大，单位价值较低，使用期限较短，容易毁损，需要不断地进行更换和补充，具有较强的流动性，因此通常将其划归为存货，作为流动资产进行管理，如生产工具、模具、工作服和防护用品等劳保用品、桌和柜等办公用品。低值易耗品购进的核算与原材料基本相同。

一、按实际成本计价的核算

（一）根据有关发票账单、收料单同时处理

借：周转材料——低值易耗品——××低值易耗品
　　应交税费——应交增值税（进项税额）
　贷：银行存款或其他货币资金或应付票据等

（二）分两步处理

先根据有关发票账单等，编制会计分录：
借：在途物资
　　应交税费——应交增值税（进项税额）
　贷：银行存款或其他货币资金或应付票据等
再根据收料单，编制会计分录：
借：周转材料——低值易耗品——××低值易耗品
　贷：在途物资

二、按计划成本计价的核算

按计划成本计价时，无论是否单、货同到，都要分两步处理。根据有关发票账单和收

料单等,先做采购处理,再做验收入库的处理。账务处理如下:
    借:材料采购
        应交税费——应交增值税(进项税额)
      贷:银行存款或其他货币资金或应付票据等
    借:周转材料——低值易耗品——××低值易耗品
      贷:材料采购
    借或贷:材料成本差异
    包装物购入的核算方法也与原材料、低值易耗品基本相同,可比照原材料、低值易耗品的核算方法处理。

学习情境3:自制存货的核算

自制存货包括自制材料、自制半成品和产成品等,是企业通过辅助生产和基本生产活动自行加工制造完成并验收入库的存货。

一、账户设置

为了核算企业自制的各种存货,应设置"自制半成品"和"库存商品"两种账户。

(一)"自制半成品"账户

该账户属于资产类账户,用来核算企业各种自制半成品的增减变动和结存情况。该账户的借方登记验收入库的自制半成品的实际成本,贷方登记发出的自制半成品的实际成本,期末余额在借方,表示库存自制半成品的实际成本。该账户应按照自制半成品的品种、规格设置"库存半成品明细账"进行明细分类核算。企业外购半成品不在该账户中核算,应作为原材料进行核算。

(二)"库存商品"账户

该账户属于资产类账户,用来核算库存的各种产成品的增减变动和结存情况。该账户的借方登记验收入库的产成品成本,贷方登记发出的产成品成本,期末余额在借方,表示库存结存的产成品成本。该账户应按产品品种、规格设置"库存商品明细账"进行明细分类核算。

二、业务核算

企业自制存货完工以后,应由成本核算人员计算其实际成本,填制"成本计算单"和"产品成本汇总表";由生产部门填制产品入库单,据以验收入库。

【例4-11】某企业第一生产车间完工交库A半成品600件,单位成本150元;第二生产车间领用 A 半成品 400 件,单位成本 151 元。第二生产车间完工交库甲产品 200 件,单位成本 260 元;乙产品 100 件,单位成本 210 元。则其账务处理为:

根据自制半成品"成本计算单"、入库单,编制会计分录如下:
借:自制半成品——A 半成品　　　　　　　　　　　　　90 000
　　贷:生产成本——基本生产成本——第一车间　　　　　　　　90 000
根据第二生产车间自制半成品领用单据,编制会计分录如下:
借:生产成本——基本生产成本——第二车间　　　　　　　60 400
　　贷:自制半成品——A 半成品　　　　　　　　　　　　　　60 400
根据第二生产车间"成本计算单"、"产品成本汇总表"、产品入库单,编制会计分录如下:
借:库存商品——甲产品　　　　　　　　　　　　　　　52 000
　　　　　　——乙产品　　　　　　　　　　　　　　　21 000
　　贷:生产成本——基本生产成本——第二车间　　　　　　　　73 000

学习情境 4:委托加工物资的核算

为了满足生产经营需要,企业有时需要将某些材料物资加工成另一种材料物资。由于受生产工艺技术或设备等条件限制或其他原因,企业会委托外单位对某些材料物资进行加工,称为委托加工物资。

一、委托加工物资的核算内容

委托外单位加工物资的成本包括:需要拨付委托加工的物资、支付加工费用和相关税金、支付保险费和往返运杂费等。加工完成后,结转委托加工物资成本,对委托加工物资验收入库。计算公式为:

委托加工物资的实际成本＝拨付加工物资实际成本＋加工费＋往返运杂费＋相关税金＋保险费

其中相关税金是指委托加工物资应负担的增值税、消费税。

(一) 委托外单位加工物资的增值税

一般纳税人企业凡属加工物资用于应交增值税项目并取得了增值税专用发票的,委托加工物资应负担的增值税可作为进项税额,不计入加工物资成本;凡属加工物资用于非应交增值税项目或免征增值税项目的,以及小规模纳税人和未取得增值税专用发票的一般纳税人,委托加工物资应负担的增值税应计入加工物资成本。

(二) 委托加工物资应负担的消费税

如果加工后直接用于销售,委托加工物资应负担的消费税应计入加工物资成本(由受托方代扣代缴);如果收回的加工物资用于连续生产应税消费品,则应将委托加工物资应负担的消费税先计入"应交税费——应交消费税"账户的借方,用以抵扣加工的消费品销售后所负担的消费税。

二、账户设置

为了监督委托加工合同的执行情况,反映委托加工物资的拨付、回收和加工费用的结算情况,计算委托加工物资的实际成本,应设置"委托加工物资"账户。属于资产类账户,该账户的借方登记拨付加工物资的实际成本、支付的加工费用、往返运杂费、保险费和相关税金,贷方登记完工验收入库物资的成本和退回剩余物资的成本,期末余额在借方,表示尚未完工的委托加工物资实际成本。该账户按受托加工单位设置明细账进行明细分类核算。

三、业务核算

拨付材料委托加工时,根据材料出库单,借记"委托加工物资"账户,贷记"原材料"账户;如果拨付一种商品加工成另一种商品,就将"原材料"换成"库存商品"。

如果企业收回加工物资用于连续生产应税消费品,根据加工费、税金的支付凭证,分别借记"委托加工物资"、"应交增值税"、"应交消费税"账户,贷记"银行存款"账户。

消费税计税价格=(委托加工物资的材料成本+加工费)÷(1-消费税税率)

受托方代扣代缴的消费税=消费税计税价格×消费税税率

如果企业收回加工物资直接用于销售,则应交的消费税计入委托加工物资的成本,根据加工费、税金的支付凭证,分别借记"委托加工物资"、"应交增值税"账户,贷记"银行存款"账户。

如果企业收回加工物资用于连续生产应税消费品,根据入库单,借记"原材料"账户,贷记"委托加工物资"账户。如果企业收回加工物资直接用于销售,根据入库单,借记"库存商品"账户,贷记"委托加工物资"账户。

【例4-12】某企业委托F加工厂加工一批应税消费品材料,原材料成本21 000元,加工费16 000元(不含增值税),已经转账支付。消费税税率10%,增值税税率17%。退回余料1 000元,已与原材料一并验收入库。则其账务处理为:

拨付材料委托加工时:

借:委托加工物资——F工厂　　　　　　　　　　　21 000
　　贷:原材料　　　　　　　　　　　　　　　　　　　　　21 000

如果拨付一种商品加工成另一种商品,就将"原材料"换成"库存商品";如果原材料按计划成本计价,还应贷记"材料成本差异"账户。

委托加工物资应负担的消费税、增值税等的计算如下:

消费税组成计税价格=(21 000-1 000+16 000)÷(1-10%)=40 000(元)

受托方代扣代缴的消费税=40 000×10%=4 000(元)

应交增值税＝16 000×17％＝2 720(元)

如果企业收回加工物资用于连续生产应税消费品,根据加工费、税金的支付凭证:

借:委托加工物资——F 工厂　　　　　　　　　　　　　　16 000
　　应交税费——应交增值税(进项税额)　　　　　　　　　2 720
　　　　　　——应交消费税　　　　　　　　　　　　　　4 000
　　贷:银行存款　　　　　　　　　　　　　　　　　　　　22 720

如果企业收回加工物资直接用于销售:

借:委托加工物资——F 工厂　　　　　　　　　　　　　　20 000
　　应交税费——应交增值税(进项税额)　　　　　　　　　2 720
　　贷:银行存款　　　　　　　　　　　　　　　　　　　　22 720

收回加工物资验收入库时,如果企业收回加工物资用于连续生产应税消费品:

借:原材料　　　　　　　　　　　　　　　　　　　　　　36 000
　　贷:委托加工物资——F 工厂　　　　　　　　　　　　　36 000

如果企业收回加工物资直接用于销售:

借:库存商品　　　　　　　　　　　　　　　　　　　　　40 000
　　贷:委托加工物资——F 工厂　　　　　　　　　　　　　40 000

通过债务重组、非货币交易、接受捐赠、接受投资等渠道取得的存货,将在以后各有关章节中介绍。

学习情境 5:发出存货的核算

发出存货的核算,主要是对生产经营领用和销售的核算,包括发出存货的计价和账务处理。这里主要介绍原材料、商品产品、低值易耗品和包装物等的核算。以存货进行投资、捐赠和置换其他资产等业务的核算,将在以后各有关章节中介绍。

一、发出原材料的计价方法

由于材料的来源各不相同,企业取得材料的方法、时间、地点及市场环境等也有差别,即使同一品种、规格的材料,其价格也有所不同,所以,要根据材料收发的频繁程度和数量,选择合适的方法,对发出材料进行计价。通常采用的计价方法一般有个别计价法、先进先出法、加权平均法、移动加权平均法、计划成本计价法。按照《企业会计准则》的要求,发出存货不再采用后进先出法。

(一) 个别计价法

个别计价法是按照各种材料,逐一辨认各批发出材料和期末结存材料所属的购进批别或生产批别,分别按其购入或生产时所确定的单位成本作为计算各批发出材料和期末结存材料成本的方法。

【例 4-13】某企业 2008 年 8 月 1 日结存甲材料 300 千克,单位实际成本 10 元/千克。8 月 6 日购进该材料 1 000 千克,单位实际成本 11 元/千克。8 月 20 日购进该材料 600 千克,单位实际成本 12 元/千克。8 月 12 日发出该材料单位实际成本 10 元/千克的 200 千克,单位际成本 11 元/千克的 900 千克。8 月 26 日发出该材料单位实际成本 12 元/千克的 550 千克,单位实际成本 10 元/千克 100 千克。按个别计价法计算发出和结存材料的成本,如表 4-1 所示。

表 4-1 材料明细账

材料类别：　　　　　　　　　　　　　计量单位：千克、元
材料编号：　　　　　　　　　　　　　最高存量：
材料名称及规格：　　　　　　　　　　最低存量：

2008年		凭证号	摘要	收入			发出	单价	金额	结存	单价	金额
月	日			数量	单价	金额						
8	1		期初结存							300	10	3 000
	6		入库	1 000	11	11 000				300	10	3 000
										1 000	11	11 000
	12		发出				200	10	2 000	100	10	1 000
							900	11	9 900	100	11	1 100
	20		入库	600	12	7 200				100	10	1 000
										100	11	1 100
										600	12	7 200
	26		发出				100	10	1 000	100	11	1 100
							550	12	6 600	50	12	600
	31		合计	1 600		18 200	1 750		19 500	150		1 700

发出和结存材料的成本按各批材料取得时的单位成本逐个认定计算：
发出材料成本＝200×10+900×11+100×10+550×12＝19 500(元)
按各批发出材料的数量和单价计算：
期末结存材料成本＝100×11+50×12＝1 700(元)

这种方法适用于单价高、数量少,易于辨认进货不同批次的贵重存货或不能替代使用的存货,为特定项目专门购入或制造的存货以及提供劳务的成本,如珠宝、房产、船舶等。

(二) 先进先出法

先进先出法是以先入库的材料先发出为假设条件,按照材料入库的先后顺序对发出材料进行计价的一种方法。采用这种方法,先入库的材料成本要在后入库的材料成本转出之前转出,据此确定发出材料成本和期末结存材料成本。具体做法是：收入材料时,逐笔登记每一批材料的数量、单价和金额；发出材料时,按照先进先出的原则,计算发出材料的实际成本,逐笔登记发出和结存材料的数量、单价和金额。

【例 4-14】采用例 4-13 的资料,按先进先出法计算发出和结存材料的成本,如表 4-2 所示。

表 4-2 材料明细账

材料类别: 计量单位:千克、元
材料编号: 最高存量:
材料名称及规格: 最低存量:

2008年		凭证号	摘要	收入			发出			结存		
月	日			数量	单价	金额	发出	单价	金额	结存	单价	金额
8	1		期初结存							300	10	3 000
	6		入库	1 000	11	11 000				300 1 000	10 11	3 000 11 000
	12		发出				300 800	10 11	3 000 8 800	200	11	2 200
	20		入库	600	12	7 200				200 600	11 12	2 200 7 200
	26		发出				200 450	11 12	2 200 5 400	150	12	1 800
	31		合计	1 600		18 200	1 750		19 400	150	12	1 800

(三) 加权平均法

加权平均法亦称月末一次加权平均法,是指以月初结存材料数量和本月收入材料数量作为权数,计算本月材料的加权平均单位成本,据以确定本期发出材料成本和期末结存材料实际成本的一种方法。计算公式如下:

$$加权平均单位成本 = \frac{月初结存材料实际成本 + 本月收入材料实际成本}{月初结存材料数量 + 本月收入材料数量} \times 100\%$$

本月发出材料实际成本 = 本月发出材料数量 × 加权平均单位成本
月末结存材料实际成本 = 月末结存材料数量 × 加权平均单位成本
或者:
月末结存材料实际成本 = 月初结存材料实际成本 + 本月收入材料实际成本 − 本月发出材料实际成本

【例 4-15】采用例 4-13 的资料,按加权平均法计算发出和结存材料的成本,如表 4-3 所示。

表 4-3 材料明细账

材料类别：　　　　　　　　　　　　　　　计量单位：千克、元
材料编号：　　　　　　　　　　　　　　　最高存量：
材料名称及规格：　　　　　　　　　　　　最低存量：

2008年		凭证号	摘要	收入			收入			收入		
月	日			数量	单价	金额	发出	单价	金额	结存	单价	金额
8	1		期初结存							300	10	3 000
	6		入库	1 000	11	11 000				1 300		
	12		发出				1 100			200		
	20		入库	600	12	7 200				800		
	26		发出				650			150		
	31		合计	1 600		18 200	1 750	11.16	19 530	150	11.16	1 670

该材料的加权平均单位成本 $= \dfrac{3\ 000 + 18\ 200}{300 + 1\ 600} = \dfrac{21\ 200}{1\ 900} = 11.15$（元/千克）

本月发出材料实际成本 $= 1\ 750 \times 11.16 = 19\ 530$（元）

月末结存材料实际成本 $= 3\ 000 + 18\ 200 - 19\ 530 = 1\ 670$（元）

（四）移动加权平均法

移动加权平均法是指在每次收入存货后，立即根据库存存货的总成本和数量，计算出新的平均单位成本，据此计算在下次进货前各次发出存货成本的一种方法。

存货单位成本＝现有存货总成本÷现有存货总数量

存货结存成本＝存货单位成本×现有存货总数量

因加权平均单位成本往往不能除尽，为了保证每次发货后结存存货的数量、单位成本与总成本一致，实际工作中有正算法和倒算法两种计算方法。

【例 4-16】采用例 4-13 的资料，按移动加权平均法计算发出和结存材料的成本，如表 4-4 所示。

表 4-4 材料明细账

材料类别：　　　　　　　　　　　　　　　计量单位：千克、元
材料编号：　　　　　　　　　　　　　　　最高存量：
材料名称及规格：　　　　　　　　　　　　最低存量：

2008年		凭证号	摘要	收入			收入			收入		
月	日			数量	单价	金额	发出	单价	金额	结存	单价	金额
8	1		期初结存							300	10	3 000
	6		入库	1 000	11	11 000				1 300		
	12		发出				1 100			200		
	20		入库	600	12	7 200				800		

续表

2008年		凭证号	摘要	收入			收入			收入		
月	日			数量	单价	金额	发出	单价	金额	结存	单价	金额
	26		发出				650			150		
	31		合计	1 600		18 200	1 750			150		

1. 正算法

6日材料入库后单位成本＝(3 000＋11 000)÷(300＋1 000)＝10.77(元/千克)
12日发出材料成本＝1 100×10.77＝11 847(元)
12日结存材料成本＝(3 000＋11 000)－11 847＝2 153(元)
20日材料入库后单位成本＝(2 153＋7 200)÷(200＋600)＝11.69(元/千克)
26日发出材料成本＝650×11.69＝7 598.5(元)
31日结存材料成本＝(2 153＋7 200)－7 598.5＝1 754.5(元)
本月发出材料实际成本＝11 847＋7 598.5＝19 445.5(元)
月末结存材料成本＝1 754.5(元)

2. 倒算法

6日材料入库后单位成本＝(3 000＋11 000)÷(300＋1 000)＝10.77(元/千克)
12日结存材料成本＝200×10.77＝2 154(元)
12日发出材料成本＝(3 000＋11 000)－2 154＝11 846(元)
20日材料入库后单位成本＝(2 154＋7 200)÷(200＋600)＝11.69(元/千克)
31日结存材料成本＝150×11.69＝1 753.5(元)
26日发出材料成本＝(2 154＋7 200)－1 753.5＝7 600.5(元)
本月发出材料实际成本＝11 846＋7 600.5＝19 446.5(元)
月末结存材料成本＝1 753.5(元)

(五) 计划成本计价法

在实际工作中，很多企业采用计划成本法对材料计价。计划成本法是指企业对材料的收入、发出和结存在日常核算中都采用计划成本计价，同时设置"材料成本差异"账户，反映实际成本与计划成本之间的差额；发出材料时，将成本差异在发出材料和结存材料之间进行分配，将发出材料的计划成本调整为实际成本。计算公式如下：

$$材料成本差异率 = \frac{月初结存材料的成本差异 + 本月收入材料的成本差异}{月初结存材料的计划成本 + 本月收入材料的计划成本} \times 100\%$$

企业也可按上月材料成本差异率将发出材料的计划成本调整为实际成本。

$$上月材料成本差异率 = \frac{月初结存材料的成本差异}{月初结存材料成本} \times 100\%$$

发出材料应负担的成本差异＝发出材料的计划成本×材料成本差异率
发出材料的实际成本＝发出材料的计划成本±发出材料应负担的成本差异
结存材料的实际成本＝结存材料的计划成本±结存材料应负担的成本差异

或者：

结存材料的实际成本＝(月初结存材料的计划成本＋本月收入材料的计划成本)±(月初结存材料成本差异＋本月收入材料成本差异)－发出材料的实际成本

其中本月收入材料的计划成本中，不包括暂估入账的材料成本。

【例 4-17】某企业对材料采用计划成本计价法，某年 7 月甲材料月初结存为 60 000 元，"材料成本差异"账户月初借方余额为 1 200 元，本月验收入库材料的计划成本为 68 000 元，本月验收入库材料的成本差异分别为节约 5 200 元、超支 3 500 元、节约 200 元、超支 1 000 元，本月发出材料的计划成本为 100 000 元。则计算如下：

材料成本差异率＝$\frac{1\,200-5\,200-200+3\,500+1\,000}{60\,000+68\,000}\times 100\%=\frac{300}{12\,800}\times 100\%=0.234\%$

发出材料应负担的成本差异＝100 000×0.234%＝234(元)

发出材料的实际成本＝100 000＋234＝100 234(元)

结存材料的实际成本＝(60 000＋68 000)＋(1 200－5 200－200＋3 500＋1 000)－100 234
　　　　　　　　　＝128 000＋300－100 234＝28 066(元)

二、发出原材料的核算

(一) 原材料发出的总分类核算

企业发出材料，应根据领料凭证，按材料的领用单位和用途，将材料实际成本记入各有关账户的借方，同时记入"原材料"账户的贷方。

建造固定资产和职工福利部门领用原材料的，应按该原材料的实际成本及其不予抵扣的增值税借记"在建工程"和"应付职工薪酬"账户，同时按原材料的实际成本贷记"原材料"账户，按不予抵扣的增值税额贷记"应交税费——应交增值税(进项税额转出)"账户。

在实际工作中，由于发料频繁，发料凭证数量较多，一般不直接根据领料凭证编制记账凭证并登记总账，为了简化核算工作，平时一般只根据领料凭证登记原材料明细账，对已签收和标价的领料凭证，按各类材料的用途陆续进行分类整理，月末根据已分类汇总的领料凭证编制"发料凭证汇总表"，据以编制记账凭证并登记总账，进行材料发出的总分类核算。

1. 实际成本法

【例 4-18】甲公司 2008 年 10 月发料凭证汇总表如表 4-5 所示。

表 4-5　发料凭证汇总表

编制单位：甲公司　　　　　　　　　2008 年 10 月　　　　　　　　　　　编号：

日期	领料单张数	领用部门和用途	原材料				
			原料及主要材料	辅助材料	修理用备件	其他材料	合计
		生产甲产品耗用	80 000				80 000
		基本车间一般耗用		10 000	3 000		13 000

续表

日期	领料单张数	领用部门和用途	原材料				
			原料及主要材料	辅助材料	修理用备件	其他材料	合计
		机修车间生产耗用	6 000		2 000		8 000
		机修车间一般耗用		1 500	400	100	2 000
		行政管理部门		500			500
		在建工程	10 000	200			10 200
		销售部门				1 000	1 000
		合计	96 000	12 200	5 400	1 100	114 700

会计主管：　　　　　　记账：　　　　　　审核：　　　　　　填制：

根据发料凭证汇总表，应编制记账凭证（这里以分录代替）如下：

借：生产成本——基本生产成本——甲产品　　80 000
　　生产成本——辅助生产成本——机修车间　　8 000
　　制造费用——基本生产车间　　13 000
　　　　　　——机修车间　　2 000
　　管理费用　　500
　　在建工程　　10 200
　　销售费用　　1 000
　　贷：原材料　　114 700

同时转出在建工程领用材料的进项税额：

借：在建工程　　1 734
　　贷：应交税费——应交增值税（进项税额转出）　　1 734

2. 计划成本法

企业如果采用计划成本法计价，那么与按实际成本计价的核算方法一样，只是在"发料凭证汇总表"中，要计算填列发出材料应负担的材料成本差异额。

【例 4-19】承接例 4-18，假设甲公司对材料按计划成本计价，成本差异率是 -2%（节约），其发料凭证汇总表如表 4-6 所示。

表 4-6　发料凭证汇总表

编制单位：甲公司　　　　　　2008 年 10 月　　　　　　编号：

日期	领用部门和用途	原材料					材料成本差异（差异率 -2%）
		原料及主要材料	辅助材料	修理用备件	其他材料	合计	
	生产甲产品耗用	80 000				80 000	-1 600

续表

日期	领用部门和用途	原材料					材料成本差异(差异率-2%)
		原料及主要材料	辅助材料	修理用备件	其他材料	合计	
	基本车间一般耗用		10 000	3 000		13 000	-260
	机修车间生产耗用	6 000		2 000		8 000	-160
	机修车间一般耗用		1 500	400	100	2 000	-40
	行政管理部门		500			500	-10
	在建工程	10 000	200			10 200	-204
	销售部门				1 000	1 000	-20
	合计	96 000	12 200	5 400	1 100	114 700	-2 294

会计主管： 记账： 审核： 填制：

根据发料凭证汇总表,应编制记账凭证(以分录代替)如下：

借：生产成本——基本生产成本——甲产品　　　　　　　　　80 000
　　生产成本——辅助生产成本——机修车间　　　　　　　　 8 000
　　制造费用——基本生产车间　　　　　　　　　　　　　　13 000
　　　　　　——机修车间　　　　　　　　　　　　　　　　 2 000
　　管理费用　　　　　　　　　　　　　　　　　　　　　　　　500
　　在建工程　　　　　　　　　　　　　　　　　　　　　　10 200
　　销售费用　　　　　　　　　　　　　　　　　　　　　　 1 000
　贷：原材料　　　　　　　　　　　　　　　　　　　　　　114 700

同时转出在建工程领用材料的进项税额：

借：在建工程　　　　　　　　　　　　　　　　　　　　　 1 734
　贷：应交税费——应交增值税(进项税额转出)　　　　　　 1 734

借：生产成本——基本生产成本——甲产品　　　　　　　　　1 600
　　生产成本——辅助生产成本——机修车间　　　　　　　　 160
　　制造费用——基本生产车间　　　　　　　　　　　　　　 260
　　　　　　——机修车间　　　　　　　　　　　　　　　　 40
　　管理费用　　　　　　　　　　　　　　　　　　　　　　　 10
　　在建工程　　　　　　　　　　　　　　　　　　　　　　 204
　　销售费用　　　　　　　　　　　　　　　　　　　　　　 20
　贷：材料成本差异　　　　　　　　　　　　　　　　　　　2 294

结转材料成本差异时,无论是节约还是超支,均从"材料成本差异"账户的贷方转出,超支用蓝字,节约用红字。

四、发出库存商品的核算

制造业的库存商品包括用于对外销售的库存自制半成品和库存产成品,商业企业的库存商品是指购入用来销售的各种物品。库存商品的发出主要是对外销售发出,另外还有一些被在建工程或福利部门领用以及对外投资、捐赠等。

仓库保管部门要依据商品出库凭证发出商品。商品出库凭证一般由销售部门或领用部门填制。商品出库凭证一式多联,一联由填制部门留存,一联作为仓库的发货凭证并登记保管账,一联送会计部门作为核算的依据。

仓库据商品出库凭证填写实发数量,发出商品并登记库存商品明细账。

会计部门根据不同情况和单据据以结转发出商品成本。

(一)已经实现的销售

借:主营业务成本
　　贷:库存商品

(二)委托其他单位销售的商品

借:发出商品(或委托代销商品)
　　贷:库存商品
待委托代销商品实现销售时,再根据销售发票:
借:主营业务成本
　　贷:发出商品

"发出商品"账户属于资产类账户,用来核算企业未实现销售但已经发出商品的实际成本。该账户的借方登记发出商品的实际成本,贷方登记已实现销售的发出商品成本;期末余额在借方,表示尚未实现销售的发出商品成本。

为了简化核算,企业一般在月末确定发出商品的单位成本,根据仓库转来的商品出库凭证编制产品或商品发出和销售汇总表,集中结转商品销售成本。

为了详细反映各种库存产品的收入、发出和结存情况,在进行总分类核算的同时,还要按库存产品的种类、名称、规格设置明细账,进行明细分类核算。格式如表 4-7 所示。

表 4-7　库存商品明细账

类别:　　　　编号:　　　　名称:　　　　规格:　　　　单位:

年		凭证号	摘要	收入			发出			结存		
月	日			数量	单位成本	余额	数量	单位成本	余额	数量	单位成本	余额
			期初结存							60	50	3 000
			完工入库	150	51	7 650				210	50.71	10 650

续表

年		凭证号	摘要	收入			发出			结存		
月	日			数量	单位成本	余额	数量	单位成本	余额	数量	单位成本	余额
			结转发出				180	50.71	9 128	30	50.71	1 522
			本月合计	150	51	7 650	180	50.71	9 128	30	50.5	1 522

企业一般在月末计算产品成本,所以,平时只在"库存商品明细账"上登记库存产品的收入、发出和结存数量,期末才能计算出完工入库产品成本并登记入账。为了加强对完工入库产品的管理,及时办理产品入库手续并登记入账,企业可以在仓库和会计部门各设一套明细账。仓库按库存商品产品的品种、规格设置一套数量明细账,由仓库保管员根据库存商品产品的出、入库凭证逐笔登记数量,并及时结算其结存数量。会计部门按库存商品产品的品种、规格设置一套数量金额式明细账,期末再根据结转完工入库产品成本的转账凭证及其所附的原始凭证登记库存商品产品的收入数量和实际成本,根据发出商品产品的转账凭证及其所附的原始凭证登记库存商品产品的发出数量和实际成本。在明细账中,具体登记方法视发出库存商品的计价方法(先进先出、加权平均等)确定。库存产品的明细分类核算一般按实际成本计价,其核算方法同原材料一样。

"自制半成品"明细账的设置和登记同"库存商品"一样。

五、低值易耗品摊销的核算

低值易耗品属于劳动资料,可以在生产经营过程中周转使用而不改变其物质形态,其价值在使用过程中因损耗而逐渐转移,因此,在会计核算上采取摊销的方式,将其价值逐步计入生产经营成本中。

低值易耗品一般分为在库和在用两个阶段进行核算:在库低值易耗品的核算,是指对验收入库低值易耗品的核算;在用低值易耗品的核算,是指从仓库领出直到报废的核算。报废前其价值要按磨损情况逐步摊销计入生产经营成本,所以,在用低值易耗品的核算实质上是领用、摊销和报废的核算。

按低值易耗品的价值、使用期限及每月领用数额的均衡性,一般采用以下两种摊销方法。

(一) 一次摊销法

一次摊销法是指低值易耗品在领用时就按领用部门和用途将其账面价值全部计入有关成本、费用的方法。报废时,收回残值冲减有关成本、费用。

【例4-20】某企业发出一批低值易耗品,实际成本是6 500元,其中管理部门领用1 000元,基本生产车间领用5 000元,对外销售500元。上月领用的低值易耗品本月报废,收回残值300元,残料已验收入库。则其账务处理如下:

根据领料单:

借:管理费用 1 000
　　制造费用 5 000
　　其他业务成本 500
　　贷:周转材料——低值易耗品 6 500
根据报废低值易耗品残料入库单:
借:原材料 300
　　贷:管理费用 300
低值易耗品按计划成本计价时,无论采用哪种摊销方法都要结转成本差异。

(二) 五五摊销法

是指低值易耗品在领用时先摊销其价值的50%,报废时再摊销其剩余价值的50%。即将低值易耗品的价值分两次摊销,各摊销其价值的一半。这里领用时的低值易耗品是指库存未曾使用过的。采用这种方法,需要在"低值易耗品"账户下设置"在库低值易耗品"、"在用低值易耗品"和"低值易耗品摊销"三个明细账户。

【例4-21】某车间5月1日领用一批生产工具,实际成本1 800元,7月31日该批生产工具报废,收回残值50元,残料已验收入库。其账务处理如下:
5月1日,根据领料单:
借:周转材料——低值易耗品——在用低值易耗品 1 800
　　贷:周转材料——低值易耗品——在库低值易耗品 1 800
摊销领用生产工具价值的50%:
借:制造费用 900
　　贷:周转材料——低值易耗品——低值易耗品摊销 900
7月31日摊销报废生产工具价值的50%:
借:制造费用 900
　　贷:周转材料——低值易耗品——低值易耗品摊销 900
收回残值,根据入库单:
借:原材料 50
　　贷:制造费用 50
冲销在用低值易耗品:
借:周转材料——低值易耗品——低值易耗品摊销 1 800
　　贷:周转材料——低值易耗品——在用低值易耗品 1 800
如果按计划成本计价,还应在月末借记"制造费用"账户,贷记"材料成本差异"账户(超支用蓝字,节约用红字)。

发出使用周转材料后,对在用低值易耗品或包装物和从使用过程中退出再次送回仓库的低值易耗品或包装物,应加强实物管理,并登记备查账。

五、发出包装物的核算

发出包装物的核算与其他存货相同。一次性领用、一次性消耗的包装物,其价值一次全部计入有关成本、费用中;周转使用包装物的核算方法与低值易耗品相同,采用一定方法按用途将其价值分次摊销计入有关成本、费用中。按计划成本计价时要在月末结转成本差异。

发出包装物的核算按其用途分以下几种情况。

(一)生产领用包装物

生产部门领用用于包装产品的包装物,构成产品组成部分的,应将包装物成本计入产品生产成本。

【例 4-22】某车间生产方便面领用 2 号纸箱 500 只,单位实际成本 3 元。根据领料单,编制会计分录如下:

借:生产成本——基本生产成本——××车间　　　　　　　　　　1 500
　　贷:周转材料——包装物——2 号纸箱　　　　　　　　　　　　　1 500

【例 4-23】某车间生产方便面领用 2 号纸箱 500 只,计划单位成本 3 元,成本差异率 2%。根据领料单,编制会计分录如下:

借:生产成本——基本生产成本——××车间　　　　　　　　　　1 530
　　贷:周转材料——包装物——2 号纸箱　　　　　　　　　　　　　1 500
　　　　材料成本差异——包装物　　　　　　　　　　　　　　　　　　30

(二)随同商品出售的包装物

随同商品出售不单独计价的包装物,于其被发出时,按实际成本计入"销售费用"账户。

【例 4-24】某企业销售洗衣粉领用编织袋 200 条,单位实际成本 1.5 元,编织袋随同洗衣粉出售不单独计价。根据领料单,编制会计分录如下:

借:销售费用——包装物　　　　　　　　　　　　　　　　　　　　300
　　贷:周转材料——包装物——编织袋　　　　　　　　　　　　　　　300

随同商品出售单独计价的包装物,于其随同商品被出售时,要单独反映其销售收入,计入"其他业务收入"账户;按照配比原则也应单独反映其销售成本,计入"其他业务成本"账户。账务处理为:

借:银行存款
　　贷:其他业务收入
借:其他业务成本
　　贷:周转材料

【例 4-25】某企业销售啤酒领用塑料筐 20 个,计划单位成本 10 元,成本差异率 5%。塑料筐随同啤酒出售并单独计价。根据领料单,编制会计分录如下:

借:其他业务成本——包装物　　　　　　　　　　　　　　　210
　　贷:周转材料——包装物——塑料筐　　　　　　　　　　200
　　　　材料成本差异——包装物　　　　　　　　　　　　　10

(三) 出租、出借包装物

出租、出借包装物都是因销售商品而提供给购货方暂时使用的包装物。

1. 出租包装物收取租金,计入"其他业务收入",相应的价值摊销(耗损)及其相关支出(如修理费等),计入"其他业务成本"。

2. 出借包装物不收租金,并且其在出借期间的价值耗损及其相关支出作为推销产品发生的费用,计入"当期损益"。

3. 出租、出借包装物逾期未退,按没收的押金借记"其他应付款",按应交的增值税借记"应交税费——应交增值税(销项税额)",按其差额贷记"其他业务收入";没收押金应交的消费税,借记"其他业务成本",贷记"应交税费——应交消费税"。报废时,收回残值借记"原材料"、"库存现金"等,贷记"其他业务成本"(出租)、"销售费用"(出借)。

出租、出借包装物按其业务频繁程度、数量多少和金额大小分别采用一次摊销法、五五摊销法。采用五五摊销法时,应在"周转材料——包装物"账户下设置"库存未用包装物"、"库存已用包装物"、"出借包装物"、"出租包装物"、"包装物摊销"五个明细账户。

【例 4-26】 某企业随商品销售出租包装箱 100 个,出借包装箱 20 个。包装箱单位实际成本 50 元,每个收取押金 50 元。出租期间收取租金 3 000 元。出租、出借期满退回包装箱和押金,经检验发现 2 个出借、5 个出租的退回包装箱必须报废,每个回收残值 5 元。包装箱以前未曾使用过,采用一次摊销法。则其账务处理如下:

发出包装箱时,根据领料单,编制会计分录:
借:销售费用——包装物摊销　　　　　　　　　　　　　1000
　　其他业务成本——包装物　　　　　　　　　　　　　5000
　　贷:周转材料——包装物——包装箱　　　　　　　　　6 000
根据押金收款凭证,编制会计分录:
借:银行存款　　　　　　　　　　　　　　　　　　　6 000
　　贷:其他应付款——××单位(存入保证金)　　　　　　6 000
根据租金收款凭证,编制会计分录:
借:银行存款　　　　　　　　　　　　　　　　　　　3000
　　贷:其他业务收入——租金收入　　　　　　　　　　　3 000
根据押金退回凭证,编制会计分录:
借:其他应付款——××单位(存入保证金)　　　　　　　6 000
　　贷:银行存款　　　　　　　　　　　　　　　　　　6 000
根据残值收入凭证,编制会计分录:
借:库存现金　　　　　　　　　　　　　　　　　　　35
　　贷:销售费用——包装物摊销　　　　　　　　　　　　10
　　　　其他业务成本——包装物　　　　　　　　　　　　25

出租或出借以后又收回的包装物,无论是再次验收入库或重新领用,均不再进行账务处理。为了加强包装物的实物管理,应在备查账上进行登记。

【例 4-27】某企业向外出租包装箱 400 个,单位成本 20 元,每个租金 5 元,每个押金 25 元,租金已收取。租赁期满,收回包装箱 400 个,其中报废 50 个,每个收回残值 6 元。包装箱以前未曾使用过,采用五五摊销法。则其账务处理如下:

发出包装箱时,根据领料单,编制会计分录:

借:周转材料——包装物——出租包装物　　　　　　　　　　8 000
　　贷:周转材料——包装物——库存未用包装物　　　　　　　　8 000
借:其他业务成本　　　　　　　　　　　　　　　　　　　　4 000
　　贷:周转材料——包装物——包装物摊销　　　　　　　　　　4 000

根据押金收款凭证,编制会计分录:

借:银行存款　　　　　　　　　　　　　　　　　　　　　10 000
　　贷:其他应付款——××单位(存入保证金)　　　　　　　　10 000

根据租金收款凭证,编制会计分录:

借:银行存款　　　　　　　　　　　　　　　　　　　　　　2 000
　　贷:其他业务收入——租金收入　　　　　　　　　　　　　　2 000

收回包装物,编制会计分录:

借:周转材料——包装物——库存已用包装物　　　　　　　　7 000
　　贷:周转材料——包装物——出租包装物　　　　　　　　　　7 000

根据押金退回凭证,编制会计分录:

借:其他应付款——××单位(存入保证金)　　　　　　　　10 000
　　贷:银行存款　　　　　　　　　　　　　　　　　　　　　10 000

根据残值收入凭证,编制会计分录:

借:库存现金　　　　　　　　　　　　　　　　　　　　　　　300
　　贷:其他业务成本——包装物　　　　　　　　　　　　　　　　300

同时,

借:其他业务成本——包装物　　　　　　　　　　　　　　　　500
　　贷:周转材料——包装物——包装物摊销　　　　　　　　　　　500
借:周转材料——包装物——包装物摊销　　　　　　　　　　1 000
　　贷:周转材料——包装物——出租包装物　　　　　　　　　　1 000

学习情境 6:存货的期末计价与清查

一、成本与可变现净值孰低法

《企业会计准则》规定,资产负债表日,应当按照成本与可变现净值孰低计量,也称为成本与可变现净值孰低法。

成本与可变现净值孰低法是指期末存货按照成本与可变现净值两者之中较低者进行计价的一种方法。即当成本低于可变现净值时,存货按成本计价;当可变现净值低于成本时,存货按可变现净值计价。这里的"成本"是指存货的历史成本,即对发出存货按先进先出法、个别计价法、加权平均法计价时计算的期末存货实际成本。如果企业在存货的日常核算中采用计划成本法、售价金额核算法等核算方法,则成本应为调整后的实际成本。"可变现净值"是指在日常活动中,以存货的估计售价减去至完工时估计将要发生的成本、估计销售费用以及相关税费后的金额。

二、存货期末计价方法

由可变现净值的概念可知,可变现净值的计算公式为:

可变现净值＝估计售价－估计完工成本－估计销售费用及相关税费

企业确定存货的可变现净值,应当以取得的确凿证据为基础,并且考虑持有存货的目的、资产负债表日后事项的影响等因素。确定存货的估计售价对计算其可变现净值非常重要。企业应当以资产负债表日为基准,通过取得商品市场销售价格、相同或类似商品的销售价格及供货方有关资料等可靠的证据,来估计确定其售价。为执行销售合同或者劳务合同而持有的存货,其可变现净值通常应当以合同价格为基础计算;企业持有存货的数量多于销售合同订购数量的,超出部分的存货可变现净值应当以一般销售价格为基础计算。

【例 4-28】2014 年 10 月甲、乙两公司签订了一份不可撤销的购销合同,约定 2015 年 6 月 10 日甲公司按 20 万元/台的价格向乙公司提供 K-3 型机器 15 台。2014 年 12 月 31 日,甲公司 K-3 型机器的存货数量为 19 台,单位成本为 18 万元/台,K-3 型机器市场销售价格为 21 万元/台。则甲公司 K-3 型机器期末计价如下:

根据甲、乙两公司签订的购销合同,K-3 型机器应以合同价格为基础,计算可变现净值。由于甲公司持有的存货数量多于销售合同订购的数量,所以,购销合同中约定数量的存货的可变现净值应以合同约定价格作为计量基础,其估计售价应为 300 万元(20 万元/台×15);超过合同订购数量的 K-3 型机器的可变现净值应以一般销售价格作为计量基础,其估计售价应为 84 万元(21 万元/台×4)。

用于出售的材料等,其可变现净值应当以市场价格为基础计算。为生产而持有的材料等,如果用其生产的产成品的可变现净值高于成本,则该材料仍然应当按成本计量;如果材料价格下降,表明产成品的可变现净值低于成本,则该材料应当按照可变现净值计量。

【例 4-29】M 公司某年 12 月 31 日库存甲材料账面价值(成本)为 150 万元,市场购买价格为 114 万元,假设不发生其他购买费用。库存中的 100 万元甲材料用于生产 K-8 型机器,50 万元甲材料准备对外销售,估计发生销售费用及税金 0.6 万元。由于甲材料的市场销售价格下降,以甲材料为原料生产的 K-8 型机器市场售价总额由 230 万元降为 210 万元,其生产成本仍为 220 万元。将甲材料加工成 K-8 型机器需投入费用 120 万元,估计销售费用为10万元。则12月31日甲材料的期末价值应进行如下计量：

用甲材料生产的K-8型机器的可变现净值为：

K-8型机器可变现净值＝210－10＝200（万元）

比较用甲材料生产的K-8型机器的可变现净值与成本：

200万元＜220万元

由此可以确定，甲材料以可变现净值为计量基础，而不是以成本为计量基础。

甲材料的可变现净值为：

甲材料可变现净值＝210－120－10＝80（万元）

甲材料的成本100万元大于其可变现净值80万元，因此，甲材料应按其可变现净值进行期末计价。

对外销售的50万元甲材料，按市场销售价格估计市场售价为：

对外销售甲材料的估计市场售价＝114÷150×50＝38（万元）

对外销售甲材料的可变现净值＝38－0.6＝37.4（万元）

这部分甲材料的可变现净值37.4万元低于成本50万元，所以，应按其可变现净值进行期末计价。

甲材料的期末价值＝80＋37.4＝117.4（万元）

如果资产负债表日后事项可能影响存货的价格或加工成本，在预计时就必须考虑与日后事项相关的价格和成本波动。

在资产负债表日，企业应当按照单个存货项目对期末存货计价，即将每一项存货的成本与其可变现净值进行比较，按照较低者对各该项存货进行计价，确定期末存货价值。其中可变现净值低于成本的存货，按该存货的可变现净值计价；可变现净值高于成本的存货，按该存货的成本计价。

二、存货期末计价的会计处理

为了修正存货的历史成本，企业应对期末存货重新计价。企业存货成本低于其可变现净值的，仍按历史成本计价，不做会计处理。

（一）应设账户

企业期末存货成本高于其可变现净值的，应当计提存货跌价准备，计入当期损益。企业应当按照单个存货项目计提存货跌价准备。为了核算计提的存货跌价准备，企业应设置"资产减值损失"和"存货跌价准备"账户。

"存货跌价准备"是资产类账户，是"库存商品"、"原材料"等账户的抵减账户，用来核算企业存货的跌价准备。在资产负债表日，企业存货可变现净值低于成本的差额计入贷方，发出存货应结转的存货跌价准备和已计提跌价准备的存货价值恢复时，在原已计提的存货跌价准备金额内的恢复数计入借方；期末余额在贷方，表示企业已计提尚未转销的存货跌价准备。该账户按存货项目或类别进行明细分类核算。

"资产减值损失"是损益类账户，用来核算企业各种资产发生的减值。借方登记各种资产发生的减值金额,贷方登记冲减和结转的各种资产减值金额,期末无余额。该账户按资产减值损失的项目进行明细分类核算。

(二)业务核算

【例4-30】某企业按"成本与可变现净值孰低法"对期末存货进行计价,并按单个存货项目计提存货跌价准备。某年12月31日,A、B、C三种存货的成本分别为1 000万元、720万元、2 400万元,可变现净值分别为950万元、700万元、2 600万元。则该企业C存货成本低于可变现净值,不计提存货跌价准备;A、B两种存货应计提存货跌价准备70万元。会计处理如下(金额单位:万元):

  借:资产减值损失——A   50
        ——B   20
   贷:存货跌价准备——A   50
        ——B   20

可变现净值低于成本的存货,其差额即为该项存货应计提的存货跌价准备。若该项存货应计提的存货跌价准备大于其账面已提数,则应按其差额补提。

对于数量繁多、单价较低的存货,可以按照存货类别计提存货跌价准备。与具有类似目的或最终用途并在同一地区生产和销售的产品系列相关,且难以与其他项目分开计量的存货,可以合并计提存货跌价准备。

以前减记存货价值的影响因素已经消失的,减记的金额应当予以恢复,并在原已计提的存货跌价准备的金额内转回,转回的金额计入当期损益。这里需要注意,必须是"以前减记存货价值的影响因素"消失了,才能在原已计提的存货跌价准备的金额内转回,如果导致存货可变现净值高于成本的不是以前减记存货价值的影响因素的消失,而是其他因素的影响结果,则不允许将已计提的存货跌价准备恢复。

【例4-31】承接例4-30。至某年12月31日,上述存货A、C没有发生变化,存货B自2006年以来市场价格有所上升,预计其可变现净值为715万元。存货B应计提存货跌价准备5万元,因已提20万元,则应冲减存货跌价准备为15万元。会计处理如下(金额单位:万元):

  借:存货跌价准备——B   15
   贷:资产减值损失——B   15

企业如果销售计提了跌价准备的存货,则应在结转销售成本的同时,结转已计提的存货跌价准备,计入当期损益。对于因债务重组、非货币性交易而转出的存货,应同时结转的已计提存货跌价准备不计入当期损益,而按债务重组和非货币性交易原则进行处理。如果企业销售了部分计提跌价准备的存货或是按类别计提存货跌价准备的,则应按销售比例结转相应的存货跌价准备。计算公式如下:

因销售、债务重组、非货币性交易应结转的存货跌价准备
$= \dfrac{\text{上期末该类(项)存货计提的存货跌价准备账面余额}}{\text{上期末该类(项)存货的账面余额}}$
×因销售、债务重组、非货币性交易而转出的存货账面余额

【例 4-32】承接例 4-30。至某年 12 月 31 日,上述存货 A 账面历史成本为 1 000 万元,销售后账面历史成本为 600 万元;存货 B 自 2007 年以来市场价格持续上升,根据有关资料,可以判断以前造成存货 B 减值的因素已经消失,预计其可变现净值为 730 万元;存货 C 没有发生任何变化。

存货 C 不做会计处理;存货 B 可变现净值已经高于成本,应在其已计提的存货跌价准备金额 5 万元(20-15)内将减值金额转回;存货 A 在结转销售成本时,同时结转销售部分存货已计提的存货跌价准备。会计处理如下(金额单位:万元):

借:存货跌价准备——B   5
  贷:资产减值损失——B   5
借:主营业务成本——A   380
  存货跌价准备——A   20
  贷:库存商品——A   400

存货 A 应结转的存货跌价准备=50÷1 000×(1 000-600)=20(万元)

三、存货清查方法

存货清查是指通过对存货的实地盘点,确定存货的实有数量并与账面结存数核对,从而确定存货实存数与账面结存数是否相符的一种专门方法。

存货清查主要采用实地盘点法,即根据各种存货资产的特点和性质,采用一定方法,运用计量工具,在存货存放地点清点实物数量并鉴定存货质量。

(一)存货清查手续和处理程序

根据存货清查结果,企业应填写"存货盘点报告表",将存货实存数与账存数进行核对,实存数大于账存数为盘盈,实存数小于账存数为盘亏。

企业清查结束后,如果存在存货盘盈、盘亏和毁损情况,应首先调整账面记录,保证账实相符,然后查明原因,报经有关部门批准后,再进行账务处理。

为了真实准确地反映企业期末存货,企业至少应于每年年度终了对存货进行全面清查。盘亏或毁损的存货,在期末结账前尚未经批准的,应在对外提供财务会计报告时先按上述不同情况处理,并在会计报表附注中做出说明。如果其后批准处理的金额与已处理的金额不一致,应按其差额调整会计报表相关项目的年出数。

(二)存货清查的会计处理

为了反映企业在财产清查中查明的各种存货及其处理情况,应设置"待处理财产损益"账户。该账户在性质和结构上具有双重性质,是用来核算企业各种存货的盘盈、盘亏、毁损及其转销情况的。该账户的借方登记各种财产物资的盘亏、毁损数额及盘盈的转销数额,贷方登记各种财产物资的盘盈数额及盘亏、毁损的转销数额。在期末处理前,借方余额表示尚未处理的各种财产物资的净损失,贷方余额表示尚未处理的各种财产物资的净溢余;在期末处理后,该账户没有余额。该账户下设置"待处理流动财产损益"和"待处理固定财产损益"两个明细账户进行明细分类核算。

1. 存货盘盈的核算

企业发生存货盘盈时,在报经批准前,应及时办理存货入账手续,调整增加存货账面数,按同类或类似存货的市场价格作为实际成本入账,根据"存货盘点报告表",借记"原材料"、"库存商品"等账户,贷记"待处理财产损益——待处理流动财产损益"账户;查明原因后,若是由于收发、计量或核算误差造成的,在报经批准后,借记"待处理财产损益——待处理流动财产损益"账户,贷记"管理费用"账户。

2. 存货盘亏、毁损的核算

企业发生存货盘亏或毁损时,在报经批准前,应及时办理存货销账手续,调整减少存货账面数,借记"待处理财产损益——待处理流动财产损益"账户,贷记"原材料"、"库存商品"等账户;报经批准后,根据不同情况分别处理如下:对于毁损材料的残值应作价入账,借记"原材料"等账户;属于定额内损耗的,借记"管理费用"账户;属于一般经营中超定额损耗的,如果是收发、计量或管理不善造成的,扣除残值后,应向过失人索赔,借记"其他应收款"账户,并将扣除残值及过失人赔偿后的净损失计入"管理费用"账户;由于自然灾害或意外事故等造成的存货盘亏、毁损,在扣除残值及过失人、保险公司赔偿后,计入"营业外支出"账户。

存货按计划成本计价时,盘亏、毁损的存货应分摊成本差异;非正常损失的存货外购时,支付的增值税应一并转入"待处理财产损益"账户。

【例 4-33】某公司财产清查结果如表 4-8 所示。

表 4-8 存货盘点报告表

存货类别	名称规格	计量单位	结存数量		单位成本(元)	盘盈		盘亏		原因
			账存	实存		数量	金额	数量	金额	
原材料	甲	公斤	略	略	20	50	1 000			计量差错
	乙	公斤			30			60	1 800	定额内损耗
	丙	吨			1 500			20	30 000	洪水冲走
库存商品	A产品	件			260			15	3 900	管理不善毁损
合计							1 000		35 700	

经查明原因并做如下处理:A产品残值 400 元,过失人赔偿 2500 元;丙材料由保险公司赔偿 20 000 元,增值税税率 17%。其他处理按"存货盘点报告表"原因和前述有关规则处理。

在报经有关部门批准前:

借:原材料——甲材料　　　　　　　　　　　　　　　　　　　1 000
　　贷:待处理财产损益——待处理流动财产损益　　　　　　　　1 000
借:待处理财产损益——待处理流动财产损益　　　　　　　　　40 800

贷:原材料——乙材料	1 800
原材料——丙材料	30 000
库存商品——A产品	3 900
应交税金——应交增值税(进项税额转出)	5 100

报经有关部门批准后：

借:待处理财产损益——待处理流动财产损益	1 000
贷:管理费用	1 000
借:管理费用	1 800
贷:待处理财产损益——待处理流动财产损益	1 800
借:其他应收款——××保险公司	20 000
营业外支出——非常损失	15 100
贷:待处理财产损益——待处理流动财产损益	35 100
借:管理费用	1 000
其他应收款——××人	2 500
原材料	400
贷:待处理财产损益——待处理流动财产损益	3 900

课后练习题

一、单项选择题

1. 某增值税一般纳税工业企业本期购入一批材料,进货价格为 80 万元,增值税为 13.60 万元,运杂费为 1 万元。所购材料到达后验收发现商品短缺 5%,属于运输途中合理损耗,则该商品应计入存货的实际成本为(　　)万元。

　　A. 93.6　　　　B. 56　　　　C. 80　　　　D. 81

2. 物价上涨时,能使企业计算出来的净利最大的存货计价方法是(　　)。

　　A. 个别计价法　　　　　　　B. 移动加权平均法
　　C. 先进先出法　　　　　　　D. 月末一次加权平均法

3. 对一般纳税企业的工业制造企业来说,不计入存货成本的项目是(　　)。

　　A. 增值税　　　　　　　　　B. 直接人工费
　　C. 直接材料费　　　　　　　D. 生产产品的间接费用

4. 下列各项支出中,一般纳税企业不计入存货成本的是(　　)。

　　A. 仓储费用　　　　　　　　B. 入库前的挑选整理费用
　　C. 购买存货而发生的运输费用　D. 购买存货而支付的进口关税

5. 采用先进先出法计算发出存货的成本,期初库存的硬盘数量为 50 件,单价为 1 000 元;本月购入硬盘 100 件,单价为 1 050 元;本月领用硬盘 100 件,其领用总成本为(　　)元。

　　A. 102 500　　B. 100 000　　C. 105 000　　D. 100 500

6. 在物价持续上涨的情况下,下列各种计价方法中能使期末存货价值最大的是(　　)。
   A. 先进先出法　　　　　　　B. 个别计价法
   C. 月末一次加权平均法　　　D. 移动加权平均法

7. 下列各项表述错误的是(　　)。
   A. 代销商品应作为委托方的存货处理
   B. 受托方对其受托代销的商品不需要进行会计处理
   C. 对于约定未来购入的商品,不作为购入企业的存货
   D. 对于销售方按照销售合同规定已确认销售而尚未发运给购货方的商品,应作为购货方的存货

8. 在企业外购材料中,若材料已收到,而至月末结算凭证仍未到,则对于该批材料,企业的处理方式是(　　)。
   A. 不做任何处理　　　　　　B. 按该材料市价入账
   C. 按合同价格或计划价格暂估入账　D. 按上批同类材料价格入账

9. 实际成本法下,(　　)账户核算企业已支付货款但尚未运到企业或尚未验收入库的各种物资实际成本。
   A. 原材料　　B. 材料采购　　C. 在途物资　　D. 材料成本差异

10. 下列各项中属于收入材料的原始凭证的是(　　)
    A. 销售发料单　B. 领料登记簿　C. 配比发料单　D. 退料单

11. 某企业对发出存货采用月末一次加权平均法计价。本月期初不锈钢数量为40吨,单价为3100元/吨;本月一次购入数量为60吨,单价为3000元/吨。则本月发出存货的单价为(　　)。
    A. 3060元/吨　B. 3040元/吨　C. 3100元/吨　D. 3050元/吨

12. 存货清查中,盘盈的存货应(　　)。
    A. 冲减"管理费用"　　　　B. 计入"营业外收入"
    C. 计入"其他业务收入"　　D. 计入"本年利润"

二、多项选择题

1. 按我国企业会计制度的规定,下列资产中,应在资产负债表的"存货"项目中反映的有(　　)。
   A. 工程物资　B. 委托代销商品　C. 周转材料　D. 库存商品

2. 存货应当按照成本进行初始计量,存货的成本包括(　　)。
   A. 采购成本　　　　　　　　B. 加工成本
   C. 其他成本　　　　　　　　D. 非正常损耗的成本

3. 会计上不作为包装物存货进行核算的有(　　)。
   A. 包装纸张　B. 包装铁丝　C. 管理用具　D. 玻璃器皿

4. 下列各项属于购货方存货的有(　　)。
   A. 销售方按照销售合同、协议规定已确认销售而尚未发运给购货方的商品

B. 购货方已收到商品但尚未收到销货方结算发票等的商品
C. 购货方已经确认为购进而尚未到达入库的在途商品
D. 销货方已经发出商品但尚未确认销售的存货

5. 实地盘存制的缺点有（　　）。
A. 不能随时反映存货收入、发出和结存的动态，不便于管理人员掌握情况
B. 存货明细记录的工作量较大
C. 容易掩盖存货管理中存在的自然和人为的损失
D. 只能到期末盘点时结转耗用和销货成本，而不能随时结转成本

6. 对于工业企业一般纳税人而言，下列费用应当在发生时确认为当期损益的有（　　）。
A. 非正常损耗的直接材料、直接人工和制造费用
B. 生产过程中为达到下一个生产阶段所必需的仓储费用
C. 不能归属于使存货达到目前场所和状态的其他支出
D. 采购存货所支付的保险费

7. 存货计价对企业损益的计算有直接影响，具体表现在（　　）。
A. 期末存货计价（估价）如果过低，当期的收益可能因此而相应的减少
B. 期末存货计价（估价）如果过高，当期的收益可能因此而相应的增加
C. 期初存货计价如果过低，当期的收益可能因此而相应的减少
D. 期初存货计价如果过低，当期的收益可能因此而相应的增加

8. "在途物资"账户可按照（　　）进行明细核算。
A. 供应单位　　　B. 物资品种　　　C. 存放地点　　　D. 交货时间

9. 发出材料借方登记的账户有（　　）。
A. 生产成本　　　B. 管理费用　　　C. 制造费用　　　D. 在建工程

10. 下列各项属于发出材料的原始凭证的有（　　）。
A. 销售发料单　　B. 领料登记簿　　C. 限额领料单　　D. 入库单

11. 制造业的原材料按其生产经营过程中的不同作用，一般可分为（　　）。
A. 原料及主要材料　　　　　　　B. 外购半成品
C. 包装材料　　　　　　　　　　D. 周转材料

12. 企业的库存材料发生盘亏或毁损，应先计入"待处理财产损益"账户，待查明原因后按情况可分别计入（　　）账户。
A. "管理费用"　　B. "营业外支出"　　C. "财务费用"　　D. "其他应收款"

三、判断题

1. 企业为建造固定资产等各项工程而储备的材料，应在资产负债表的"存货"项目中反映。（　　）
2. 存货发出采用"先进先出法"时，发出存货的成本比较接近其重置成本。（　　）
3. 企业接受外来原材料加工制造的代制品不属于库存商品。（　　）
4. 实际盘存制也称为账面盘存制，永续盘存制也称为定期盘存制。（　　）

5. 永续盘存制适用于那些自然消耗大、数量不稳定的鲜活商品。(   )

6. 商品流通企业采购商品的进货费用,应当在发生时直接计入当期损益。(   )

7. 对于不能替代使用的存货、为特定项目专门购入的存货,通常采用加权平均法确定发出存货的成本。(   )

8. 对于材料已收到,但月末结算凭证仍然未收到的业务,不能记入"原材料"账户进行核算。(   )

9. 对不同的材料可以采用不同的计价方法,但计价方法一经确定,不得随意变更。(   )

10. 存货发出计价方法的选择直接影响着资产负债表中资产总额的多少,而与利润表的净利润的大小无关。(   )

四、业务题

1. 某企业从外地购入钢材一批,买价 200 000 元,供货单位发货时代垫运费 300 元,另外支付按钢材购价的 17% 计算的增值税。货款、运费以及增值税已通过银行支付,钢材已验收入库(运费部分抵扣增值税省略)。请根据上述资料编制相应的会计分录。

2. 甲公司从乙公司购入钢材一批,买价 50 000 元,对方代垫运费 800 元,另外按钢材购价的 17% 计算增值税。货款、运费以及增值税通过银行支付,钢材尚未入库。请根据银行结算凭证及所附发票及运费单据编制会计分录。

3. 根据本月"发料凭证汇总表"分配材料费:基本生产车间生产产品领用材料 80 000 元,基本生产车间一般耗用材料 1 000 元,行政管理部门领用材料 2 000 元,在建工程领用材料 40 000 元。请根据上述资料编制相应的会计分录。

4. 某企业购入材料一批,该批材料已经运到并验收入库,但发票等结算凭证尚未收到,货款尚未支付。月末按照暂估价入账,假设暂估价为 10 000 元。请根据上述资料编制相应的会计分录。

5. 某企业对存货进行清查,清查结果及批准处理情况如下:

(1) 发现盘盈 A 周转材料 5 件,实际单位成本为 300 元。

(2) 发现盘亏 B 材料 400 千克,单位计划成本为 100 元,材料成本差异率为 2%,其购进时的增值税为 6 936 元。

(3) 发现毁损 C 产成品 80 件,每件实际成本为 350 元,其应负担的增值税为 2 750 元。

(4) 上述原因已查明,A 周转材料盘盈是收发计量差错造成的;B 原材料短缺是管理制度不健全造成的;C 产品毁损是意外事故造成的,其残料回收作价 500 元,可获保险公司赔偿 18 450 元。经厂长会议批准后,对上述清查结果做出处理。

要求:对以上经济业务编制会计分录。

五、计算分析题

根据下表中所列的资料,分别采用"先进先出法"、"月末一次加权平均法"、"移动平均法"来确定领用该材料的成本。

日期	摘要	数量(件)	单价(元)	金额(元)
1日	期初余额	100	300	30 000
3日	购入	50	310	15 500
10日	生产领用	125		
20日	购入	200	315	63 000
25日	生产领用	150		

项目五　资产岗位核算

【本章培养目标】

了解资产岗位的核算职责和核算任务。
掌握固定资产、无形资产和其他长期资产的核算方式。

【本章重点】

固定资产和无形资产的核算方法。

【本章难点】

固定资产折旧的计算方法。

任务一　资产岗位的核算职责和核算任务

一、资产岗位的核算职责

资产岗位的核算职责一般包括：
1. 会同有关部门拟定固定资产的核算与管理办法。
2. 参与编制固定资产更新改造和大修理计划。
3. 负责固定资产的明细核算和有关报表的编制。
4. 计算提取固定资产折旧和大修理资金。
5. 参与固定资产的清查盘点。

二、资产岗位的核算任务

为准确、及时、全面地反映和监督本公司固定资产的实物增减及价值损耗情况，保持固定资产的安全完好，提高使用效率，资产岗位法的核算任务可分为以下几项：
1. 掌握资产管理制度和核算办法，负责对有关财产使用部门进行财产管理和核算。

2. 参与固定资产的清查盘点和物料的月末或季末盘点工作,在财产清查中盘盈、盘亏的物料,要分情况进行不同的处理。

3. 分析财产和物料的使用效果,提高固定资产的利用率。

4. 每月计提固定资产折旧,月末结出资产净值余额,编制固定资产折旧汇总表,做到账表相符、账账相符。

5. 对于会计材料账与物料库账物不符的,要与仓管员共同查明原因,并做账务平衡处理。

6. 对于取得的领料单、验收单、入库单,要逐日登记材料的收、发、存明细账。

7. 正确划分固定资产和低值易耗品的界限,编制固定资产目录,对固定资产进行分类核算。

8. 年底进行资产清查盘点,对报废处理和出售不使用的资产,按会计规定办理手续,编制会计凭证,登记账户。

9. 对物品的领用,做到事先有控制,事后有监督,月底对领用物品的消耗情况进行分析。

10. 接受和完成主管领导临时安排的其他工作。

任务二　资产岗位的核算业务

学习情境1:固定资产业务核算

一、固定资产概述

从固定资产的定义看,固定资产具有以下三个特征:

1. 固定资产是企业为生产商品、提供劳务、出租或经营管理而持有的。它是企业的劳动工具或手段,而不是直接用于出售的产品。

2. 固定资产的使用寿命超过一个会计年度。固定资产的使用寿命指使用固定资产的预计期间。固定资产使用寿命超过一个会计年度,意味着固定资产属于长期资产,随着使用和磨损,通过计提折旧方式逐渐减少账面价值。

3. 固定资产为有形资产。固定资产具有实物特征,这一特征将固定资产与无形资产区别开来。

二、固定资产的初始计量

固定资产应当按照成本进行初始计量。

固定资产的成本,是指企业购建某项固定资产达到预定可使用状态前所发生的一切合理、必要的支出。这些支出包括直接发生的价款、相关税费、运杂费、包装费和安装成本等,也包括间接发生的,如应承担的借款利息、外币借款折算差额以及应分摊的其他间接费用。固定资产的取得方式不同,其初始成本也各不相同。

(一)外购固定资产

企业外购固定资产的成本,包括购买价款、相关税费、使固定资产达到预定可使用状态前所发生的可归属于该项资产的运输费、装卸费、安装费和专业人员服务费等。

(二)自行建造的固定资产

自行建造的固定资产,以建造该项资产达到预定可使用状态前所发生的必要支出作为入账价值。企业自行建造固定资产包括自营建造和出包建造两种方式。

(三)投资者投入的固定资产

投资者投入固定资产的成本,在办理了固定资产移交手续之后,应以投资合同或协议约定的价值加上应支付的相关税费作为固定资产的入账价值,但合同或协议约定价值不公允的除外。

(四)融资租入取得的固定资产

承租人应于租赁开始日,将租赁开始日租入固定资产公允价值与最低租赁付款额现值两者中较低者作为租入固定资产入账价值,将最低租赁付款额作为长期应付款的入账价值,其差额作为未确认融资费用。

(五)接受捐赠的固定资产

接受捐赠的固定资产,如果捐赠方提供了有关凭据,应按凭据上标明的金额加上应支付的相关税费作为入账价值。如果捐赠方没有提供有关凭据,那么同类或类似固定资产存在活跃市场的,按同类或类似固定资产的市场价格估计的金额加上应支付的相关税费作为入账价值;若同类或类似固定资产不存在活跃市场,则按该接受捐赠的固定资产的预计未来现金流量现值作为其入账价值。

(六)盘盈的固定资产

盘盈的固定资产,按其市价或同类、类似固定资产的市场价格,减去按该项资产的新旧程度估计的价值损耗后的余额入账。

（七）经批准无偿调入的固定资产

经批准无偿调入的固定资产，按调出单位的账面价值加上发生的运输费、安装费等相关费用入账。

三、固定资产的账户设置

固定资产核算需要设置的账户主要有："固定资产"、"累计折旧"、"在建工程"、"工程物资"、"固定资产清理"等。

（一）"固定资产"账户

"固定资产"账户核算企业固定资产的原价。该账户借方登记企业增加的固定资产原价，贷方登记企业减少的固定资产原价，期末余额在借方，反映企业期末固定资产的账面原价。企业应当设置"固定资产登记簿"和"固定资产卡片"，按固定资产的类别、使用部门对每项固定资产进行明细核算。

（二）"累计折旧"账户

"累计折旧"账户属于"固定资产"的调整账户，核算企业固定资产的累计折旧。该账户贷方登记企业计提的固定资产折旧，借方登记处置固定资产转出的累计折旧，期末余额在贷方，反映企业固定资产的累计折旧额。

（三）"在建工程"账户

"在建工程"账户核算企业基建、更新改造等在建工程发生的支出。该账户借方登记企业各项在建工程的实际支出，贷方登记完工工程转出的成本，期末余额在借方，反映企业尚未达到预定可使用状态的在建工程的成本。

（四）"工程物资"账户

"工程物资"账户核算企业为在建工程而准备的各种物资的实际成本。该账户借方登记企业购入工程物资的成本，贷方登记领用工程物资的成本，期末余额在借方，反映企业为在建工程准备的各种物资的成本。

（五）"固定资产清理"账户

"固定资产清理"账户核算企业因出售、报废、毁损、对外投资、非货币性资产交换、债务重组等原因转出的固定资产价值以及在清理过程中发生的费用等。该账户借方登记转出的固定资产价值、清理过程中应支付的相关税费及其他费用，贷方登记固定资产清理完成的处理，期末余额在借方，反映企业尚未清理完毕的固定资产清理净损失。该账户应按被清理的固定资产项目设置明细账，进行明细核算。

此外，企业固定资产、在建工程、工程物资发生减值的，还应当设置"固定资产减值准备"、"在建工程减值准备"、"工程物资减值准备"等账户进行核算。

四、固定资产增加的核算业务

(一) 外购固定资产

外购固定资产分为购入不需要安装的固定资产和购入需要安装的固定资产两类。

1. 购入不需要安装的固定资产

购入时,需要按实际支付的价款,包括买价和支付的运输费、保险费、包装费等,借记"固定资产"账户。

【例 5-1】企业购入不需要安装的设备一台,买价 150 000 元,运杂费 2 500 元,保险费 500 元,全部款项已用银行存款支付。

分析:企业用银行存款购买不需要安装设备,涉及企业资产要素内部的增减变动,应记入反映企业固定资产增减变动情况的"固定资产"账户和反映企业流动资产增减变动情况的"银行存款"账户。不需要安装设备的购入是企业资产的增加,可直接记入"固定资产"账户的借方;银行存款的支付是企业资产的减少,应记入"银行存款"账户的贷方。两个账户登记的金额分别是 153 000 元。会计分录如下:

借:固定资产　　　　　　　　　　　　　　　　　　　153 000
　　贷:银行存款　　　　　　　　　　　　　　　　　　　　153 000

2. 购入需要安装的固定资产

购入需要安装的固定资产,购入后经安装调试符合要求才能交付使用。其原始价值包括实际支付的价款(包括买价、包装费、运输费等)和安装调试费用等。购入需要安装的固定资产,要先通过"在建工程"账户核算,待安装调试完工交付使用后,再转入"固定资产"账户核算。

【例 5-2】企业购入需要安装的设备一台,买价 250 000 元,运杂费 4 000 元。款项已用银行存款支付。

分析:企业用银行存款购入需要的安装设备,涉及企业资产要素内部的增减变化。由于需要安装的设备购入后在继续安装过程中还会发生一些费用,因而应先记入反映企业资产要素中在建工程成本增减变动情况的"在建工程"账户和反映企业流动资产要素增减变动情况的"银行存款"账户。购入需要安装的设备是企业资产的增加(也是在建工程成本的增加,在安装完毕后会增加企业的固定资产),应记入"在建工程"账户的借方;银行存款的支付是企业资产的减少,应记入"银行存款"账户的贷方。两个账户登记的金额分别是 254 000 元。会计分录如下:

借:在建工程　　　　　　　　　　　　　　　　　　　254 000
　　贷:银行存款　　　　　　　　　　　　　　　　　　　　254 000

【例 5-3】承接例 5-2。企业进行上述需要安装的设备的安装,耗用材料 2 500 元,用银行存款支付安装公司安装费 3 500 元。

分析：企业进行设备安装耗用材料，支付安装费，涉及企业资产要素内部的增减变动，应记入反映企业资产要素中在建工程成本增减变动情况的"在建工程"账户和反映企业流动资产增减变动情况的"原材料"和"银行存款"账户。安装设备耗用材料等一方面会增加企业的资产（即在建工程成本增加），应记入"在建工程"账户的借方；另一方面材料的耗用又会使企业的资产减少，应记入"原材料"和"银行存款"账户的贷方。"在建工程"账户登记的金额为6 000元（2 500元＋3 500元），"原材料"账户登记的金额为2 500元，"银行存款"账户登记的金额为3 500元。会计分录如下：

借：在建工程　　　　　　　　　　　　　　　　　　　　　　　6 000
　　贷：原材料　　　　　　　　　　　　　　　　　　　　　　2 500
　　　　银行存款　　　　　　　　　　　　　　　　　　　　　3 500

【例5-4】承接例5-3。上述设备安装完毕，经验收合格交付使用，结转工程成本260 000元。

分析：企业设备安装完毕交付使用，涉及企业资产要素内部的增减变动，应记入反映企业资产要素中固定资产增减变动情况的"固定资产"账户和反映企业资产要素中在建工程成本增减变动情况的"在建工程"账户。需要安装的设备的交付使用是企业资产的增加，应记入"固定资产"账户的借方；而在建工程成本的结转是企业资产的减少（也是在建工程成本的减少），应记入"在建工程"账户的贷方。两个账户登记的金额分别为260 000元。会计分录如下：

借：固定资产　　　　　　　　　　　　　　　　　　　　　　260 000
　　贷：在建工程——甲设备安装工程　　　　　　　　　　　260 000

（二）自行建造的固定资产

企业有时会利用现有技术和闲置的生产设备及人力，建造或生产供自己使用的专用设备或其他固定资产，这时企业应设置"工程物资"和"在建工程"等账户，核算自行建造的固定资产。企业购入为工程准备的物资，即库存的用于建造或修理本企业固定资产工程项目的各种物资，应按实际成本（含增值税进项税额）反映在"工程物资"账户中。

企业自营工程领用工程物资时，应借记"在建工程"账户。工程完工后剩余的工程物资，若转作为企业存货，应借记"原材料"、"应交税金——应交增值税（进项税额）"等账户；如出售，应最后结转工程物资的进项税额，借记"应交税金——应交增值税（进项税额）"账户，然后以其不含税的成本转作其他业务支出。

盘盈、报废、盘亏、毁损的工程物资扣除保险公司、过失人的赔偿部分，工程项目尚未完工的，计入或冲减所建工程项目的成本；工程已经完工的，计入营业外收支。

【例5-5】2012年甲公司在生产经营期间以自营方式建造一条生产线。2015年1月至6月发生的有关经济业务如下：

（1）1月10日，为建造生产线购入工程物资一批，收到的增值税专用发票上注明的价款为2 000 000元，增值税税额为340 000元，款项已通过银行转账支付。

（2）1月20日，建造生产线领用工程物资1 800 000元。

（3）6月30日，建造生产线的工程人员职工薪酬合计为1 150 000元。

(4) 6月30日,工程建设期间,辅助生产车间为建造生产线提供的劳务支出合计350 000元。

(5) 6月30日,工程完工后对工程物资进行清查,发现工程物资减少20 000元,经调查属保管员过失造成,根据企业管理规定,保管员应赔偿5 000元。剩余工程物资转用于甲公司正在建造的一栋职工宿舍。

(6) 6月30日,生产线工程达到预定可使用状态并交付使用。

解析:

假定不考虑相关税费,甲公司的账务处理如下:

(1) 购入工程物资

借:工程物资　　　　　　　　　　　　　　　　　　　2 000 000
　　应交税费——应交增值税(进项税额)　　　　　　340 000
　贷:银行存款　　　　　　　　　　　　　　　　　　2 340 000

(2) 工程领用物资

借:在建工程——××生产线　　　　　　　　　　　1 800 000
　贷:工程物资　　　　　　　　　　　　　　　　　　1 800 000

(3) 计提工程人员职工薪酬

借:在建工程——××生产线　　　　　　　　　　　1 150 000
　贷:应付职工薪酬　　　　　　　　　　　　　　　　1 150 000

(4) 辅助生产车间为工程提供劳务支出

借:在建工程——××生产线　　　　　　　　　　　350 000
　贷:生产成本——辅助生产成本　　　　　　　　　　350 000

(5) 工程物资盘亏、报废及毁损净损失

借:其他应收款——保管员　　　　　　　　　　　　5 000
　　营业外支出——盘亏损失　　　　　　　　　　　18 400
　贷:工程物资　　　　　　　　　　　　　　　　　　20 000
　　　应交税费——应交增值税(进项税额转出)　　　3 400

税法规定,由于管理不善造成的毁损、被盗的,进项税额不得抵扣,已作抵扣的应转出;由于自然灾害(地震、水灾)造成毁损的,进项税额可以抵扣。

剩余工程物资转用于职工宿舍的建造

借:在建工程——职工宿舍　　　　　　　　　　　　210 600
　贷:工程物资　　　　　　　　　　　　　　　　　　180 000
　　　应交税费——应交增值税(进项税额转出)　　　30 600

税法规定,物资用于集体福利或个人消费的,进项税额不得抵扣,已作抵扣的应转出。

(6) 生产线交付使用

借:固定资产——××生产线　　　　　　　　　　　3 300 000
　贷:在建工程——××生产线　　　　　　　　　　　3 300 000

(三)投资者投入的固定资产

企业接受外单位以固定资产作为投资,对外单位投入的固定资产,应按投资合同或协议约定的价值作为其成本,但合同或协议约定价值不公允的,应以公允价值计量,公允价值与合同约定价之间的差额计入资本公积。

【例 5-6】 甲企业接受乙公司作为资本投入的设备一台,该设备不需要安装,合同约定该设备的价值为 2 000 000 元,与其公允价值相符,不考虑其他因素。则其应编制会计分录如下:

借:固定资产　　　　　　　　　　　　　　　　　　　　　　　2 000 000
　　贷:实收资本　　　　　　　　　　　　　　　　　　　　　　2 000 000

【例 5-7】 某商贸公司原注册资本 40 万元,A 投资者希望加入。为了占有该商贸公司注册资本的 20% 的份额,A 投资者投入 2.5 万元现金和一台机器,该机器双方确认的价值为 10 万元,该商贸公司的原投资者同意接纳 A 投资者加入。A 投资者加入后该商贸公司注册资本为 50 万元。现金已收存银行,机器已验收。

根据上述资料,该商贸公司应做如下账务处理:

借:银行存款　　　　　　　　　　　　　　　　　　　　　　　　25 000
　　固定资产　　　　　　　　　　　　　　　　　　　　　　　　100 000
　　贷:实收资本　　　　　　　　　　　　　　　　　　　　　　100 000
　　　　资本公积——资本溢价　　　　　　　　　　　　　　　　　25 000

(三)接受捐赠的固定资产

捐赠方提供了有关凭据的,按凭据上标明的金额加上应支付的相关税费,作为入账价值。如果捐赠方没有提供有关凭据,同类或类似固定资产存在活跃市场的,按同类或类似固定资产的市场价格估计的金额,加上应支付的相关税费,作为入账价值;若同类或类似固定资产不存在活跃市场,则按该接受捐赠的固定资产的预计未来现金流量现值,作为其入账价值。

【例 5-8】 某公司接受 A 公司捐赠的固定资产一台,其公允价值为 22 000 元。则其应做会计分录如下:

借:固定资产　　　　　　　　　　　　　　　　　　　　　　　　22 000
　　贷:营业外收入——捐赠利得　　　　　　　　　　　　　　　　22 000

(四)盘盈的固定资产

盘盈固定资产应作为会计差错更正来处理。

【例 5-9】 某公司在财产清查中,发现多出机器设备一台,其公允价值为 20 000 元。该公司所得税税率为 25%,提取法定盈余公积的比例为 10%。则其应做会计分录如下:

借:固定资产　　　　　　　　　　　　　　　　　　　　　　　　20 000
　　贷:以前年度损益调整　　　　　　　　　　　　　　　　　　　20 000
借:以前年度损益调整　　　　　　　　　　　　　　　　　　　　　5 000

贷：应交税费——应交所得税	5 000
借：以前年度损益调整	15 000
贷：盈余公积——法定盈余公积	2 000
利润分配——未分配利润	13 000

四、固定资产折旧和修理的核算业务

（一）固定资产折旧的概念与范围

1. 固定资产折旧的概念

固定资产折旧是指固定资产在使用寿命内，按照确定的方法对应计折旧额进行的系统分摊。其中，使用寿命是指企业使用固定资产的预计期间，或者该固定资产所能生产产品或提供劳务的数量；应计折旧额是指应当计提折旧的固定资产原价扣除其预计净残值后的金额。已计提减值准备的固定资产，还应当扣除已计提的固定资产减值准备累计金额。

企业应当根据固定资产的性质和使用情况，合理确定固定资产的使用寿命和预计净残值。固定资产的使用寿命、预计净残值一经确定，不得随意变更。

固定资产折旧转入产品成本而形成折旧费。只有正确计算固定资产折旧，才能正确计算产品成本的财务成果。

2. 固定资产折旧的范围

除下列情况外，企业应对所有固定资产计提折旧：

（1）已提足折旧仍继续使用的固定资产。

（2）按照规定单独估价作为固定资产入账的土地。

其中，提足折旧，是指已经提足该项固定资产的应计折旧额。

已达到预定使用状态但尚未办理竣工决算的固定资产，应当按照估计价值确定其成本，并计提折旧；待办理竣工决算后，再按照实际成本调整原来的暂估价值，但不需要调整原已计提的折旧额。

融资租入的固定资产，应当采用与自有应计提折旧资产相一致的折旧政策。能够合理确定租赁期届满时将会取得租赁资产所有权的，应当在租赁资产尚可使用年限内计提折旧；无法合理确定租赁期届满时能否取得租赁资产所有权的，应当在租赁期与租赁资产尚可使用年限两者中较短的期间内计提折旧。

处于更新改造过程而停止使用的固定资产，应将其账面价值转入在建工程，不再计提折旧。更新改造项目达到预定可使用状态转为固定资产后，再按照重新确定的折旧方法和该项固定资产尚可使用的寿命计提折旧。

因进行大修理而停止使用的固定资产应当照常计提折旧，计提的折旧额应计入相关资产成本或当期损益。

(二) 固定资产折旧方法

企业应当根据与固定资产有关的经济利益的预期实现方式,合理选择固定资产折旧方法。可选用的折旧方法包括年限平均法、工作量法、双倍余额递减法和年数总和法等。其中,双倍余额递减法和年数总和法是加速折旧法。固定资产的折旧方法一经确定,不得随意变更。

1. 年限平均法

年折旧率=(1-预计净残值率)÷预计使用年限(年)×100%

月折旧率=年折旧率÷12

月折旧额=固定资产原价×月折旧率

【例5-10】 一座厂房原值50万元,预计使用20年,残值率为2%,计算月折旧额。

解析:

年折旧率=(1-2%)÷20×100%=4.9%

月折旧率=4.9%÷12=0.41%

月折旧额=500 000×0.41%=2 050(元)

2. 工作量法

单位工作量折旧额=固定资产原价×(1-预计净残值率)÷预计总工作量

某项固定资产月折旧额=该项固定资产当月工作量×单位工作量折旧额

【例5-11】 某企业一辆卡车原价60 000元,预计总里程为500 000千米,预计净残值率为5%,本月行驶400千米。请计算当月应提的折旧额。

解析:

单位工作量折旧额=60 000×(1-5%)÷500 000=0.114(元)

当月折旧额=0.114×400=45.6(元)

3. 双倍余额递减法

双倍余额递减法是指在不考虑固定资产预计净残值的情况下,根据每期期初固定资产原价减去累计折旧后的金额和双倍的直线法折旧率计算固定资产折旧的一种方法。采用这种方法时,应在其折旧年限到期前两年内,将固定资产净值扣除预计净残值后的余额平均摊销。计算公式如下:

年折旧率=2÷预计使用寿命(年)×100%

【例5-12】 某企业一项固定资产的原价为20 000元,预计使用年限为5年,预计净残值为200元。

要求:根据上述材料,用双倍余额递减法计算每年的折旧额。

解析:

双倍余额递减折旧率=2÷5×100%=40%

第一年应提的折旧额=20 000×40%=8 000(元)

第二年应提的折旧额=(20 000-8 000)×40%=4 800(元)

第三年应提的折旧额=(20 000-8 000-4 800)×40%=2 880(元)

第四、第五年的年折旧额＝(20 000－8 000－4 800－2 880－200)÷2＝2 060(元)

假设此例中的固定资产是2013年8月购入的,那么应该从9月开始计提折旧。折旧年度就是当年的9月1日到次年9月1日。所以2013年的折旧金额就是2013年9月1日到2010年12月31日的金额。具体计算如下：

2013年折旧＝8 000×4÷12＝2 666.67(元)

2014年折旧＝8 000×8÷12＋4 800×4÷12＝6 933.33(元)

2015年折旧＝4 800×8÷12＋2 880×4÷12＝4 160(元)

4. 年数总和法

年折旧率＝尚可使用寿命÷预计使用年限的年数总和×100%

预计使用年限的年数总和＝n×(n＋1)÷2

【例5-13】承接例5-11。假如采用年数总和法,则每年折旧额的计算如下：

第一年折旧额＝(20 000－200)×5÷15＝6 600(元)

第二年折旧额＝(20 000－200)×4÷15＝5 280(元)

第三年折旧额＝(20 000－200)×3÷15＝3 960(元)

第四年折旧额＝(20 000－200)×2÷15＝2 640(元)

第五年折旧额＝(20 000－200)×1÷15＝1 320(元)

(三) 固定资产折旧的核算

企业应当按月计提固定资产折旧。当月增加的固定资产,当月不计提折旧,从下月起计提折旧;当月减少的固定资产,当月仍计提折旧,从下月起不计提折旧。

基本生产车间使用的固定资产,其计提的折旧应计入制造费用,并最终计入所生产的产品成本;管理部门使用的固定资产,其计提的折旧应计入管理费用;销售部门使用的固定资产,其计提的折旧应计入销售费用;未使用的固定资产,其计提的折旧应计入管理费用等。

(四) 固定资产修理的核算业务

固定资产修理是指为保持固定资产的正常运转和使用,而恢复固定资产原有性能的行为。固定资产修理按其修理范围的大小、修理时间的长短和修理费用的多少,分为固定资产大修理和固定资产经常修理两种。

1. 固定资产大修理

固定资产大修理是指为保持固定资产的正常运转和使用,而对固定资产进行全面彻底的修理。其特点是修理范围大,间隔时间长,发生次数少,修理费用支出多。

固定资产大修理产生的费用,如固定资产更新改造支出、房屋装修费用等,若符合固定资产确认条件,应当计入固定资产成本,同时将被替换部分的账面价值扣除;不符合固定资产确认条件的,应当在发生时计入当期费用。

【例5-14】某公司对其所属的仓库进行更新改造,该仓库资产原值为100万元,累计折旧为60万元,共花费改造资金40万元。具体会计分录如下：

将仓库转入在建工程：
借：在建工程　　　　　　　　　　　　　400 000
　　累计折旧　　　　　　　　　　　　　600 000
　　贷：固定资产　　　　　　　　　　　　　　　1 000 000
支付更新改造款：
借：在建工程　　　　　　　　　　　　　400 000
　　贷：银行存款　　　　　　　　　　　　　　　400 000
工程完工后转入固定资产：
借：固定资产　　　　　　　　　　　　　800 000
　　贷：在建工程　　　　　　　　　　　　　　　800 000

2. 固定资产经常修理

固定资产经常修理是指为保持固定资产的正常运转和使用，日常对固定资产进行个别部分的修理。其特点是修理范围小，间隔时间短，发生次数多，修理费用支出少。

固定资产经常修理一般发生的费用较少，可以计入当期生产成本费用。一般借记"制造费用"、"管理费用"等账户，贷记"原材料"、"银行存款"和"应付职工薪酬"等账户。

五、固定资产处置的核算业务

（一）固定资产终止确认的条件

固定资产处置，包括固定资产的出售、转让、报废和毁损、对外投资、非货币性资产交换、债务重组等。

固定资产准则规定，固定资产满足下列条件之一的，应当予以终止确认。

1. 该固定资产处于处置状态

处于处置状态的固定资产不再用于生产商品、提供劳务、出租或经营管理，因此不再符合固定资产的定义，应予终止确认。

2. 该固定资产预期通过使用或处置不能产生经济利益

固定资产的确认条件之一是"与该固定资产有关的经济利益很可能流入企业"，因此如果一项固定资产预期通过使用或处置不能产生经济利益，就不再符合固定资产的定义和确认条件，应予终止确认。

（二）固定资产处置的核算业务

企业因出售、报废或毁损、对外投资、非货币性资产交换、债务重组等处置固定资产，其会计处理一般经过以下几个步骤。

1. 固定资产转入清理

固定资产转入清理时，按固定资产账面价值，借记"固定资产清理"账户；按已计提的累计折旧，借记"累计折旧"账户；按已计提的减值准备，借记"固定资产减值准备"账户；按固定资产账面余额,贷记"固定资产"账户。

2. 发生的清理费用

固定资产清理过程中发生的有关费用以及应支付的相关税费,借记"固定资产清理"账户,贷记"银行存款"、"应交税费"等账户。

3. 出售收入和残料等的处理

企业收回出售固定资产的价款、残料价值和变价收入等,应冲减清理支出。按实际收到的出售价款以及残料变价收入等,借记"银行存款"、"原材料"等账户,贷记"固定资产清理"账户。

4. 保险赔偿的处理

企业收到的应由保险公司或过失人赔偿的损失,应冲减清理支出,借记"其他应收款"、"银行存款"等账户,贷记"固定资产清理"账户。

5. 清理净损益的处理

固定资产清理完成后的净损失,属于生产经营期间正常的处理损失的,借记"营业外支出——处置非流动资产损失"账户,贷记"固定资产清理"账户;属于生产经营期间由于自然灾害等非正常原因造成的,借记"营业外支出——非常损失"账户,贷记"固定资产清理"账户。固定资产清理完成后的净收益,借记"固定资产清理"账户,贷记"营业外收入"账户。

【例 5-15】甲公司 2013 年 2 月 20 日购入一台机器设备并投入使用,取得的增值税专用发票上注明的设备价款为 200 000 元,增值税税额为 34 000 元。因产品转型,2015 年 2 月 28 日,甲公司将该台机器设备出售给乙公司,开具的增值税专用发票上注明的价款为 160 000 元,增值税税额为 27 200 元,出售时,该设备已计提折旧 38 800 元,已计提减值准备 4 000 元,甲公司以银行存款支付该设备拆卸费用 5 000 元。则甲公司的账务处理如下:

2013 年 2 月 20 日,甲公司购入机器设备:

借:固定资产——××设备　　　　　　　　　　　　　　　　200 000
　　应交税费——应交增值税(进项税额)　　　　　　　　　　 34 000
　　贷:银行存款　　　　　　　　　　　　　　　　　　　　　　　234 000

2015 年 2 月 28 日,固定资产转入清理:

借:固定资产清理——××设备　　　　　　　　　　　　　　157 200
　　累计折旧　　　　　　　　　　　　　　　　　　　　　　　 38 800
　　固定资产减值准备　　　　　　　　　　　　　　　　　　　　4 000
　　贷:固定资产——××设备　　　　　　　　　　　　　　　　200 000

发生清理费用:

借:固定资产清理——××设备　　　　　　　　　　　　　　　5 000
　　贷:银行存款　　　　　　　　　　　　　　　　　　　　　　　5 000

出售固定资产取得价款:

借:银行存款　　　　　　　　　　　　　　　　　　　　　　　187 200

贷：固定资产清理——××设备　　　　　　　　　　　　　　　　　160 000
　　　　应交税费——应交增值税（销项税额）　　　　　　　　　　　27 200
结转固定资产净损益：
　　借：营业外支出——处置非流动资产损失　　　　　　　　　　　　2 200
　　　贷：固定资产清理　　　　　　　　　　　　　　　　　　　　　2 200

六、固定资产减值的核算业务

固定资产减值是指当固定资产发生损坏、技术陈旧或其他经济原因，而导致其可收回金额低于其账面价值的情况。

企业固定资产在使用过程中，由于存在有形损耗（如自然磨损等）和无形损耗（如技术陈旧等）以及其他的经济原因，发生资产价值的减值是必然的。对于已经发生的资产价值的减值如果不予以确认，必然导致虚夸资产的价值，这不符合真实性原则，也有悖于稳健性原则。因此，企业应当在期末或者至少在每年年度终了，对固定资产逐项进行检查，如发现存在下列情况，应当计算固定资产的可收回金额，以确定资产是否已经发生减值。

1. 固定资产市价大幅度下跌，其跌价幅度大大高于因时间推移或正常使用而预计的下跌，并且预计在近期内不可能恢复。

2. 企业经营所处的经济、技术或者法律等环境以及资产所处的市场在当期或者将在近期发生重大变化，并对企业产生不利影响。

3. 市场利率或者其他市场投资报酬率在当期已经提高，从而影响企业计算固定资产预计未来现金流量现值的折现率，导致固定资产可收回金额大幅度降低。

4. 有证据表明固定资产已经陈旧过时或者其实体已经损坏。

5. 固定资产预计使用方式发生重大不利变化，如企业计划终止使用、提前处置资产等情形，从而对企业产生负面影响。

6. 其他有可能表明资产已发生减值的情况。

固定资产在资产负债表日存在可能发生减值的迹象时，其可收回金额低于账面价值的，企业应当将该固定资产的账面价值减记至可收回金额，减记的金额确认为减值损失，计入当期损益，同时计提相应的资产减值准备，借记"资产减值损失——计提的固定资产减值准备"账户，贷记"固定资产减值准备"账户。固定资产减值损失一经确认，在以后会计期间不得转回。

【例 5-16】2015 年 12 月 31 日，丁公司的某生产线存在可能发生减值的迹象。经计算，该机器的可收回金额合计为 1 230 000 元，账面价值为 1 400 000 元。以前年度未对该生产线计提过减值准备。则丁公司应做如下会计处理：

　　借：资产减值损失——计提的固定资产减值准备　　　　　　　　170 000
　　　贷：固定资产减值准备　　　　　　　　　　　　　　　　　　170 000

学习情境 2：无形资产业务核算

一、无形资产的概念和特征

无形资产是指企业为生产商品、提供劳务、出租给他人，或者为管理目的而持有的没有实物形态的非货币性长期资产。无形资产具有如下特征。

（一）无形资产不具有实物形态

无形资产通常表现为某种权力、技术或获取超额利润的综合能力。比如：土地使用权、大旱专利技术、商誉等。它没有实物形态，却能够为企业带来经济利益，或使企业获取超额收益。看不见、摸不着，不具有实物形态，是无形资产区别于其他资产的特征之一。

需要指出的是，某些无形资产的存在有赖于实物载体。比如：计算机软件需要存储在磁盘中。但这并没有改变无形资产本身不具有实物形态的特征。

（二）无形资产属于非货币性长期资产

属于非货币性资产，而且不是流动资产，是无形资产的又一特征。无形资产没有实物形态，货币性资产也没有实物形态，比如应收款项、银行存款等也没有实物形态。因此，仅仅以有无实物形态而将无形资产与其他资产加以区分是不够的。无形资产属于长期资产，主要是因为其能在超过企业的一个经营周期内为企业创造经济利益。那些虽然具有无形资产的其他特性却不能在超过一个经营周期内为企业服务的资产，不能作为企业的无形资产进行核算。

（三）无形资产是企业使用而非出售的资产

企业持有无形资产的目的不是为了出售而是为了生产经营，即利用无形资产来生产商品、提供劳务、出租给他人，或为企业经营管理服务。比如：软件公司开发的用于对外销售的计算机软件，对于购买方而言属于无形资产，而对于开发商而言却是存货。

无形资产为企业创造经济利益的方式，具体表现为销售产品或提供劳务取得的收入、让渡无形资产的使用权给他人取得的租金收入，也可能表现为因为使用无形资产而改进了生产工艺、节约了生产成本等。

（四）无形资产在创造经济利益方面存在较大的不确定性

无形资产必须与企业的其他资产（包括足够的人力资源、高素质的管理队伍、相关的硬件设备、相关的原材料等）相结合，才能为企业创造经济利益。此外，无形资产创造经济利益的能力还较多地受外界因素的影响，比如相关新技术更新换代的速度、利用无形资产所生产的产品的市场接受程度等。由于无形资产在创造经济利益方面存在较大的不确定性,所以在对无形资产进行核算时应持更为谨慎的态度。

二、无形资产确认的条件

某个项目要确认为无形资产,应符合无形资产的定义,并同时满足下列条件:
1. 该资源的有关经济利益很可能流入企业。
2. 该资源的成本或者价值能够可靠计量。比如企业的人力资源,其成本或者价值不能够可靠计量是其不能作为资产确认的原因之一。

三、无形资产的初始计量

(一) 购入的无形资产

企业购入的无形资产,应按实际支付的价款,借记"无形资产"账户,贷记"银行存款"等账户。如果购入的无形资产超过正常信用条件延期支付价款,实质上具有融资性质的,应按照所取得无形资产的现值计量其成本,现值与应付价款之间的差额作为未确认的融资费用,在付款期间内按照实际利率法确认为利息费用。

【例 5-17】某公司从乙公司购入一项专利权,按照协议约定以现金支付,实际支付的价款为 2 000 000 元,并支付相关税费 100 000 元和有关专业服务费用 50 000 元,款项已通过银行转账支付。则该公司应做会计分录如下:

借:无形资产——专利权   2 150 000
　　贷:银行存款   2 150 000

(二) 投资者投入的无形资产

投资者投入的无形资产,企业应按投资各方确认的价值(假定该价值公允),借记"无形资产"账户,贷记"实收资本"或"股本"等账户。为首次发行股票而接受投资者投入的无形资产,企业应按该项无形资产在投资方的账面价值,借记"无形资产"账户,贷记"实收资本"或"股本"等账户。

【例 5-18】某企业接受 B 公司投资转入的非专利技术一项,双方确认的价值为 560 000 元(假定该价值公允),已办妥相关手续。则该企业应做会计分录如下:

借:无形资产——非专利技术   560 000
　　贷:实收资本   560 000

(三) 自行研究开发的无形资产

企业因自行开发无形资产而发生的研发支出,无论是否满足资本化条件,均应在"研发支出"账户中归集。"研发支出"账户核算企业进行研究与开发无形资产过程中发生的各项支出,其借方登记企业自行开发无形资产发生的研发支出,贷方登记研究开发项目达到预定用途形成无形资产后转入无形资产的研发支出及期末转入当期损益的研发支出;

期末余额在借方,反映企业正在进行中的研究开发项目中满足资本化条件的支出。

企业内部研究开发项目所发生的支出应分为研究阶段支出和开发阶段支出。企业自行开发无形资产发生的研发支出,不满足资本化条件的,借记"研发支出——费用化支出"账户;满足资本化条件的,借记"研发支出——资本化支出"账户,贷记"原材料"、"银行存款"、"应付职工薪酬"等账户。研究开发项目达到预定用途形成无形资产的,应借记"无形资产"账户,贷记"研发支出——资本化支出"账户。期末,应将"研发支出——费用化支出"账户的余额转入管理费用。

【例5-19】某企业自行研究开发一项新产品专利技术,在研究开发过程中发生材料费40 000 000元、人工工资10 000 000元,以及其他费用30 000 000元,总计80 000 000元。其中,符合资本化条件的支出为50 000 000元。期末,该专利技术已经达到预定用途。则该企业应做会计分录如下:

相关费用发生时:
借:研发支出——费用化支出　　　　　　　　　　　　30 000 000
　　　　　　——资本化支出　　　　　　　　　　　　50 000 000
　贷:原材料　　　　　　　　　　　　　　　　　　　40 000 000
　　　应付职工薪酬　　　　　　　　　　　　　　　　10 000 000
　　　银行存款　　　　　　　　　　　　　　　　　　30 000 000
期末:
借:管理费用　　　　　　　　　　　　　　　　　　　30 000 000
　　无形资产　　　　　　　　　　　　　　　　　　　50 000 000
　贷:研发支出——费用化支出　　　　　　　　　　　30 000 000
　　　　　　　——资本化支出　　　　　　　　　　　50 000 000

(四)购入或以支付土地出让金方式取得的土地使用权

购入的土地使用权,或以支付土地出让金方式取得的土地使用权,应按照实际支付的价款作为实际成本,借记"无形资产"账户,贷记"银行存款"等账户;待该项土地开发时,再将其账面价值转入相关在建工程,借记"在建工程"等账户,贷记"无形资产"账户。

【例5-20】某公司从当地政府购入一块土地的使用权,以银行存款支付转让价款210 000元,并开始进行建造办公楼等工程。则该公司应做会计分录如下:

支付转让价款时:
借:无形资产　　　　　　　　　　　　　　　　　　　210 000
　贷:银行存款　　　　　　　　　　　　　　　　　　210 000
转入开发时:
借:在建工程　　　　　　　　　　　　　　　　　　　210 000
　贷:无形资产　　　　　　　　　　　　　　　　　　210 000

四、无形资产的后续计量

无形资产初始确认和计量后,在其后使用该项无形资产期间,应以成本减去累计摊销额和累计减值损失后的余额计量。需要强调的是,确定无形资产在使用过程中的累计摊销额的基础是估计的其使用寿命,只有使用寿命有限的无形资产才需要在估计的使用寿命内采用系统合理的方法进行摊销;对于使用寿命不确定的无形资产,应每年进行减值测试。

按照无形资产准则规定,企业应当于取得无形资产时分析判断其使用寿命。无形资产的使用寿命如为有限的,应当估计该使用寿命的年限或者构成使用寿命的产量等类似计量单位的数量;无法预见无形资产将为企业带来未来经济利益期限的,应当视为使用寿命不确定的无形资产。

(一)使用寿命有限的无形资产

对使用寿命有限的无形资产,企业在资产负债表日应当判断无形资产是否存在可能发生减值的迹象。如果无形资产存在减值迹象,应当进行减值测试,估计无形资产的可收回金额,如果可收回金额低于账面价值的金额,则应计提相应的无形资产减值准备。

企业计提无形资产减值损失时,应按无形资产账面价值超过其可收回金额的部分,借记"资产减值损失——无形资产减值损失"账户,贷记"无形资产减值准备"账户。

(二)使用寿命不确定的无形资产

按照无形资产准则规定,对于使用寿命不确定的无形资产,在持有期间不需要摊销,如果期末重新复核后仍为不确定的,应当在每个会计期间进行减值测试,严格按《企业会计准则第8号——资产减值》的规定,对需要计提减值准备的,相应计提有关的减值准备,借记"资产减值损失"账户,贷记"无形资产减值准备"账户。

课后练习题

一、单项选择题

1. 下列项目不符合固定资产定义的有( )。
   A. 使用年限超过一年的资产　　　B. 单位价值在规定标准以上的资产
   C. 为生产商品而持有的资产　　　D. 为出租而持有的资产
2. 作为企业的固定资产,除要符合其定义外,还要符合其确认的条件是( )。
   A. 该项资产包含的经济利益很可能流入企业
   B. 该项资产包含的经济利益不可能流入企业
   C. 该固定资产的成本能够计量
   D. 该固定资产的成本有可能可靠计量

3. 对于固定资产预计的处置费用,正确的做法是(　　)。
   A. 作为固定资产的预计净残值　　B. 不计入固定资产的成本
   C. 计入固定资产的成本　　　　　D. 作为固定资产的减值准备金额
4. 在实务工作中,要判断该固定资产所包含的经济利益是否很可能流入企业,判断的主要依据是(　　)。
   A. 与该固定资产所有权相关的风险和报酬是否可以计量
   B. 与该固定资产所有权相关的报酬能否可靠计量
   C. 该项固定资产所有权是否已经转移到了企业
   D. 与该固定资产所有权相关的风险和报酬是否转移到了企业
5. 企业外购固定资产时,对其达到预定可使用状态前发生的可直接归属于该资产的其他支出,如场地整理费、运输费、装卸费、安装费和专业人员服务费等,正确的做法是(　　)。
   A. 作为企业损失处理　　　　　B. 作为企业管理费用处理
   C. 作为企业销售费用处理　　　D. 列入固定资产成本
6. 由于自然灾害等原因造成的在建工程报废或毁损,减去残料价值和过失人或保险公司等赔款后的净损失,应借记的会计科目是(　　)。
   A. 在建工程　　　　　　　　　B. 待处理财产损益
   C. 营业外支出　　　　　　　　D. 固定资产清理
7. 2015年1月1日,AS公司决定对现有生产线进行改扩建,以提高其生产能力。该生产线原值2 400万元,已计提折旧750万元。经过五个月的改扩建,完成了对这条生产线的改扩建工程,共发生支出1 200万元,符合固定资产确认条件。被更换的部件的原价为200万元,被更换的部件的折旧为50万元。则对该条生产线进行更换后的价值为(　　)万元。
   A. 3 450　　　B. 2 700　　　C. 3 600　　　D. 3 000
8. 某企业2015年6月初固定资产原值为10 500万元,6月增加了一项固定资产入账,价值为750元,同时6月减少了固定资产原值150万元。则6月份该企业应提折旧的固定资产原值为(　　)万元。
   A. 11 100　　　B. 10 650　　　C. 10 500　　　D. 10 350
9. 企业对投资者投资转入的机器设备等固定资产,在办理了固定资产移交手续之后,固定资产的入账价值是(　　)。
   A. 投资单位的原净值　　　　　B. 投资单位的原账面价值
   C. 投资合同或协议约定的价值　D. 评估价值
10. 企业对于固定资产的使用寿命、预计净残值等一经确定后(　　)。
    A. 不得随意变更　　　　　　　B. 可以根据实际情况改变
    C. 可以根据资产使用情况改变　D. 同类资产之间不能变更
11. 研究开发活动无法区分研究阶段和开发阶段的,当期发生的研究开发支出应在资产负债表日确认为(　　)。
    A. 无形资产　　B. 管理费用　　C. 研发支出　　D. 营业外支出

12. 下列关于无形资产会计处理的表述中,正确的是(　　)。
    A. 将自创的商誉确认为无形资产
    B. 将已转让所有权的无形资产的账面价值计入其他业务成本
    C. 将预期不能为企业带来经济利益的无形资产账面价值计入管理费用
    D. 将以支付土地出让金方式取得的自用土地使用权单独确认为无形资产
13. 对于企业正在进行中的研究开发项目发生的支出,下列说法中正确的是(　　)。
    A. 应于发生时计入管理费用
    B. 应计入无形资产成本
    C. 属于研究开发项目研究阶段的支出,应当于发生时计入当期损益
    D. 属于研究开发项目开发阶段的支出,应当于发生时计入当期损益
14. A公司为甲、乙两个股东共同投资设立的股份有限公司。经营一年后,甲、乙股东之外的另一个投资者丙要求加入A公司。经协商,甲、乙同意丙以一项非专利技术投资入股,三方确认该非专利技术的价值是100万元。该项非专利技术在丙公司的账面余额为120万元,市价为100万元,那么该项非专利技术在A公司的入账价值为(　　)万元。
    A. 100　　　　B. 120　　　　C. 0　　　　D. 150
15. 在会计期末,股份有限公司所持有的无形资产的账面价值高于其可收回金额的差额,应当计入(　　)科目。
    A. 管理费用　　　　　　　　　B. 资产减值损失
    C. 其他业务成本　　　　　　　D. 营业外支出

二、多项选择题

1. 下列固定资产应计提折旧的有(　　)。
    A. 融资租入的固定资产
    B. 按规定单独估价作为固定资产入账的土地
    C. 大修理停用的固定资产
    D. 持有待售的固定资产
    E. 未使用的机器设备、房屋及建筑物
2. 下列经济业务应计入固定资产成本的有(　　)。
    A. 经营租入固定资产改良支出
    B. 在建工程领用本企业产品应交的增值税
    C. 在建工程领用原材料应交的增值税
    D. 在建工程发生的工程管理费
    E. 在建工程达到预定可使用状态前发生的借款汇兑差额
3. 采用自营方式建造固定资产的情况下,下列项目中应计入固定资产取得成本的有(　　)。
    A. 工程人员的应付职工薪酬
    B. 工程耗用原材料时发生的增值税

C. 工程领用本企业产品的实际成本
D. 生产车间为工程提供水电等费用
E. 工程在达到预定可使用状态前进行试运转时发生的支出

4. 计提固定资产折旧,应借记的会计科目有(　　)。
　　A. 制造费用　　　　　　B. 销售费用　　　　　　C. 管理费用
　　D. 其他业务成本　　　　E. 研发支出

5. 购买固定资产的价款因超过正常信用条件而延期支付的,实质上具有融资性质,下列做法正确的有(　　)。
　　A. 固定资产的成本应当以购买价款的现值为基础进行确定
　　B. 实际支付的价款与购买价款的现值之间的差额应采用实际利率法摊销
　　C. 实际支付的价款与购买价款的现值之间的差额应确认为当期损益
　　D. 实际支付的价款与购买价款的现值之间的差额应计入资产成本
　　E. 实际支付的价款与购买价款的现值之间的差额应采用直线法摊销

6. 下列关于内部研究开发无形资产所发生支出的会计处理中,正确的有(　　)。
　　A. 将研究阶段的支出计入当期管理费用
　　B. 若无法区分研究阶段和开发阶段的支出,则应将发生的全部研发支出费用化
　　C. 研究阶段的支出,其资本化的条件是能够单独核算
　　D. 开发阶段的支出在满足一定条件时,允许确认为无形资产

7. 下列各项中,不会引起无形资产账面价值发生增减变动的有(　　)。
　　A. 对无形资产计提减值准备
　　B. 企业内部研究开发项目研究阶段发生的支出
　　C. 摊销无形资产成本
　　D. 企业内部研究开发项目开发阶段发生的支出不满足无形资产的确认条件

8. 2015年1月1日,甲公司购入一项土地使用权,以银行存款支付价款100 000万元,土地的使用年限为50年,取得后在该土地上以出包方式建造自用办公楼。2016年12月31日,该办公楼已经达到预定可使用状态,全部成本为80 000万元。该办公楼的折旧年限为25年。假定不考虑净残值,甲公司的下列会计处理中,正确的有(　　)。
　　A. 土地使用权和地上建筑物应合并作为固定资产核算,并按固定资产有关规定计提折旧
　　B. 土地使用权和地上建筑物应分别作为无形资产和固定资产进行核算
　　C. 2016年12月31日,固定资产的入账价值为180 000万元
　　D. 2017年,直线法下土地使用权摊销额和年限平均法下办公楼折旧额分别为2 000万元和3 200万元

三、判断题

1. 一项资产要确认为固定资产,首先需要符合固定资产的定义,其次还要符合固定资产计量的条件。(　　)

2. 如果企业的固定资产在各期负荷程度相同,采用平均年限法计算折旧是合理的。

( )

3. 对于融资租入的固定资产，由于企业没有所有权，所以可以采用与自有应计提折旧资产不一致的折旧政策。（　　）

4. 固定资产的使用寿命是指企业使用固定资产的预计期间。（　　）

5. 企业购置计算机硬件所附带的但未单独计价的软件，应与所购置的计算机硬件一并作为固定资产管理，也可以单独进行管理。（　　）

6. 由于自然灾害等原因造成在建工程报废或毁损，应以减去残料价值和过失人或保险公司等赔款后的净损失，借记"营业外支出——非常损失"账户。（　　）

7. 固定资产的日常维护支出，是为了确保固定资产的正常工作状况，因此在满足固定资产确认条件时，可将实际发生的支出计入固定资产成本。（　　）

8. 无形资产是指企业拥有或控制的没有实物形态的非货币性资产。（　　）

9. 投资者投入的无形资产的成本，应当按照投资合同或协议约定的价值确定，但合同或协议约定价值不公允的除外。（　　）

10. 企业开发阶段发生的支出应全部资本化，计入无形资产成本。（　　）

四、计算分析题

1. 甲公司购建一个生产车间，包括厂房和一条生产线两个单项工程，其中厂房价款为130万元，生产线安装费用为50万元。2015年采用出包方式出包给乙公司，2015年发生的有关经济业务的资料如下：

(1) 1月10日，预付厂房工程款100万元。

(2) 2月10日，购入生产线各种设备，价款为500万元，增值税为85万元，款已支付。

(3) 3月10日，在建工程发生管理费、征地费、临时设施费、公证费、监理费等15万元，以银行存款支付。

2. 丙股份有限公司2014年10月5日购入一台生产用设备，该固定资产原价为80 000元，预计使用年限为5年，预计净残值为1 500元。该公司采用双倍余额递减法计算折旧。

要求：计提2016年该项固定资产的折旧额，并列表计算各年折旧额。

3. A股份有限公司2015年1月10日购入一台生产用机器，该项固定资产原始价值为600 000元，预计使用年限为5年，预计净残值率为5%。该公司采用年数总和法计算的各年折旧额。

要求：计提2017年该项固定资产的折旧额，并列表计算各年折旧额。

4. 利顺公司拥有一台生产用的设备，因使用期满经批准报废后转入清理。该设备原始价值为330 000元，累计折旧金额为299 000元，已计提减值准备的金额为13 000元。在清理过程中，以银行存款支付清理费用11 000元，残料变卖收入7 500元。该项资产清理完毕，结转清理净损益。

要求：做出该设备清理的账务处理。

5. 某公司正在研究和开发一项新工艺。2015年1至10月发生各项研究、调查、试验等费用100万元，2015年10月至12月发生材料、人工等各项支出60万元。在2015年9

月末,该公司已经可以证实该项新工艺必然开发成功,并满足无形资产确认标准。2016年1月至6月又发生材料费用、开发人员工资,场地、设备等租金和注册费等支出240万元。2016年6月末该项新工艺完成,达到了预定可使用状态。

要求:做出相关的会计处理。

项目六　职工薪酬岗位核算

【知识学习目标】

了解职工薪酬岗位的职责和核算任务。

掌握职工薪酬的计算、发放和分配。

掌握依法计提失业和医疗保险金、教育经费、工会经费以及与工资相关的税费和基金的方法。

【能力培养目标】

具备胜任职工薪酬岗位工作的能力。

【教学重点】

职工薪酬的计算和核算方法。

【教学难点】

各类经费和个人所得税的计算方法。

任务一　职工薪酬岗位的核算任务与流程

一、职工薪酬岗位的核算任务

本岗工作人员应本着克尽职守、严谨务实的工作态度,严格按照下列职责,保质保量地完成全年工作目标。

(一) 职工薪酬岗位核算的基本任务

1. 根据考勤记录及产量记录,编制职工薪酬结算汇总表。
2. 是根据职工薪酬结算汇总表,填制记账凭证。
3. 根据核算无误的记账凭证,登记应付职工薪酬明细账。

职工薪酬岗位核算的基本流程：
准备工作⇨工资核算⇨领导签批⇨交至财务

（二）薪酬制度的建立与完善

1. 识别本岗位归口所需建立的薪酬福利制度。
2. 协助部门负责人起草薪酬福利方面的规章制度，评价现行体系的有效性、实用性，适时地对原有制度进行修订和完善。
3. 向员工推广、宣传、解释薪酬的各项相关规章制度。

（三）薪金计算与管理

1. 根据相关政策，计算员工的薪金报酬。
2. 根据异动变化，调整员工的薪金报酬。
3. 调查、解释和处理员工提出的薪酬方面的异议。
4. 向员工反馈其本人的薪酬信息。
5. 搜集本地区同业薪酬信息，了解员工意向，收集、整理建设性意见。
6. 负责工资档案的登载、保管与转移，并随时更新电子信息。

（四）考勤管理

1. 考勤管理制度的建立与修订。
2. 考勤的下发、收集、汇总与保管。
3. 对各部门考勤员进行指导。
4. 不定期抽查考勤。

（五）保险与福利

1. 年初核定保险基数，负责各种人员变动的申报以及医疗保险各项业务的经办与报销。
2. 执行国家规定的各种福利保障措施，建立、完善本单位内部福利措施。

（六）劳动统计

负责各种劳动、统计报表的填报，办理劳动年检。

（七）各项临时性工作

完成企业相关各项临时性工作。

任务二 职工薪酬的确认与分配

一、应付职工薪酬的构成

应付职工薪酬是指企业为获得职工提供的服务而给予其各种形式的报酬以及其他相关支出。包括职工在职期间和离职后提供给职工的全部货币性薪酬和非货币性福利。企业提供给职工配偶、子女或其他被赡养人的福利等,也属于职工薪酬。

职工的类别分为三种:(1)有合同的(包括全职、兼职、临时工);(2)无合同但正式任命的;(3)无合同且无任命的。具体来说,应付职工薪酬主要包括以下八个方面内容。

(一) 职工工资、奖金、津贴和补贴

职工工资、奖金、津贴和补贴是指按照国家统计局的规定构成工资总额的计时工资、计件工资、支付给职工的超额劳动报酬和增收节支的劳动报酬,为了补偿职工特殊或额外的劳动消耗和因其他特殊原因支付给职工的津贴,以及为了保证职工工资水平不受物价影响而支付给职工的物价补贴等。

企业按规定支付给职工的加班加点工资,以及根据国家法律、法规和政策规定,企业在职工因病、工伤、产假、计划生育假、婚丧假、事假、探亲假、定期休假、停工学习、执行国家或社会义务等特殊情况下,按照计时工资或计件工资标准的一定比例支付的工资,也属于职工工资范畴。

(二) 职工福利费

职工福利费是指企业为职工提供的福利,如为补助职工食堂、生活困难职工等而从成本费用中提取的金额。

(三) 社会保险费

社会保险费是指企业按照国家规定的基准和比例计算并向社会保险经办机构缴纳的医疗保险金、养老保险金、失业保险金、工伤保险费和生育保险费。

(四) 住房公积金

住房公积金是指企业按照国家《住房公积金管理条例》规定的基准和比例计算并向住房公积金管理机构缴存的住房公积金。

(五) 工会经费和职工教育经费

工会经费和职工教育经费是指有工会组织的企业为了改善职工文化生活、提高职工

业务素质而开展工会活动和职工教育及职业技能培训,根据国家规定的基准和比例,从成本费用提取的金额。

(六) 非货币性福利

非货币性福利是指企业以自产产品或外购商品发放给职工作为福利,将自己拥有的资产无偿提供给职工使用,为职工无偿提供医疗保健服务等。

(七) 辞退福利

辞退福利是指企业在与职工签订的劳动合同到期之前,由于种种原因需要提前终止劳动合同而辞退员工,根据劳动合同,企业需要提供一笔资金作为对被辞退员工的补偿。

辞退福利包括:

1. 职工劳动合同到期前,不论职工本人是否愿意,企业决定解除与职工的劳动关系而给予的补偿。

2. 职工劳动合同到期前,为鼓励职工自愿接受裁减而给予的补偿,职工有权选择继续在职或接受补偿离职。

辞退福利通常采取在解除劳动关系时一次性支付补偿的方式发放,有时也会通过提高退休后养老金或其他离职后福利的标准,或者将职工工资支付至辞退后未来某一期间的方式发放。

(八) 股份支付

股份支付,是指企业为获得职工和其他方提供的服务,而授予权益工具或者承担以权益工具为基础确定的负债的交易。股份支付分为以权益结算的股份支付和以现金结算的股份支付。

1. 以权益结算的股份支付

以权益结算的股份支付是指企业为获得服务而以股份或其他权益工具作为对价进行结算的交易。

2. 以现金结算的股份支付

以现金结算的股份支付是指企业为获取服务而承担以股份或其他权益工具为基础计算确定的交付现金或其他资产义务的交易。

二、职工薪酬的确认和计量

(一) 职工薪酬的确认原则

企业应当在职工为其提供服务的会计期间,将应付的职工薪酬(不包括辞退福利)确认为负债,并根据职工提供服务的受益对象,分别以下情况处理:

1. 应由生产产品、提供劳务负担的职工薪酬,计入产品成本或劳务成本。

2. 应由在建工程、无形资产开发成本负担的职工薪酬，计入建造固定资产成本或无形资产的开发成本。

3. 上述两项之外的其他职工薪酬，计入当期损益(如管理费用、销售费用等)。

(二) 职工薪酬的计量标准

1. 货币性职工薪酬

在计量应付职工薪酬时，对国家规定了计提基础和计提比例的，应当按照国家规定的标准计提。比如，应向社会保险经办机构等缴纳的医疗保险费、养老保险费(包括根据企业年金计划向企业年金基金相关管理人缴纳的补充养老保险费)、失业保险费、工伤保险费、生育保险费等社会保险费，应向住房公积金管理机构缴存的住房公积金，以及工会经费和职工教育经费等，应当在职工为其提供服务的会计期间，根据工资总额的一定比例计算确定。

国家没有规定计提基础和计提比例的，企业应当根据历史经验数据和实际情况，合理预计当期应付职工薪酬。当期实际发生金额大于预计金额的，应当补提应付职工薪酬；当期实际发生金额小于预计金额的，应当冲回多提的应付职工薪酬。

对于在职工提供服务的会计期末以后一年以上到期的应付职工薪酬，企业应当选择恰当的折现率，以应付职工薪酬折现后的金额计入相关资产成本或当期损益；应付职工薪酬金额与其折现后金额相差不大的，也可按照未折现金额计入相关资产成本或当期损益。

在实务中，企业一般在每月发放工资前，根据"工资结算汇总表"中的"实发金额"栏中的合计数向开户银行提取现金，借记"库存现金"账户，贷记"银行存款"账户；然后再向职工发放。

【例6-1】甲企业根据"工资结算汇总表"，结算本月应付职工工资总额 462 000 元，其中代扣住房公积金 40 000 元，代扣社会保险费 20 000 元，代扣个人所得税 5 000 元，实发工资 397 000 元。则甲企业的有关会计处理如下：

向银行提取现金：
借：库存现金　　　　　　　　　　　　　　　　　　397 000
　　贷：银行存款　　　　　　　　　　　　　　　　　　　397 000
发放工资，支付现金：
借：应付职工薪酬——工资　　　　　　　　　　　　397 000
　　贷：库存现金　　　　　　　　　　　　　　　　　　　397 000
代扣款项：
借：应付职工薪酬——工资　　　　　　　　　　　　 65 000
　　贷：其他应收款——住房公积金　　　　　　　　　　　40 000
　　　　　　　　——社会保险费　　　　　　　　　　　　20 000
　　　应交税费——个人所得税　　　　　　　　　　　　　 5 000

2. 非货币性职工薪酬

企业以其自产产品作为非货币性福利发放给职工的，应当根据受益对象，按照该产品的公允价值,计入相关资产成本或当期损益,同时确认应付职工薪酬。

【例6-2】A公司是一家冰箱生产企业,有职工1000名,其中一线生产工人780名,总部管理人员220名。2012年10月,该公司决定以其生产的冰箱作为福利发放给职工。该冰箱单位成本为5 000元,单位计税价格(公允价值)为7 000元,适用的增值税税率为17%。则A公司的账务处理如下:

决定发放非货币性福利时:
借:生产成本   6 388 200
  管理费用   1 801 800
  贷:应付职工薪酬   8 190 000
实际发放非货币性福利时:
借:应付职工薪酬   8 190 000
  贷:主营业务收入   7 000 000
    应交税费——应缴增值税(销项税额)   1190000
借:主营业务成本   5 000 000
  贷:库存商品   5 000 000

企业将拥有的房屋等资产无偿提供给职工使用的,应当根据受益对象,将该住房每期应计提的折旧计入相关资产成本或当期损益,同时确认应付职工薪酬。

租赁住房等资产供职工无偿使用的,应当根据受益对象,将每期应付的租金计入相关资产成本或当期损益,并确认应付职工薪酬。

难以认定受益对象的非货币性福利,直接计入当期损益和应付职工薪酬。

【例6-3】甲公司决定为每一位部门经理提供轿车免费使用,同时为每位副总裁租赁一套住房免费使用。甲公司有部门经理30名,副总裁6名。假定每辆轿车月折旧额为4 000元,每套住房月租金为5 000元。则甲公司的账务处理如下:

计提轿车折旧:
借:管理费用   120 000
  贷:应付职工薪酬   120 000
借:应付职工薪酬   120 000
  贷:累计折旧   120 000
确认住房租金费用:
借:管理费用   30 000
  贷:应付职工薪酬   30 000
借:应付职工薪酬   30 000
  贷:银行存款   30 000

三、职工薪酬的分配

职工薪酬是按照其发生地点进行归集,按照其用途进行分配的。生产产品的工人工资薪酬借记"生产成本"账户,提供劳务的工人工资薪酬借记"劳务成本"账户,车间管理人员的工资薪酬借记"制造费用"账户,进行基本建设工程的人员工资薪酬借记"在建工程"账户,自创无形资产人员的工资薪酬借记"研发支出"账户,行政管理人员的工资薪酬借记"管理费用"账户,销售部门人员的工资薪酬借记"营业费用"账户等;贷记"应付职工薪酬——工资"账户。

企业为职工缴纳的"五险一金",应当按照职工所在岗位进行分配,分别借记"生产成本"、"制造费用"、"在建工程"、"无形资产"、"管理费用"等账户,贷记"应付职工薪酬——保险费"账户(或"应付职工薪酬——住房公积金"账户)。

缴纳各种社会保险费用时,借记"应付职工薪酬——工资"账户(职工负担部分)、"应付职工薪酬——保险费"账户,贷记"银行存款"账户。

【例6-4】甲公司发生工资薪酬的情况为:基本生产车间生产甲产品发生工资薪酬费用40 000元,车间管理人员职工薪酬费用10 000元,为试制专利产品发生职工薪酬费用30 000元,行政管理部门人员职工薪酬费用20 000元。则甲公司的费用分配处理为:

借:生产成本——甲产品	40 000
制造费用	10 000
研发支出	30 000
管理费用	20 000
贷:应付职工薪酬——工资	100 000

【例6-5】甲公司按照工资薪酬10%的比例缴存住房公积金,具体为:基本生产车间生产甲产品发生住房公积金费用4 000元,车间管理人员住房公积金费用1 000元,为试制专利产品发生住房公积金费用3 000元,行政管理部门人员住房公积金费用2 000元。则甲公司的费用分配处理为:

借:生产成本——甲产品	4 000
制造费用	1 000
研发支出	3 000
管理费用	2 000
贷:应付职工薪酬——住房公积金	10 000

缴存时,代扣应由职工承担的10%,一并处理为:

借:应付职工薪酬——住房公积金	10 000
应付职工薪酬——工资	10 000
贷:银行存款	20 000

四、辞退福利的计算

辞退福利通常采取在解除劳动关系时一次性支付补偿的方式发放,有时也会通过提高退休后养老金或其他离职后福利的标准,或者将职工工资支付至辞退后未来某一期间的方式发放。辞退福利同时满足下列条件的,应当确认因解除与职工的劳动关系给予补偿而产生的预计负债,同时计入当期管理费用。

1. 企业已经制定正式的解除劳动关系计划或提出自愿裁减建议,并即将实施。

2. 企业不能单方面撤回解除劳动关系计划或裁减建议。正式的辞退计划或建议应当经过批准。辞退工作一般应当在一年内实施完毕，但因付款程序等原因使部分款项推迟至一年后支付的，视为符合应付职工薪酬的确认条件。满足辞退福利确认条件、实质性辞退工作在一年内完成但付款时间超过一年的辞退福利，企业应当选择恰当的折现率，以折现后的金额计量应付职工薪酬。

企业应当根据本准则和《企业会计准则第 13 号——或有事项》的规定，严格按照辞退计划条款的规定，合理预计并确认辞退福利产生的应付职工薪酬。对于职工没有选择权的辞退计划，应当根据辞退计划条款规定的拟解除劳动关系的职工数量、每一职位的辞退补偿标准等，计提应付职工薪酬。

企业对于自愿接受裁减的建议，应当预计将会接受裁减建议的职工数量，根据预计的职工数量和每一职位的辞退补偿标准等，按照《企业会计准则第 13 号——或有事项》规定，计提应付职工薪酬。

【例 6-6】某公司主要从事家用电器的生产和销售。2015 年 11 月，该公司为在 2016 年顺利实施转产，公司管理层制定了一项辞退计划，规定自 2016 年 1 月 1 日起，以职工自愿的方式，辞退高清彩色电视机生产车间的职工。辞退计划的详细内容，包括拟辞退职工的所在部门、数量，各级别职工能够获得的补偿标准以及计划实施时间等，均已与职工协商一致。该辞退计划已于 2015 年 12 月 15 日经公司董事会正式批准，并将在 2016 年实施完毕。辞退计划的有关内容见表 6-1。

表 6-1 某企业高清彩色电视机生产车间职工辞退计划一览表

职位	拟辞退人数	工龄（年）	每人补偿标准（元）
车间主任	10	1～10	100 000
		11～20	200 000
		21～30	300 000
高级技工	50	1～10	80 000
		11～20	180 000
		21～30	280 000
一般技工	100	1～10	50 000
		11～20	150 000
		21～30	250 000
合计	160		

2015 年 12 月 31 日，该公司根据上表的资料，预计高清彩色电视机生产车间职工接受辞退数量的最佳估计数及应支付的补偿金额如表 6-2 所示。

表 6-2　某企业高清彩色电视机生产车间职工接受辞退及补偿金额一览表

职位	拟辞退人数	工龄(年)	接受辞退计划职工人数	每人补偿标准(元)	补偿金额(元)
车间主任	10	1~10	5	100 000	500 000
		11~20	2	200 000	400 000
		21~30	1	300 000	300 000
高级技工	50	1~10	20	80 000	1 600 000
		11~20	10	180 000	1 800 000
		21~30	5	280 000	1 400 000
一般技工	100	1~10	50	50 000	2 500 000
		11~20	20	150 000	3 000 000
		21~30	10	250 000	2 500 000
合计	160		123		14 000 000

则该公司的账务处理如下：
借：管理费用　　　　　　　　　　　　　　　　　　　　　　　　　14 000 000
　　贷：应付职工薪酬　　　　　　　　　　　　　　　　　　　　　　　　14 000 000

任务三　个人所得税的计算和代扣

工资、薪金所得的计税方法包括应纳税所得额的确定、应纳税额的计算，以及其他的一些计税方法等。

一、应纳税所得额的确定

(一) 一般规定

工资、薪金所得，以每月收入额减除 3 500 元后的余额，为应纳税所得额。其计算公式为：

应纳税所得额＝月工资、薪金收入－3 500 元

(二) 附加减除费用

1. 对在中国境内无住所而在中国境内取得工资、薪金所得的纳税义务人，可以根据其平均收入水平、生活水平以及汇率变化情况，确定附加减除费用。计算公式为：

应纳税所得额＝月工资、薪金收入－3 500 元－1 300 元

2. 税法规定,对下列人员的工资、薪金所得,允许在扣除 3 500 元费用的基础上,再扣除附加减除费用 1 300 元,其余额为应纳税所得额。这些人员包括:

(1) 在中国境内的外商投资企业和外国企业中工作的外籍人员。

(2) 应聘在中国境内的企业、事业单位、社会团体、国家机关中工作的外籍专家。

(3) 在中国境内有住所而在中国境外任职或受雇取得工资、薪金所得的个人。

(4) 财政部确定的其他人员。

(5) 华侨和香港、澳门、台湾同胞,参照这一规定执行。

3. 根据我国目前个人收入的构成情况,规定对于一些不属于工资、薪金性质的补贴、津贴或者不属于纳税人本人工资、薪金所得项目的收入,不予征税。这些项目包括:

(1) 独生子女补贴。

(2) 执行公务员工资制度而未纳入基本工资总额的补贴、津贴差额和家属成员的副食品补贴。

(3) 托儿补助费。

(4) 差旅费津贴、误餐补助。其中,误餐补助是指按照财政部规定,个人因公在城区、郊区工作,不能在工作单位或返回就餐的,根据实际误餐顿数,按规定的标准领取的误餐费。单位以误餐补助名义发给职工的补助、津贴不能包括在内。

二、应纳所得税税额的计算

工资、薪金所得应纳税额的计算公式如下:

应纳税额＝应纳税所得额×适用税率－速算扣除数
　　　　＝(每月收入－3 500 元或 4 800 元)×适用税率－速算扣除数

这里需要说明的是,由于工资、薪金所得在计算应纳个人所得税额时,使用的是超额累进税率,所以,计算比较烦琐。运用速算扣除数据算法,可以简化计算过程。速算扣除数是指在采用超额累进税率征税的情况下,根据超额累进税率表中划分的应纳税所得额级距和税率,先用全额累进方法计算出税额,再减去用超额累进方法计算的应征税额以后的差额。当超额累进税率表中的级距和税率确定以后,各级速算扣除数也固定不变,成为计算应纳税额时的常数。

工资、薪金所得适用的速算扣除数如表 6-3 所示。

表 6-3　个人所得税税率表

级数	全月应纳税所得额(含税级距)	全月应纳税所得额(不含税级距)	税率(%)	速算扣除数
1	不超过 1 500 元的	不超过 1 455 元的	3	0
2	超过 1 500 元至 4 500 元的部分	超过 1 455 元至 4 155 元的部分	10	105
3	超过 4 500 元至 9 000 元的部分	超过 4 155 元至 7 755 元的部分	20	555
4	超过 9 000 元至 35 000 元的部分	超过 7 755 元至 27 255 元的部分	25	1 005
5	超过 35 000 元至 55 000 元的部分	超过 27 255 元至 41 255 元的部分	30	2 755

级数	全月应纳税所得额(含税级距)	全月应纳税所得额(不含税级距)	税率(%)	速算扣除数
6	超过55 000元至80 000元的部分	超过41 255元至57 505元的部分	35	5 505
7	超过80 000元的部分	超过57 505元的部分	45	13 505

【例 6-7】某纳税人 2015 年 8 月工资为 5 600 元,该纳税人不适用附加减除费用的规定。则其当月应纳个人所得税税额的计算如下:

应纳税所得额＝5 600－3 500＝2 100(元)

应纳税额＝2 100×10％－105＝105(元)

【例 6-8】某外商投资企业中工作的美国专家(假设为非居民纳税人)2015 年 2 月取得由该企业发放的工资收入 20 000 元人民币。则其应纳个人所得税税额的计算如下:

应纳税所得额＝20 000－(3 500＋1 300)＝15 200(元)

应纳税额＝15 200×25％－1 005＝2 795(元)

三、个人所得税的代扣

企业作为个人所得税的扣缴义务人,应按照规定扣缴职工应纳的个人所得税。扣缴义务人向个人支付应纳税所得(包括现金、实物和有价证券)时,不论纳税人是否属于本单位人员,均应代扣代缴其应纳的个人所得税款。

扣缴义务人在代扣税款时,必须向纳税人开具税务机关统一印制的代扣代收税款凭证,并详细注明纳税人姓名、工作单位、家庭住址和居民身份证或护照号码(无上述证件的,可用其他能有效证明身份的证件)等个人情况。对工资、薪金所得和利息、股息、红利所得等,因纳税人数众多、不便一一开具代扣代收税款凭证的,经主管税务机关同意,可不开具代扣代收税款凭证,但应通过一定形式告知纳税人已扣缴税款。纳税人持完税依据向扣缴义务人索取代扣代收税款凭证时,扣缴义务人不得拒绝。扣缴义务人应主动向税务机关申领代扣代收税款凭证,据以向纳税人扣税。非正式的扣税凭证,纳税人可以拒收。

扣缴义务人在代扣代缴个人所得税时的会计处理如下:

借:应付职工薪酬

　　贷:应交税费——代扣代缴个人所得税

企业为职工代扣代缴个人所得税通常有两种情况:(1)职工自己承担个人所得税,企业只负责扣缴义务;(2)企业既承担税款,又负责扣缴义务。

1. 职工自己承担个人所得税,企业只负责扣缴义务

【例 6-9】张三每月工资为 4 000 元,则其会计处理如下:

计提工资时:

借:管理费用等　　　　　　　　　　　　　　　　　　　4 000

　　贷:应付职工薪酬　　　　　　　　　　　　　　　　　　　4 000

发放工资时:

张三应纳个人所得税＝(4 000－3 500)×3％＝15(元)

借:应付职工薪酬　　　　　　　　　　　　　　　　　　　　　　　　4 000
　　贷:现金　　　　　　　　　　　　　　　　　　　　　　　　　　　　3 985
　　　　应交税费——代扣代缴个人所得税　　　　　　　　　　　　　　　　15

缴纳个人所得税时:

借:应交税费——代扣代缴个人所得税　　　　　　　　　　　　　　　　15
　　贷:现金或银行存款　　　　　　　　　　　　　　　　　　　　　　　15

2. 企业既承担税款,又负责扣缴义务

【例 6-10】李四每月工资为 4 000 元,则其会计处理如下:

计提工资时:

李四应纳个人所得税＝(4 000－3 500)×(1－3％)×3％＝14.55(元)

借:管理费用等　　　　　　　　　　　　　　　　　　　　　　　　4 014.55
　　贷:应付职工薪酬　　　　　　　　　　　　　　　　　　　　　　4 014.55

发放工资时:

借:应付职工薪酬　　　　　　　　　　　　　　　　　　　　　　　　4 014.55
　　贷:现金或银行存款　　　　　　　　　　　　　　　　　　　　　　4 000
　　　　应交税费——代扣代缴个人所得税　　　　　　　　　　　　　　14.55

缴纳个人所得税时:

借:应交税费——代扣代缴个人所得税　　　　　　　　　　　　　　14.55
　　贷:现金或银行存款　　　　　　　　　　　　　　　　　　　　　14.55

课后练习题

一、单项选择题

1. 应由生产产品负担的职工薪酬,计入(　　)。
   A. 产品成本　　　　　　　　　B. 劳务成本
   C. 固定资产成本　　　　　　　D. 无形资产成本
2. 应由提供劳务负担的职工薪酬,计入(　　)。
   A. 产品成本　　　　　　　　　B. 劳务成本
   C. 固定资产成本　　　　　　　D. 无形资产成本
3. 应由在建工程负担的职工薪酬,计入(　　)。
   A. 产品成本　　　　　　　　　B. 劳务成本
   C. 固定资产成本　　　　　　　D. 无形资产成本
4. 应由无形资产负担的职工薪酬,计入(　　)。
   A. 产品成本　　　　　　　　　B. 劳务成本
   C. 固定资产成本　　　　　　　D. 无形资产成本
5. 企业为职工缴纳社会保险费和住房公积金,应当在职工为其提供服务的会计期间,根据（　　）的一定比例计算。

A. 销售收入　　B. 利润　　C. 工资总额　　D. 基本工资

6. 企业在职工劳动合同到期之前解除与职工的劳动关系,一般应当确认因解除与职工的劳动关系给予补偿而产生的（　　）。

A. 应付工资　　　　　　　　B. 应付福利费

C. 应付职工薪酬　　　　　　D. 预计负债

7. 下列说法中错误的是（　　）。

A. 职工薪酬包括医疗保险费、养老保险费、失业保险费、工伤保险费和生育保险费等社会保险费

B. 职工薪酬包括工会经费和职工教育经费

C. 职工薪酬包括因解除与职工的劳动关系给予的补偿

D. 职工薪酬不包括因解除与职工的劳动关系给予的补偿

8. 关于辞退福利,下列说法中错误的是（　　）。

A. 辞退福利通常采取在解除劳动关系时一次性支付的补偿方式

B. 正式的辞退计划或建议应当经过批准

C. 辞退福利应当计入当期产品成本,并确认应付职工薪酬

D. 辞退工作一般应当在一年内实施完毕,但因付款程序等原因使部分款项推迟至一年后支付的,视为符合应付职工薪酬的确认条件。

9. 下列说法中错误的是（　　）。

A. 应由生产产品负担的职工薪酬,计入产品成本

B. 应由在建工程、无形资产负担的职工薪酬,计入建造固定资产或无形资产成本

C. 应由提供劳务负担的职工薪酬,计入劳务成本

D. 应由在建工程、无形资产负担的职工薪酬,计入当期损益

10. 非货币性福利不包括（　　）。

A. 以自产产品发放给职工作为福利

B. 将企业拥有的资产无偿提供给职工使用

C. 为职工无偿提供医疗保健服务

D. 工会经费和职工教育经费

11. 辞退福利应全部计入当期（　　）。

A. 生产成本　　B. 制造费用　　C. 管理费用　　D. 营业外支出

12. 企业以其自产产品作为非货币性福利发放给职工的,应当按照该产品的（　　）,计入相关资产成本或当期损益。

A. 市场价格　　B. 重置价值　　C. 历史成本　　D. 公允价值

13. 下列关于职工范围的表述,正确的是（　　）。

A. 职工不包括兼职人员

B. 职工不包括临时人员

C. 职工不包括劳务用工合同人员

D. 职工包括董事会成员、监事会成员等

14. 关于职工薪酬的表述,正确的是( )。
A. 以购买商业保险形式提供给职工的各种保险待遇不属于职工薪酬
B. 根据企业年金计划缴纳的补充养老保险费不属于职工薪酬
C. 提供给职工配偶的福利不属于职工薪酬
D. 以购买商业保险形式提供给职工的各种保险待遇属于职工薪酬

15. 下列说法中正确的是( )。
A. 计量应付职工薪酬时,一般应当按照企业的历史经验数据和实际情况计提
B. 当期实际发生金额与预计金额有差异的,以预计金额为准
C. 企业以其自产产品作为非货币性福利发放给职工的,应当计入相关资产成本或当期损益
D. 辞退福利全部计入当期营业外支出

16. 在实际工作中,按生活福利部门人员工资和规定比例计提职工福利时,应借记的科目是( )。
A. 管理费用   B. 应付福利费
C. 基本生产成本   D. 制造费用

17. 公司粉磨工段职工的工资应借记的科目是( )。
A. 管理费用   B. 应付职工薪酬
C. 生产成本   D. 制造费用

18. 职工薪酬个人所得税的起征点是( )元。
A. 1 600   B. 2 000   C. 2 500   D. 3 500

二、多项选择题

1. 职工薪酬包括( )。
A. 职工工资、奖金、津贴和补贴
B. 失业保险费
C. 住房公积金
D. 因解除与职工的劳动关系给予的补偿

2. 企业应当在附注中披露与职工薪酬有关的信息包括( )。
A. 应当支付的因解除劳动关系给予的补偿,及其期末应付未付金额
B. 为职工提供的非货币性福利,及其计算依据
C. 应当为职工缴存的住房公积金,及其期末应付未付金额
D. 应当为职工缴纳的医疗保险费、养老保险费、失业保险费、工伤保险费和生育保险费等社会保险费,及其期末应付未付金额

3. 企业职工包括( )。
A. 全职职工   B. 兼职职工   C. 临时职工   D. 董事会成员

4. 下列属于职工薪酬的是( )。
A. 企业在职工在职期间和离职后为其提供的全部货币性薪酬
B. 企业在职工在职期间和离职后为其提供的全部非货币性福利

C. 企业提供给职工配偶的福利

D. 企业提供给职工子女的福利

5. 下列属于职工薪酬的是（　　）。

A. 基本养老保险费

B. 补充养老保险费

C. 以购买商业保险形式提供给职工的各种保险待遇

D. 失业保险费

6. 下列说法中正确的是（　　）。

A. 职工薪酬包括医疗保险费、养老保险费、失业保险费、工伤保险费和生育保险费等社会保险费

B. 职工薪酬包括工会经费和职工教育经费

C. 职工薪酬包括因解除与职工的劳动关系给予的补偿

D. 职工薪酬不包括因解除与职工的劳动关系给予的补偿

7. 下列说法中正确的是（　　）。

A. 应由生产产品负担的职工薪酬，计入产品成本

B. 应由在建工程、无形资产负担的职工薪酬，计入建造固定资产或无形资产成本

C. 应由提供劳务负担的职工薪酬，计入劳务成本

D. 应由在建工程、无形资产负担的职工薪酬，计入当期损益

8. 辞退福利通常采取的发放方式有（　　）。

A. 在解除劳动关系时一次性支付补偿

B. 提高退休后养老金的标准

C. 提高离职后福利的标准

D. 将职工工资支付至辞退后未来某一期间

9. 下列说法中正确的是（　　）。

A. 企业以其自产产品作为非货币性福利发放给职工的，应当根据受益对象，按照该产品的公允价值，计入相关资产成本或当期损益，同时确认应付职工薪酬。

B. 企业将拥有的房屋等资产无偿提供给职工使用的，应当根据受益对象，将该住房每期应计提的折旧计入相关资产成本或当期损益，同时确认应付职工薪酬

C. 租赁住房等资产供职工无偿使用的，应当根据受益对象，将每期应付的租金计入相关资产成本或当期损益，并确认应付职工薪酬

D. 难以认定受益对象的非货币性福利，直接计入当期损益和应付职工薪酬

10. 关于辞退福利，下列说法中正确的是（　　）。

A. 辞退福利通常采取在解除劳动关系时一次性支付的补偿方式

B. 正式的辞退计划或建议应当经过批准

C. 辞退福利应当计入当期产品成本，并确认应付职工薪酬

D. 辞退工作一般应当在一年内实施完毕，但因付款程序等原因使部分款项推迟至一年后支付的，视为符合应付职工薪酬的确认条件。

三、判断题

1. 以股份为基础的薪酬,适用《企业会计准则第9号——职工薪酬》。（　）
2. 应由生产产品、提供劳务负担的职工薪酬,计入当期损益。（　）
3. 应由在建工程、无形资产负担的职工薪酬,计入建造固定资产或无形资产成本。（　）
4. 因自愿接受裁减建议的职工数量、补偿标准等不确定而产生的或有负债,应当按照《企业会计准则第13号——或有事项》披露。（　）
5. 养老保险费,包括根据国家规定的标准向社会保险经办机构缴纳的基本养老保险费,以及根据企业年金计划向企业年金基金相关管理人缴纳的补充养老保险费。（　）
6. 以购买商业保险形式提供给职工的各种保险待遇,不属于职工薪酬。（　）
7. 辞退福利应全部计入当期产品成本。（　）
8. 住房公积金不属于职工薪酬。（　）
9. 工会经费和职工教育经费属于职工薪酬。（　）
10. 因解除与职工的劳动关系给予的补偿,不在职工薪酬中反映。（　）
11. 失业保险费、工伤保险费和生育保险费,不在职工薪酬中反映。（　）
12. 企业为职工缴纳社会保险费和住房公积金,应当在职工为其提供服务的会计期间,根据工资总额的一定比例计算。（　）
13. 企业在职工劳动合同到期之前解除与职工的劳动关系,一般应确认因解除与职工的劳动关系给予补偿而产生的预计负债。（　）
14. 应当支付给职工的工资、奖金、津贴和补贴应当在附注中披露,但其期末应付未付金额不用披露。（　）
15. 应当支付的因解除劳动关系给予的补偿,及其期末应付未付金额,应当在附注中披露。（　）

四、业务题

甲上市公司为增值税一般纳税人,适用的增值税税率为17%。2012年3月发生与职工薪酬有关的交易或事项如下:

(1) 对行政管理部门使用的设备进行日常维修,应付企业内部维修人员工资1.2万元。

(2) 为公司总部下属的25位部门经理每人配备汽车一辆免费使用,假定每辆汽车每月计提折旧0.08万元。

(3) 将50台自产的V型厨房清洁器作为福利分配给本公司行政管理人员。该厨房清洁器每台生产成本为1.2万元,市场售价为1.5万元(不含增值税)。

(4) 月末,分配职工工资150万元,其中直接生产产品人员工资105万元,车间管理人员工资15万元,行政管理人员工资20万元,专设销售机构人员工资10万元。

(5) 以银行存款缴纳职工医疗保险费5万元。

(6) 按规定计算代扣代缴职工个人所得税0.8万元。

(7) 以现金支付职工李某生活困难补助 0.1 万元。

(8) 从应付张经理的工资中,扣回上月代垫的应由其本人负担的医疗费 0.8 万元。

要求:

编制甲上市公司 2012 年 3 月上述交易或事项的会计分录(金额单位:万元)。

项目七　资金岗位核算

【本章培养目标】

学会运用短期借款、长期借款、应付债券、长期应付款等长短期负债进行筹集资金的核算。

学会计算借款费用的资本化金额。

掌握交易性金融资产、可供出售金融资产、持有至到期投资、长期股权投资等业务的核算方法。

学会编制短期借款、长期借款、借款费用、实收资本、资本公积、盈余公积、利润分配、交易性金融资产、可供出售金融资产、持有至到期投资、长期股权投资等相关原始凭证、记账凭证，并根据有关资料登记有关总账、明细账簿。

【本章重点】

长期借款、应付债券、持有至到期投资、长期股权投资等业务的核算。

【本章难点】

借款费用资本化金额的计算和长期股权投资的核算。

任务一　资金岗位的会计职责和核算任务

一、资金岗位的会计职责

资金岗位是对筹资业务和投资业务进行核算的会计岗位。其主要职责是：
1. 拟定资金管理和核算办法。
2. 编制资金收支计划。
3. 负责资金调度。
4. 负责资金筹集的明细分类核算。
5. 负责企业各项投资的明细核算。

二、资金岗位的核算任务

资金岗位的核算是企业财务岗位核算的重要组成部分,资金岗位的核算任务一般包括下面几项内容。

(一)拟定资金需求计划及筹资方案

资金是企业的血液,是企业生存和发展必不可少的重要组成部分,但其筹资的多少也要根据企业的项目需要而定,因此财务部经理要准确地拟定资金需求计划及筹资方案,并写出详细的分析报告,报给有关稽核等部门审批,对其可行性和必要性进行论证。

(二)确定资金筹集方案并进行相关的会计处理

当资金需求计划及筹资方案获得审批后,财务部经理就要进一步对资金筹集进行细化,按照项目的长短和资金的成本进行分部筹资。

1. 以长期借款的形式进行负债筹资

首先根据所需项目资金的多少和银行进行协商,然后签订长期借款合同,取得借款,编制记账凭证,并进行明细账的相关核算。

2. 以发行债券的形式进行负债筹资

首先对企业发行债券的条件进行评估,然后根据市场状况和项目所需资金量及企业资本结构等确定发行时间、发行对象、发行金额等,然后和证券公司签订承销合同,取得资金,编制记账凭证,并进行明细账的相关核算。

3. 以融资租入固定资产的形式进行负债筹资

首先寻找出租方,然后根据双方的情况进行协商并签订融资租赁协议,然后接收资产,编制记账凭证,并进行明细账的相关核算。

4. 以接收投资或捐赠的形式进行权益筹资

首先签订投资协议或捐赠协议,然后接收资金或资产,编制记账凭证,并进行明细账的相关核算。

(三)确定资金使用方案并进行相关的会计处理

筹集到的资金要妥善高效地使用才能发挥它的最大效益。因此对资金的使用要进行可行性和必要性分析,并按期写出分析报告。

对企业生产经营所必需的资金,应按照企业有关资金的管理办法进行分配。对于较长一段时间内不用的资金可进行长期股权投资,进行市场调查,签订投资协议。对于短期内闲置的资金可进行短期的金融资产交易,以取得交易性金融资产,力争发挥资金的最大效益。最后根据发生的经济业务及原始凭证记账、登账,按照国家有关资金管理和银行结算制度的规定,办理资金收付和银行结算业务。并根据《企业会计制度》和《企业会计准则》的相关规定,对资金筹集和各项投资进行明细分类核算,分析企业资金的使用效益和资金项目的投入情况,并按期写出分析报告,检阅核实资金使用情况,向管理层提供信息。

任务二　负债筹资的核算

学习情境 1:短期借款的核算

一、短期借款的含义

短期借款是指企业为弥补正常的生产经营过程中自有资金的不足而向银行或其他金融机构借入的期限在一年以下(含一年)的各种借款。短期借款通常用于购买材料、商品,支付费用或归还债务等。

二、短期借款的账户设置

企业应通过设置"短期借款"账户对所发生的短期借款业务进行核算。该账户的贷方登记取得的借款本金,借方登记借款本金的偿还;期余额在贷方,表示期末尚未偿还的借款本金,应列示在资产负债表负债方的流动负债项下。该账户应按照债权人和短期借款的种类设置明细账户,进行明细分类核算。对短期借款利息,应设置"财务费用"账户。该账户的借方登记利息费用的发生,贷方登记期末结转至"本年利润"账户的金额。

三、短期借款业务的核算

短期借款业务的核算主要包括借入的核算、借款本息的核算、归还的核算等。

企业在向银行借入短期借款时,必须按照规定的程序向银行提出申请,取得借款后,企业一方面应反映短期借款的增加,另一方面应反映银行存款的增加。企业应按实际收到的款项,借记"银行存款"账户,按借款本金,贷记"短期借款"账户。企业归还短期借款,按归还的借款本金,借记"短期借款"账户,按计算的利息金额,借记"财务费用"账户,按实际归还的款项,贷记"银行存款"账户。

【例 7-1】甲公司向银行借入临时借款 300 000 元,期限为 3 个月,年利率为 9%,到期一次还本付息。则甲公司应做会计处理如下:

办理相关手续,取得银行临时借款:

借:银行存款　　　　　　　　　　　　　　　　　　　300 000
　　贷:短期借款　　　　　　　　　　　　　　　　　　　300 000

到期一次还本付息：
借：短期借款　　　　　　　　　　　　　　　　　　　　　　　300 000
　　财务费用　　　　　　　　　　　　　　　　　　　　　　　　6 750
　　贷：银行存款　　　　　　　　　　　　　　　　　　　　　　　　306 750

学习情境 2：长期借款的核算

一、长期借款的含义

长期借款是指企业向银行或其他金融机构借入的偿还期在一年以上（不含一年）的各项借款。长期借款属于长期负债。为促使企业遵守信贷纪律、提高信用等级、确保长期借款发挥效益，企业应对长期借款的借入、利息的结算和本息的归还情况进行详细的反映。

二、长期借款的账户设置

为了核算和监督长期借款的借入、应计利息和归还本息的情况，企业应设置"长期借款"总分类账户。"长期借款"账户属于负债类账户，该账户贷方登记借入长期借款的本金及其应计利息，借方登记偿还的长期借款本息；期末余额在贷方，表示尚未偿还的长期借款本息。该账户应按贷款单位和贷款种类设置明细账，进行明细核算。

三、长期借款业务的核算

长期借款的核算主要包括借入的核算、借款本息的核算、归还的核算等。

企业借入各种长期借款，应按实际收到的款项，借记"银行存款"账户；按借款本金，贷记"长期借款——本金"账户；按借贷双方之间的差额，借记"长期借款——利息调整"账户。在资产负债表日，企业应按长期借款的摊余成本和实际利率计算确定的利息费用，借记"在建工程"、"财务费用"、"制造费用"等账户；按借款本金和合同利率计算确定的应付未付利息，贷记"应付利息"账户；按借贷双方之间的差额，贷记"长期借款——利息调整"账户。

企业归还长期借款，应按归还的借款本金，借记"长期借款——本金"账户；按转销的利息调整金额，贷记"长期借款——利息调整"账户；按实际归还的款项，贷记"银行存款"账户；按借贷双方之间的差额，借记"在建工程"、"财务费用"、"制造费用"等账户。

【例 7-2】A 企业借入两年期的借款 10 000 元，利率为 10%，到期一次还本付息。则其应做会计处理如下：

借入本金：
借：银行存款　　　　　　　　　　　　　　　　　　　　　　　10 000

贷：长期借款——本金　　　　　　　　　　　　　　　　　　　　10 000
年末计息：
　　借：财务费用　　　　　　　　　　　　　　　　　　　1 000
　　　贷：应付利息　　　　　　　　　　　　　　　　　　　　　　　　1 000
还本付息：
　　借：长期借款——本金　　　　　　　　　　　　　　　10 000
　　　　应付利息　　　　　　　　　　　　　　　　　　　2 000
　　　贷：银行存款　　　　　　　　　　　　　　　　　　　　　　　12 000

【例 7-3】A 企业为建造一条生产线,于 2015 年 1 月 1 日从建设银行取得四年期借款 500 000 元,复利年利率为 10%,到期一次还本付息,款项已存入银行。该生产线于一年后完工交付使用。工程完工前银行通知应付利息为 50 000 元(符合资本化条件,全部资本化),从竣工到还款日之间的借款利息为 182 050 元。借款到期时,企业以银行存款归还本息。则其应编制会计分录如下：

2015 年 1 月 1 日取得借款时：
　　借：银行存款　　　　　　　　　　　　　　　　　　500 000
　　　贷：长期借款——本金　　　　　　　　　　　　　　　　　　500 000
当年年末工程完工交付使用,应付利息予以入账时：
　　借：在建工程　　　　　　　　　　　　　　　　　　500 000
　　　贷：应付利息　　　　　　　　　　　　　　　　　　　　　　500 000
从竣工到还款日应计利息予以入账时：
　　借：财务费用　　　　　　　　　　　　　　　　　　182 050
　　　贷：应付利息　　　　　　　　　　　　　　　　　　　　　　182 050
到期还本付息时：
　　借：长期借款——本金　　　　　　　　　　　　　　500 000
　　　　应付利息　　　　　　　　　　　　　　　　　　232 050
　　　贷：银行存款　　　　　　　　　　　　　　　　　　　　　　732 050

学习情境 3：应付债券的核算

一、应付债券的含义

　　债券是经济主体为筹集资金而发行的用以记载和反映债权债务关系的有价证券。由企业发行的债券称为企业债券或公司债券。这里所说的应付债券,是指企业为了筹集长期资金而依照法定程序对外发行的,约定在一年或长于一年的一个营业周期以上的期限内还本付息的有价证券。

二、应付债券的账户设置

为了核算和监督债券发行与偿还情况,企业应设置"应付债券"总分类账户。

"应付债券"账户属负债类账户,其贷方登记应付债券的本金和利息,借方登记偿还的债券本息;期末余额在贷方,表示尚未偿还的债券本息。在该账户下应设置"债券面值"、"利息调整"和"应计利息"明细账户,并按应付债券种类进行明细核算。

企业在发行债券时,应将发行债券的票面金额、票面利率、还本期限与方式、发行总额、发行日期和编号、委托代售部门、转换股份等情况在备查簿中进行登记。

三、应付债券业务的核算

(一) 债券按面值发行

债券按面值发行,应按发行债券收到的款项,借记"银行存款"账户,贷记"应付债券——债券面值"账户;按权责发生制原则,每期计提应计利息时,借记"财务费用"或"在建工程"账户,贷记"应付债券——应计利息"账户。

【例 7-4】A 公司 2015 年 1 月 1 日按面值 100 万元发行债券,该债券票面利率为 5%,每年年末计息一次,债券期限 2 年。则 A 公司应编制会计分录如下:

借:银行存款　　　　　　　　　　　　　　　　　　1 000 000
　　贷:应付债券——债券面值　　　　　　　　　　　　　1 000 000

每一计息日计算应付利息时:

借:财务费用——利息支出　　　　　　　　　　　　　50 000
　　贷:应付债券——应计利息　　　　　　　　　　　　　50 000

(二) 债券溢价发行

债券溢价发行时,发行公司向债券购买人多收的溢价部分,是债券购买人因票面利率比市场利率高,而给予发行公司的利息补偿。因此,举债公司在发行债券时多收的溢价不应认作是发行时的收益。溢价实质上是对债券从发行到偿还的整个期限内利息费用的一种调整。

债券溢价发行,应按发行债券收到的款项,借记"银行存款"账户;按债券面值,贷记"应付债券——债券面值"账户;按发行价格大于票面价值的差额,贷记"应付债券——利息调整"账户。

【例 7-5】承接例 7-4。A 公司 2015 年 1 月 1 日溢价发行债券,发行价为 106.7327 万元。则其应编制会计分录如下:

借:银行存款　　　　　　　　　　　　　　　　　　1 067 327
　　贷:应付债券——债券面值　　　　　　　　　　　　　1 000 000
　　　　　　——利息调整　　　　　　　　　　　　　　　　67 327

债券溢价应在债券的存续期间采用实际利率法分期摊销。实际利率法是按照应付债券的实际利率计算其摊余成本及各期利息费用的方法。实际利率,是指将应付债券在债券存续期间的未来现金流量,折现为该债券当前账面价值所使用的利率。

【例 7-6】2007 年 12 月 31 日,A 公司经批准发行 5 年期一次还本分期付息的公司债券 10 000 000 元,债券利息在每年 12 月 31 日支付,票面利率为年利率 6%。假定债券发行价格为 10 432 700 元。A 公司采用实际利率法和摊余成本计算确定的利息费用如表 7-1 所示。

表 7-1 利息费用计算表

单位:元

利息日期	支付利息	利息费用	摊销的溢价	应付债券摊余成本
	①=面值×6%	②=上期④×5%	③=①-②	④=上期④-③
2007 年 12 月 31 日				10 432 700
2008 年 12 月 31 日	600 000	521 635	78 365	10 354 335
2009 年 12 月 31 日	600 000	517 716.75	82 283.25	10 272 051.75
2010 年 12 月 31 日	600 000	513 602.59	86 397.41	10 185 654.34
2011 年 12 月 31 日	600 000	509 282.72	90 717.28	10 094 937.06
2012 年 12 月 31 日	600 000	505 062.94	94 937.06	10 000 000

根据上表的资料,甲公司的账务处理如下:

2007 年 12 月 31 日发行债券:

借:银行存款　　　　　　　　　　　　　　　　　　　10 432 700
　　贷:应付债券——面值　　　　　　　　　　　　　　10 000 000
　　　　　　　——利息调整　　　　　　　　　　　　　　432 700

2008 年 12 月 31 日计算利息费用:

借:财务费用　　　　　　　　　　　　　　　　　　　521 635
　　应付债券——利息调整　　　　　　　　　　　　　　78 365
　　贷:应付利息　　　　　　　　　　　　　　　　　　600 000

2009 年、2010 年、2011 年确认利息费用的会计处理同 2008 年。

2012 年 12 月 31 日归还债券本金及最后一期利息费用:

借:财务费用　　　　　　　　　　　　　　　　　　　505 062.94
　　应付债券——面值　　　　　　　　　　　　　　　10 000 000
　　　　　　——利息调整　　　　　　　　　　　　　　94 937.06
　　贷:银行存款　　　　　　　　　　　　　　　　　　10 600 000

(三) 债券折价发行

债券折价发行时,发行公司向债券购买人少收的折价部分,是债券发行公司因票面利率比市场利率低,而给予债券购买人的利率补偿。因此,举债公司在发行债券时少收的折价不应认作是发行时的损失。折价实质上是对债券从发行到偿还的整个期限内利息费用的一种调整。

债券折价应在债券的存续期间采用实际利率法分期摊销。债券折价发行时,应按发行债券收到的款项,借记"银行存款"账户;按发行价格低于票面价值的差额,借记为"应付债券——利息调整"账户;按债券面值,贷记"应付债券——债券面值"账户。

【例 7-7】承接例 7-4。A 公司 2015 年 1 月 1 日折价发行债券,发行价为 93.7930 万元。则其应编制会计分录如下:

借:银行存款　　　　　　　　　　　　　　　　　937 930
　　应付债券——利息调整　　　　　　　　　　　 62 070
　贷:应付债券——债券面值　　　　　　　　　　　　　　　1 000 000

(四)债券清偿

债券到期清偿时,无论当初是按面值发行还是溢价或折价发行,其最终的账面价值均等于债券面值。如果是到期一次还本付息,其账务处理应借记"应付债券——债券面值"、"应付债券——应计利息"账户,贷记"银行存款"账户。

【例 7-8】承接例 7-4。A 公司于 2017 年 1 月 1 日偿还全部债券本息,并收回债券。则其应编制会计分录如下:

借:应付债券——债券面值　　　　　　　　　　　1 000 000
　　应付债券——应计利息　　　　　　　　　　　　 100 000
　贷:银行存款　　　　　　　　　　　　　　　　　　　　　1 100 000

学习情境 4:长期应付款的核算

一、长期应付款的含义

长期应付款是指企业除长期借款和应付债券以外的其他各种长期应付款,主要包括应付融资租入固定资产的租赁费、以分期付款方式购入的固定资产的应付款项,以及以补偿贸易方式引进国外设备的应付款。这些应付款偿还期一般长于一年,因此构成企业的一项长期负债。

二、长期应付款的账户设置

为了核算和监督长期应付款的发生、利息结算及偿还情况,企业应设置"长期应付款"总分类账户。

"长期应付款"账户属负债类账户,其贷方登记长期应付款的增加额,借方登记长期应付款的减少额;期末余额在贷方,反映尚未归还的长期应付款金额。该账户应按长期应付款的种类设置明细账户,进行明细分类核算。

应付引进设备款是指企业采用补偿贸易方式引进国外设备所发生的未付款项。补偿贸易是从国外购进设备,再用该设备生产的产品归还设备价款。在引进设备时,应按规定的折合率将设备和随同设备进口的零配件等的款项,以及国外运杂费的外币金额折合为人民币记账。

【例7-9】A公司2008年9月17日向美国MD公司融资租入一台设备,到岸价为48 000美元(当时的汇率为8.25),用中行转账支付进口设备关税19 800元,增值税完税70 686元。合同约定首付8 000美元,以后每半年付10 000美元。当时开出中行信汇凭证,汇出首付款,设备交付安装。则A公司的会计处理为:

借:固定资产　　　　　　　　　　　　　　　　　486 486
　　贷:银行存款　　　　　　　　　　　　　　　　　66 000
　　　　长期应付款——应付引进设备款　　　　　　420 486

任务三　权益筹资的核算

学习情境1:所有者权益

一、所有者权益的概念及特征

所有者权益是指企业资产扣除负债后由所有者享有的剩余权益,其金额为资产减去负债后的余额。所有者权益和负债都是企业从事生产经营活动所需资金的来源,相对于负债,所有者权益具有以下特征。

1. 所有者权益一般不要求企业直接偿还,除非发生法定行为的减资、清算等事项,但负债到期必须偿还。
2. 所有者权益表明了投资者与企业之间的产权投资与被投资关系。企业的投资者可以凭借对企业的所有权参与企业的经营管理,而债权人通常无权参与企业的经营管理。
3. 投资者通常以股利或利润的形式参与企业利润分配;而债权人不参与企业的利润分配,只能按预先约定的条件取得利息收入。

二、所有者权益构成内容

所有者权益按来源渠道不同可分为投入资本和留存收益两部分。

(一) 投入资本

投入资本分为所有者投入资本和直接计入所有者权益的利得和损失。其中,所有者投入资本是指所有者投入企业的全部资金;直接计入所有者权益的利得和损失是指不应计入当期损益的、会导致所有者权益发生增减变动的、与所有者投入资本或向所有者分配利润无关的利得或损失。

(二) 留存收益

留存收益是企业在经营过程中所实现的利润留存在企业而形成的,包括盈余公积和未分配利润。其中,盈余公积是已指定用途的留存收益,未分配利润是未指定用途的留存收益。

在资产负债表中,所有者权益通常按实收资本(或股本)、资本公积、盈余公积和未分配利润列示,如图7-1所示。

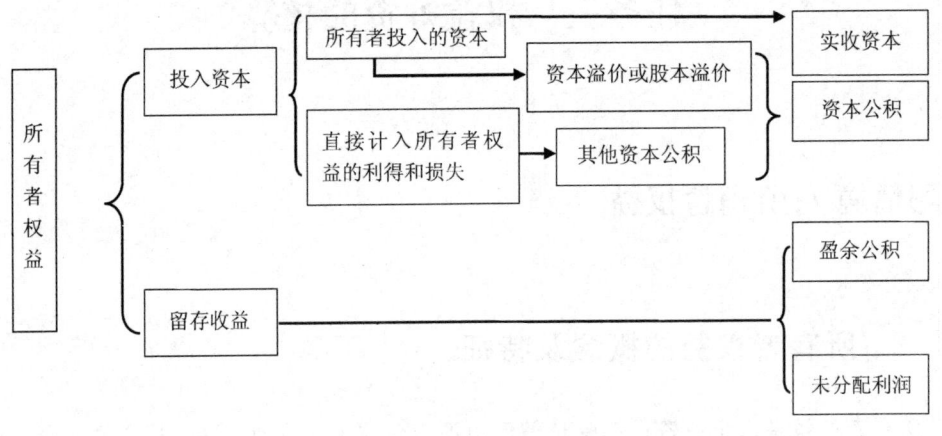

图 7-1 所有者权益结构图

学习情境 1:实收资本(股本)的核算

一、实收资本(股本)的概念

实收资本指投资者按照企业章程或合同、协议的约定实际投入企业的资本,在股份制企业中称为股本。实收资本(股本)按投资主体的不同可分为国家投资、法人投资、外商投资和个人投资,按照出资方式的不同可分为货币投资、实物投资和无形资产投资。

二、实收资本(股本)的账户设置

企业为核算投资者投入资本的增减变动情况,应设置"实收资本(或股本)"账户。

该账户属所有者权益类账户,其贷方反映投入资本的增加,借方反映投入资本的减少;期末余额在贷方,表示投入资本的实际数额。为了反映每个投资者投入资本的实际情况,该账户应按投资者设置明细账,进行明细分类核算。

三、实收资本(股本)业务的核算

实收资本增加的途径主要有接受投资者投入、资本公积或盈余公积转增资本等。投资者投入资本的出资方式主要有现金投资和非现金投资。

1. 接受现金投资的核算

对于股份有限公司来说,其接受现金投资主要通过发行股票实现。据我国公司法规定,股票可以面值发行或溢价发行,不允许折价发行。股票发行收入大于股本总额的为溢价发行,股票发行收入等于股本总额的为面值发行。当发行股票时,按实际收到的现金,借记"银行存款"账户;按股票面值,贷记"股本"账户;若有差额,贷记"资本公积——股本溢价"账户。

【例 7-10】甲股份制公司发行普通股 200 000 股,每股面值 1 元,每股发行价格为 5 元。假定股票发行成功,股款 1 000 000 元已经全部收到,不考虑发行过程中的税费等因素。甲股份制公司应编制如下会计分录:

借:银行存款　　　　　　　　　　　　　　　　　　　　1 000 000
　贷:股本　　　　　　　　　　　　　　　　　　　　　　　200 000
　　　资本公积——股本溢价　　　　　　　　　　　　　　　800 000

有限责任公司接受投资者现金资产投资的核算,与上述股票发行的核算基本相同。不同之处在于,有限责任公司在创立时,投资者的出资额与注册资本一致,一般不会产生资本溢价,出资者认缴的出资额应全部计入"实收资本"账户。

【例 7-11】海通有限责任公司由甲、乙、丙共同投资设立,其注册资本为 300 000 元,甲、乙、丙持股比例分别为 60%、25% 和 15%。按章程规定,甲、乙、丙投入资本分别为 180 000 元、75 000 元和 45 000 元,全部投资款已如期足额收到。则海通有限责任公司应编制接受投资的相关会计分录如下:

借:银行存款　　　　　　　　　　　　　　　　　　　　　300 000
　贷:实收资本——个人投资(甲)　　　　　　　　　　　　180 000
　　　实收资本——个人投资(乙)　　　　　　　　　　　　 75 000
　　　实收资本——个人投资(丙)　　　　　　　　　　　　 45 000

2. 接受非现金资产投资的核算

企业接受非现金资产投资时,应按投资合同或协议约定价值确定非现金资产价值(投资合同和协议约定价值不公允的除外)及投资者在注册资本中应享有的份额。按投资者在注册资本中应享有的份额部分,记入"实收资本(股本)"账户,超出部分记入"资本公积"账户。

【例 7-12】某企业接受 A 公司以一项专利的投资,该专利双方确认价值为 70 000 元,与注册资本中所占份额相等。根据有关的资产评估报告等凭证,应编制如下会计分录:

  借:无形资产——专利权   70 000
    贷:实收资本——法人投资(A 公司)   70 000

学习情境 2:资本公积的核算

一、资本公积的概念

  资本公积是指投资者或者他人投入到企业的所有权归属于投资者,并且投入金额超过法定资本部分的资本。我国公司法规定,资本公积主要用来转增资本(或股本)。资本公积由全体股东享有,在转增资本时,按各个股东在实收资本中所占的投资比例计算的金额,分别转增各个股东的投资金额。资本公积的内容包括资本(或股本)溢价和其他资本公积。资本溢价是指投资者缴付给企业的出资额大于其在企业注册资本中所拥有份额的数额。股本溢价是指股份有限公司溢价发行股票时实际收到的款项超过股票面值总额的数额。其他资本公积是指除实收资本(或股本)溢价以外所形成的资本公积,包括拨款转入、关联交易差价余额、股权投资准备、接受捐赠非现金资产准备在相关资产处置后转入的资本公积。

二、资本公积的账户设置

  为了核算资本公积的增减变动情况,企业应设置"资本公积"账户。该账户属于所有者权益类账户,其贷方登记资本公积的增加数额,借方登记资本公积的减少数额;期末余额在贷方,表示资本公积的结存数额。该账户应分别设置"资本溢价(股本溢价)"、"其他资本公积"账户,进行明细核算。

三、资本公积业务的核算

(一) 资本溢价或股本溢价的核算

1. 资本溢价

  除股份有限公司外的其他类型的企业,在企业创立时,投资者认缴的出资额与注册资本一致,一般不会产生资本溢价。但在企业重组或有新的投资者加入时,常常会出现资本溢价。因为在企业进行正常生产经营后,其资本利润率通常要高于企业初创阶段,另外,企业有内部积累,新投资者加入企业后要分享这些积累,往往要投入大于原投资者的出资额,才能取得与原投资者相同的出资比例,因此,投资者多缴的部分就形成了资本溢价。

【例 7-13】甲有限责任公司 2011 年由两位投资者投资 400 万元设立,每人各出资 200 万元现金。2015 年,为扩大经营规模,经批准,甲有限责任公司注册资本增加到 600 万元,并引入第三位投资者加入。按照投资协议,新投资者需缴入现金 230 万元,同时享有该公司三分之一的股份。甲有限责任公司已收到该现金投资。假定不考虑其他因素,甲有限责任公司 2011 年成立时和 2015 年增加注册资本时的会计分录如下:

2011 年公司成立时:
借:银行存款　　　　　　　　　　　　　　　　　4 000 000
　贷:实收资本　　　　　　　　　　　　　　　　　　　4 000 000

2015 年增加注册资本时:
借:银行存款　　　　　　　　　　　　　　　　　2 300 000
　贷:实收资本　　　　　　　　　　　　　　　　　　　2 000 000
　　资本公积——资本溢价　　　　　　　　　　　　　300 000

2. 股本溢价

股份有限公司溢价发行股票时,实际收到款项超出股票面值总额的部分就是股本溢价。发行股票发生的手续费、佣金等发行费用,在溢价发行股票时,可从溢价中抵扣,冲减资本公积(股本溢价);无溢价发行股票或溢价金额不足以抵扣的,应将不足抵扣部分冲减盈余公积和未分配利润。

【例 7-14】甲股份有限公司首次公开发行普通股 500 万股,每股面值 1 元,每股发行价格为 4 元。甲公司以银行存款支付发行手续费、咨询费等费用共计 60 万元。假定发行收入已全部收到,发行费用已全部支付,不考虑其他因素,则该公司的会计处理如下:

收到发行收入时:
借:银行存款　　　　　　　　　　　　　　　　　20 000 000
　贷:股本　　　　　　　　　　　　　　　　　　　　　5 000 000
　　资本公积——股本溢价　　　　　　　　　　　　15 000 000

支付发行费用时:
借:资本公积——股本溢价　　　　　　　　　　　　600 000
　贷:银行存款　　　　　　　　　　　　　　　　　　　600 000

(二)其他资本公积的核算

其他资本公积是指除资本溢价(或股本溢价)项目以外所形成的资本公积,其中主要是直接计入所有者权益的利得和损失。其主要形成渠道有权益法核算的长期股权投资产生的资本公积、投资性房地产转换产生的资本公积、可供出售金融资产公允价值变动产生的资本公积等,这些具体内容将在其他相关部分讲述,此处不再赘述。

(三) 资本公积转增资本

经股东大会或类似机构决议,用资本公积转增资本时,应冲减资本公积,同时按照转增前的实收资本(或股本)的结构或比例,将转增的金额记入"实收资本"(或"股本")账户下各所有者的明细分类账。根据我国《公司法》的规定,资本公积的用途主要用来转增资本,不得用于公司亏损弥补。

注意:用于转增资本的资本公积仅指"股本溢价"和"资本溢价","其他资本公积"不得用于转增资本。

【例 7-15】 A 有限责任公司因扩大经营规模需要,经批准,该公司按原出资比例将资本公积 1 200 000 元转增资本。其中甲投资人的投资比例为 25%,乙投资人的投资比例为 30%,丙投资人的投资比例为 45%。则 A 公司的账务处理如下:

借:资本公积　　　　　　　　　　　　　　　　　　　　1 200 000
　　贷:实收资本——甲　　　　　　　　　　　　　　　　　　300 000
　　　　　　——乙　　　　　　　　　　　　　　　　　　　　360 000
　　　　　　——丙　　　　　　　　　　　　　　　　　　　　480 000

学习情境 3:留存收益的核算

一、留存收益概述

留存收益是企业通过其生产经营活动而创造积累的尚未分配给股东的净收益,包括盈余公积和未分配利润两部分。盈余公积和未分配利润都属于企业的留存收益。

盈余公积是企业来源于生产经营活动的积累,按税后利润的一定比例提取,属于特定用途的留存收益,一般包括法定盈余公积、任意盈余公积、法定公益金。按照《公司法》的规定,公司制企业应当按照净利润的 10% 提取法定盈余公积。非公司制企业法定盈余公积的提取比例可超过净利润的 10%,法定盈余公积累计额已达到注册资本的 50% 时可不再提取。公司制企业可根据股东大会的决议提取任意盈余公积。非公司制企业经类似权力机构批准,也可提取任意盈余公积。企业提取的盈余公积经批准可用于弥补亏损、转增资本、发放现金股利或利润等。但未分配利润相对盈余公积而言属于非指定用途的留存收益,企业在使用这部分资金时有较大的自主权。

利润分配是指企业根据国家有关规定和企业章程、投资者协议等,对企业当年可供分配利润在投资主体和企业之间进行的划分。通过利润分配,一方面满足了投资者获得投资回报的要求,另一方面提供了企业留存收益的源泉。企业当年实现的净利润加上年初未分配利润,构成了企业当年可供分配利润。如果企业存在以前年度亏损,而企业的法定公积金不足弥补的,在提取法定盈余公积金之前,应先用当年利润弥补亏损。可供分配利润的计算公式为:

可供分配利润＝当年实现的净利润＋年初未分配利润（或－年初为弥补亏损）＋其他转入

企业当年实现的净利润应按下列顺序依次进行分配：先提取法定盈余公积，再提取任意盈余公积，然后向投资者分配利润。经过弥补亏损、提取法定盈余公积、提取任意盈余公积以及向投资者分配利润等利润分配之后剩余的利润，即形成未分配利润。

二、盈余公积的核算

（一）账户设置

为了核算和监督企业盈余公积的提取和使用情况，企业应设置"盈余公积"账户。该账户属于所有者权益类账户，贷方登记盈余公积的提取数，借方登记盈余公积的使用数；期末余额在贷方，表示盈余公积的结存数。该账户应设置"法定盈余公积"、"任意盈余公积"两个明细账户，进行明细核算。

（二）盈余公积业务的核算

1. 提取盈余公积

【例 7-16】甲股份有限公司本年实现税后利润 400 000 元，年初未分配利润为 0，经股东大会批准，该公司按当年实现净利的 10%、8% 分别提取法定盈余公积、任意盈余公积。根据有关原始凭证，编制如下会计分录：

提取的法定盈余公积＝－400 000×10%＝40 000（元）
提取的任意盈余公积＝400 000×8%＝32 000（元）
提取的法定公益金＝400 000×5%＝20 000（元）

借：利润分配——提取法定盈余公积　　　　　　　　　40 000
　　　　　　——提取任意盈余公积　　　　　　　　　32 000
　　贷：盈余公积——法定盈余公积　　　　　　　　　　40 000
　　　　　　　　——任意盈余公积　　　　　　　　　　32 000

2. 盈余公积补亏

【例 7-17】甲企业用以前年度提取的任意盈余公积弥补当年亏损 60 000 元。根据有关原始凭证，编制如下会计分录：

借：盈余公积——任意盈余公积　　　　　　　　　　　60 000
　　贷：利润分配——盈余公积补亏　　　　　　　　　　　60 000

3. 盈余公积转增资本

【例 7-18】因扩大经营规模需要，经股东大会批准，甲股份有限公司将法定盈余公积 300 000 元转增股本。假定不考虑其他因素，该公司账务处理如下：

借：盈余公积——法定盈余公积　　　　　　　　　　　300 000
　　贷：股本　　　　　　　　　　　　　　　　　　　　300 000

4. 盈余公积发放现金股利或利润

【例7-19】甲股份有限公司2015年12月31日普通股股本为5 000万股,每股面值1元,可供投资者分配的利润为500万元,盈余公积为2 000万元。2016年3月20日,经股东大会批准的2015年度利润分配方案,以2015年12月31日为登记日,按每股0.2元发放现金股利,共需要分配1 000万元的现金股利,其中动用可供投资者分配的利润500万元、盈余公积500万元。假定不考虑其他因素,该公司的账务处理如下:

借:利润分配——应付现金股利　　　　　　　　　　5 000 000
　　盈余公积　　　　　　　　　　　　　　　　　　5 000 000
　　贷:应付股利　　　　　　　　　　　　　　　　　　　　　　10 000 000

二、利润分配及未分配利润的核算

(一) 账户设置

企业应通过"利润分配"账户核算企业利润的分配(或亏损的弥补)和历年分配(或弥补)后的未分配利润(或未弥补亏损)。该账户应分别设置"提取法定盈余公积"、"提取任意盈余公积"、"应付现金股利或利润"、"盈余公积补亏"、"未分配利润"等账户,进行明细核算。

(二) 利润分配业务的核算

利润分配核算主要包括当年实现净利润结转、按法定顺序分配利润、未分配利润结转。

【例7-20】甲公司年初未分配利润为0,本年实现净利润8 000 000元,本年提取法定盈余公积800 000元,宣告发放现金股利1 800 000元。假定不考虑其他因素,该公司的账务处理如下:

结转本年利润时:
借:本年利润　　　　　　　　　　　　　　　　　　8 000 000
　　贷:利润分配——未分配利润　　　　　　　　　　　　　　8 000 000

注意:如果企业当年发生亏损,则应借记"利润分配——未分配利润"账户,贷记"本年利润"账户。

提取法定盈余公积,宣告发放现金股利时:
借:利润分配——提取法定盈余公积　　　　　　　　800 000
　　　　　　——应付股利　　　　　　　　　　　1 800 000
　　贷:盈余公积——法定盈余公积　　　　　　　　　　　　　800 000
　　　　应付股利　　　　　　　　　　　　　　　　　　　1 800 000

结转利润分配时:
借:利润分配——未分配利润　　　　　　　　　　　2 600 000
　　贷:利润分配——提取法定盈余公积　　　　　　　　　　　800 000

——应付股利　　　　　　　　　　　　　　　　　　　　　1 800 000
注意：以前年度发生的未弥补亏损，表现为"利润分配——未分配利润"账户的借方余额。如果用当年实现的净利润弥补以前年度发生的未弥补亏损，则不需要单独作弥补亏损的账务处理。

任务四　金融资产的核算

　　金融资产通常指企业的下列资产：现金、银行存款、应收账款、应收票据、贷款、股权投资、债权投资等。企业应当结合自身业务特点和风险管理要求，将取得的金融资产在初始确认时分为以下几类：
　　1. 以公允价值计量且其变动计入当期损益的金融资产。
　　2. 持有至到期投资。
　　3. 应收款项。
　　4. 可供出售金融资产。
　　上述分类一经确定，不得随意变更。
　　有关现金、银行存款、应收账款、应收票据前面已经讲述，股权投资之后单独讲述，这里仅对交易性金融资产、可供出售金融资产和持有至到期投资进行讲解。

学习情境1：交易性金融资产的核算

一、以公允价值计量且其变动计入当期损益的金融资产内容

　　以公允价值计量且其变动计入当期损益的金融资产包括两类：交易性金融资产和直接指定为以公允价值计量且其变动计入当期损益的金融资产。
　　1. 交易性金融资产
　　符合下列三个条件之一的应划分为交易性金融资产：
　　(1) 取得该金融资产的目的主要是为了近期内出售。
　　(2) 属于进行集中管理的可辨认金融工具组合的一部分，且有客观证据表明企业近期采用短期获利方式对该组合进行管理。
　　(3) 属于衍生金融工具。
　　注意：企业以赚取差价为目的从二级市场上购入的股票、债券、基金等，通常应确认为交易性金融资产。
　　2. 直接指定为以公允价值计量且其变动计入当期损益的金融资产
　　企业只有在满足下列条件之一时，才能将某项金融资产直接指定为以公允价值计量

且其变动计入当期损益的金融资产：

(1) 该指定可以消除或明显减少由于该金融资产的计量基础不同而导致的相关利得或损失在确认和计量方面的不一致情况。

(2) 企业的风险管理或投资策略的正式书面文件已载明，该金融资产组合等以公允价值为基础进行管理、评价，并向关键管理人员报告。

二、账户设置

1. "交易性金融资产"账户

为了核算交易性金融资产的取得、收取现金股利或利息、处置等业务，企业应当设置"交易性金融资产"账户。该账户属于资产类账户，用于核算企业持有的以公允价值计量且其变动计入当期损益的金融资产，包括为交易目的所持有的债券投资、股票投资、基金投资、权证投资等，以及直接指定为以公允价值计量且其变动计入当期损益的金融资产。本账户期末的借方余额，反映企业交易性金融资产的公允价值，应当按照交易性金融资产的类别和品种，分别设置"成本"、"公允价值变动"账户进行明细核算。

企业持有的直接指定为以公允价值计量且其变动计入当期损益的金融资产也应在"交易性金融资产"账户核算。

2. "公允价值变动损益"账户

该账户属于损益类账户，核算企业交易性金融资产等因公允价值变动而形成的应计入当期损益的利得或损失。该账户借方登记资产负债表日企业持有的交易性金融资产等的公允价值低于账面余额的差额，贷方登记资产负债表日企业持有的交易性金融资产等的公允价值高于账面价值的差额，期末结转到"本年利润"账户后本账户无余额。

二、交易性金融资产的主要业务核算

(一) 交易性金融资产的取得

取得交易性金融资产时，应当按照该金融资产取得时的公允价值作为其初始确认金额，记入"交易性金融资产——成本"账户。取得交易性金融资产所支付价款中包含了已宣告但尚未发放的现金股利或已到付息期但尚未领取的债券利息的，应当单独确认为应收项目，记入"应收股利"或"应收利息"账户。

取得交易性金融资产所发生的相关交易费用，应当在发生时计入投资收益。交易费用是指可直接归属于购买、发行或处置金融工具新增的外部费用，包括支付给代理机构、咨询公司、券商等的手续费和佣金及其他必要支出。

(二) 交易性金融资产的现金股利和利息

企业持有交易性金融资产期间，对于被投资单位宣告发放的现金股利或企业在资产负债表日按分期付息、一次还本债券投资的票面利率计算的利息,应当确认为应收项目,记入"应收股利"或"应收利息"账户,并计入当期投资收益。

(三) 交易性金融资产的期末计量

资产负债表日,交易性金融资产应当按照公允价值计量,公允价值与账面余额之间的差额计入当期损益。企业应当在资产负债表日按照交易性金融资产公允价值与其账面余额的差额,借记或贷记"交易性金融资产——公允价值变动"账户,贷记或借记"公允价值变动损益"账户。

(四) 交易性金融资产的处置

出售交易性金融资产时,应当将该金融资产出售时的公允价值与其初始入账金额之间的差额确认为投资收益,同时调整公允价值变动损益。

企业应按实际收到的金额,借记"银行存款"等账户;按该金融资产的账面余额,贷记"交易性金融资产"账户;按其差额,贷记或借记"投资收益"账户。同时,将原计入该金融资产的公允价值变动转出,借记或贷记"公允价值变动损益"账户,贷记或借记"投资收益"账户。

【例 7-21】甲公司 2015 年发生的有关交易性金融资产业务资料如下:5 月 10 日,为赚取比银行存款更高的收益,将闲置的部分资金以每股 3.1 元的价格(含已宣告但尚未发放的现金股利 0.1 元)购入 A 公司股票 200 万股,同时支付手续费 6 万元;5 月 30 日,收到现金股利 20 万元;6 月 30 日,A 公司股票市价为每股 3.2 元;10 月 8 日,以每股 3.8 元的价格转让 A 公司股票 100 万股,同时支付相关税费 3 万元,款项以银行存款收付。假定甲公司每年 6 月 30 日和 12 月 31 日对外提供财务报告,则甲公司的账务处理如下:

5 月 10 日,购入股票时:
借:交易性金融资产——A 公司(成本)   6 000 000
  应收股利——A 公司   200 000
  投资收益   60 000
  贷:银行存款   6 260 000

5 月 30 日,收到现金股利时:
借:银行存款   200 000
  贷:应收股利——A 公司   200 000

6 月 30 日,应确认公允价值变动:
借:交易性金融资产——A 公司(公允价值变动)   400 000
  贷:公允价值变动损益   400 000

10 月 8 日,出售股票时:
借:银行存款   3 770 000
  贷:交易性金融资产——A 公司(成本)   3 000 000
    ——A 公司(公允价值变动)   200 000
    投资收益   570 000

同时，
借：公允价值变动损益　　　　　　　　　　　　　　　　　　200 000
　　贷：投资收益　　　　　　　　　　　　　　　　　　　　　　　　200 000

注意：部分出售交易性金融资产时，应按比例结转相关成本。

【例 7-22】 2015 年 2 月 1 日，甲公司以 106 万元从二级市场（含已到付息期但尚未领取的利息 4 万元、交易费用 2 万元）购入 A 公司发行的企业债券，并将其划分为交易性金融资产管理。该债券面值 100 万元，剩余期限 2 年，票面利率 4%，按年付息。2 月 5 日，收到 A 公司支付的债券利息 4 万元；12 月 31 日，债券公允价值为 110 万元（不含利息）。2016 年 2 月 5 日，收到债券利息 4 万元；4 月 30 日，甲公司将该债券全部出售，取得价款 118 万元（含利息 1 万元）。假定不考虑其他因素，则甲公司的账务处理如下：

(1) 2015 年的会计分录

2 月 1 日，购入债券时：
借：交易性金融资产——A 公司（成本）　　　　　　　　　1 000 000
　　应收利息——A 公司　　　　　　　　　　　　　　　　　　40 000
　　投资收益　　　　　　　　　　　　　　　　　　　　　　　　20 000
　　贷：银行存款　　　　　　　　　　　　　　　　　　　　　1 060 000

2 月 5 日，收到 2014 年债券利息时：
借：银行存款　　　　　　　　　　　　　　　　　　　　　　　40 000
　　贷：应收利息——A 公司　　　　　　　　　　　　　　　　　40 000

2 月至 12 月末，分别计提债券利息：
借：应收利息——A 公司　　　　　　　　　　　　　　　　3 333.33
　　贷：投资收益　　　　　　　　　　　　　　　　　　　　　3 333.33

12 月 31 日，确认债券公允价值变动损益：
借：公允价值变动损益　　　　　　　　　　　　　　　　　　100 000
　　贷：交易性金融资产——A 公司（公允价值变动）　　　　　100 000

(2) 2016 年的会计分录

1 月 31 日，计提当月利息：
借：应收利息——A 公司　　　　　　　　　　　　　　　　3 333.33
　　贷：投资收益　　　　　　　　　　　　　　　　　　　　　3 333.33

2 月 5 日，收到债券利息时：
借：银行存款　　　　　　　　　　　　　　　　　　　　　　　40 000
　　贷：应收利息——A 公司　　　　　　　　　　　　　　　　　40 000

4 月 30 日，计提 2016 年 2 月至 4 月债券利息：
借：应收利息——A 公司　　　　　　　　　　　　　　　　　10 000
　　贷：投资收益　　　　　　　　　　　　　　　　　　　　　　10 000

4 月 30 日，出售债券收取款项时：
借：银行存款　　　　　　　　　　　　　　　　　　　　　1 180 000
　　贷：交易性金融资产——A 公司（成本）　　　　　　　　　1 000 000

——A公司（公允价值变动）	100 000
投资收益	70 000
应收利息——A公司	10 000

同时，
借：公允价值变动损益　　　　　　　　　　　100 000
　　贷：投资收益　　　　　　　　　　　　　　　　　　100 000

学习情境2：可供出售金融资产的核算

一、可供出售金融资产的含义

可供出售金融资产是指初始确认时即被指定为可供出售的非衍生金融资产，以及除下列各类资产以外的金融资产：(1)贷款和应收款项；(2)持有至到期投资；(3)以公允价值计量且变动计入当期损益的金融资产。例如：企业购入的在活跃市场上有报价的股票、债券和基金等，没有划分为以公允价值计量且期变动计入当期损益的金融资产或持有至到期投资等金融资产，都可归为此类。

企业因持有意图或能力发生改变，使某项投资不再适合划分为持有至到期投资的，应当将其重分类为可供出售金融资产，并以公允价值进行后续计量。重分类时，该投资的账面价值与公允价值之间的差额应计入所有者权益，在该可供出售金融资产发生减值或终止确认时转出，计入当期损益。

二、可供出售金融资产的账户设置

为了核算可供出售金融资产的取得、处置等业务，企业应当设置"可供出售金融资产"账户。本账户核算企业持有的可供出售金融资产的价值，包括划分为可供出售的股票投资、债券投资等金融资产。可供出售金融资产发生减值的，应在本账户设置"减值准备"明细账户进行核算，也可以单独设置"可供出售金融资产减值准备"账户进行核算。本账户应当按照可供出售金融资产类别或品种进行明细核算。

本账户期末余额在借方，反映企业可供出售金融资产的公允价值。对于"可供出售金融资产"，取得时以历史成本计量，期末按照公允价值调整。

三、可供出售金融资产的主要业务核算

企业取得可供出售的金融资产，应按其公允价值与交易费用之和，借记"可供出售金融资产——成本"账户；按支付的价款中包含的已经宣布但尚未发放的现金股利，借记"应收股利"账户；按实际支付的金额，贷记"银行存款"等账户。

企业取得可供出售的金融资产为债券投资的,应按债券的面值,借记"可供出售金融资产——成本"账户;按支付的价款中包含的已到付息期但尚未领取的利息,借记"应收利息"账户;按实际支付的金额,贷记"银行存款"等账户;按差额,借记或贷记"可供出售金融资产——利息调整"账户。

持有期间的利息收入或股利收入,采用实际利率法计算的可供出售金融资产的利息,应当计入当期损益;可供出售权益工具投资的现金股利,应当在被投资单位宣告发放股利时计入当期损益。具体来说,对于可供出售的债务工具投资,应当按照采用实际利率法计算确定的利息收入,借记"可供出售金融资产"、"应收利息"账户,贷记"投资收益"、"利息收入"等账户。对于可供出售的权益工具投资,应当在被投资单位宣告发放现金股利时,按照企业应当享有的份额,借记"应收股利"账户,贷记"投资收益"、"股利收入"等账户。

资产负债表日,可供出售的金融资产的公允价值高于其账面余额的差额,借记"可供出售金融资产——公允价值变动"账户,贷记"资本公积——其他资本公积"账户;公允价值低于其账面余额的差额做相反的会计分录。

可供出售的金融资产发生减值的,按应减值的金额,借记"资产减值损失"账户;按应从所有者权益中转出的原计入资本公积的累计损失金额,贷记"资本公积——其他资本公积"账户;按其差额,贷记"可供出售金融资产——公允价值变动"账户。

对于已确认减值损失的可供出售金融资产,在随后的会计期间内公允价值已上升且客观上与确认原减值损失事项有关的,应按原确认的减值损失,借记"可供出售金融资产——公允价值变动"账户,贷记"资产减值损失"账户;但可供出售的金融资产为股票等权益工具投资的(不含在活跃市场上没有报价、公允价值不能可靠计量的权益工具投资),借记"可供出售金融资产——公允价值变动"账户,贷记"资本公积——其他资本公积"科账户。

企业根据金融工具确认和计量准则,将持有至到期投资重分类为可供出售金融资产的,应在重分类时按该项持有至到期投资的公允价值,借记本账户。已计提减值准备的,借记"持有至到期投资减值准备"账户;按其账面余额,贷记"持有至到期投资——投资成本、损益调整、应计利息"账户;按其差额,贷记或借记"资本公积——其他资本公积"账户。

根据金融工具确认和计量准则,将可供出售金融资产重分类为采用成本或摊余成本计量的金融资产的,应在重分类时按可供出售金融资产的公允价值,借记"持有至到期投资"等账户,贷记本账户。

出售可供出售的金融资产时,应按实际收到的金额,借记"银行存款"账户;按可供出售的金融资产的账面余额,贷记本账户;按其差额,贷记或借记"投资收益"账户;按原记入"资本公积——其他资本公积"账户的金额,借记或贷记"资本公积——其他资本公积"账户,贷记或借记"投资收益"账户。

【例7-23】甲公司于2015年1月1日购入某公司发行的3年期公司债券,票面金额为1 000万元,票面利率为4%,实际利率为3%。利息每年支付,本金到期支付。共支付价款1028.244万元。甲公司将该公司债券划分为可供出售金融资产。2015年12月31日,该债券的市场价格为1 000.094万元。假定不考虑交易费用和其他因素的影响,则甲公司的账务处理如下:

2015年1月1日,购入债券时:

借:可供出售金融资产——成本　　　　　　　　　　10 000 000
　　　　　　　　　　——利息调整　　　　　　　　　282 440
　　贷:银行存款　　　　　　　　　　　　　　　　　　　　　10 282 440

2015年12月31日,收到债券利息,确认公允价值变动。

实际利息=1 028.244×3%=30.85(万元)

年末摊余成本=1 028.244+30.847-40=1 019.094(万元)

借:应收利息　　　　　　　　　　　　　　　　　　　400 000
　　贷:可供出售金融资产——利息调整　　　　　　　　　　　91 500
　　　　投资收益　　　　　　　　　　　　　　　　　　　　308 500
借:银行存款　　　　　　　　　　　　　　　　　　　400 000
　　贷:应收利息　　　　　　　　　　　　　　　　　　　　　400 000
借:资本公积——其他资本公积　　　　　　　　　　190 000
　　贷:可供出售金融资产——公允价值变动　　　　　　　　190 000

【例7-24】乙公司于2015年7月13日从二级市场购入股票1 000 000股,每股市价15元,手续费30 000元;初始确认时,将该股票划分为可供出售金融资产。乙公司至2015年12月31日仍持有该股票,该股票当时的市价为16元。2016年2月1日,乙公司将该股票出售,售价为每股13元,另支付交易费用13 000元。假定不考虑其他因素,则乙公司的账务处理如下:

2015年7月13日,购入股票:

借:可供出售金融资产——成本　　　　　　　　　　15 030 000
　　贷:银行存款　　　　　　　　　　　　　　　　　　　　　15 030 000

2015年12月31日,确认股票价格变动:

借:可供出售金融资产——公允价值变动　　　　　　970 000
　　贷:资本公积——其他资本公积　　　　　　　　　　　　　970 000

2016年2月1日,出售股票:

借:银行存款　　　　　　　　　　　　　　　　　　　12 987 000
　　资本公积——其他资本公积　　　　　　　　　　　970 000
　　投资收益　　　　　　　　　　　　　　　　　　　2 043 000
　　贷:可供出售金融资产——成本　　　　　　　　　　　　　15 030 000
　　　　　　　　　　　　——公允价值变动　　　　　　　　970 000

学习情境3：持有至到期投资的核算

一、持有至到期投资的含义和特点

持有至到期投资，是指到期日固定、回收金额固定或可确定，且企业有明确意图和能力持有至到期的非衍生金融资产。企业不能将下列非衍生金融资产划分为持有至到期投资：(1) 初始确认时即被指定为以公允价值计量且其变动计入当期损益的非衍生金融资产；(2) 初始确认时被指定为可供出售的非衍生金融资产；(3) 符合贷款和应收款项的定义的非衍生金融资产。

持有至到期投资具有以下特征。

1. 到期日固定、回收金额固定或可确定

如国债、公司债券、金融债券等债务工具，有可能划分为持有至到期投资。权益工具投资没有固定的到期日，因而不能将其划分为持有至到期投资。

2. 有明确意图持有至到期

"有明确意图持有至到期"是指投资者在取得投资时持有至到期的意图是明确的，除非遇到企业不能控制、预期不会重复发生且难以合理预计的事情发生。如：持有该金融资产的期限不确定、该金融资产的发行方可以按明显低于摊余成本的金额清偿等。

3. 有能力持有至到期

即企业有足够的财力资源，并不受外部因素影响将投资持有至到期。企业应当在每个资产负债表日对持有至到期投资的意图和能力进行评价，发生变化的，应当将其重分类为可供出售的金融资产进行核算。

二、持有至到期投资的账户设置

为进行持有至到期投资的核算，企业应设置"持有至到期投资"账户。该账户属资产类账户，其借方登记取得的金融资产的投资成本和应计利息，以及和应收利息相关的利息调整；贷方登记金融资产的出售，以及转入可供出售金融资产的投资。应按照"持有至到期投资"的类别和品种，分别设置"投资成本"、"利息调整"、"应计利息"明细账户，进行明细核算。

三、持有至到期投资的主要账务处理

企业对取得的持有至到期投资，应按该投资的面值，借记"持有至到期投资——投资成本"账户；按支付的价款中包含的已到付息期但尚未领取的利息，借记"应收利息"账户；

按实际支付的金额,贷记"银行存款"等账户;按其差额,借记或贷记"持有至到期投资——利息调整"账户。

资产负债表日,持有至到期投资为分期付息、一次还本债券投资的,应按票面利率计算确定的应收未收利息,借记"应收利息"账户;按持有至到期投资摊余成本和实际利率计算确定的利息收入,贷记"投资收益"账户;按其差额,借记或贷记"持有至到期投资——利息调整"账户。

持有至到期投资为一次还本付息债券投资的,应于资产负债表日,按票面利率计算确定的应收未收利息,借记"持有至到期投资——应收利息"账户;按持有至到期投资摊余成本和实际利率计算确定的利息收入,贷记"投资收益"账户;按其差额,借记或贷记"持有至到期投资——利息调整"账户。

将持有至到期投资重分类为可供出售金融资产的,应在重分类时,按其公允价值,借记"可供出售金融资产"账户;按其账面余额,贷记"持有至到期投资——成本、利息调整、应计利息"账户;按其差额,贷记或借记"资本公积——其他资本公积"账户。已计提减值准备的,还应同时结转减值准备。

出售持有至到期投资,应按实际收到的金额,借记"银行存款"账户;按其账面余额,贷记"持有至到期投资——成本、利息调整、应计利息"账户;按其差额,贷记或借记"投资收益"账户。已计提减值准备的,还应同时结转减值准备。

【例 7-25】甲公司属于工业企业,2012 年 1 月 1 日,支付价款 1 000 万元(含交易费用)从活跃市场上购入某公司 5 年期债券,面值为 1 250 万元,票面年利率为 4.72%,按年末支付利息(即 1250×4.72%=59 万元),本金最后一次支付。合同约定,该债券的发行方在遇到特定情况时可以将债券赎回,且不需要为提前赎回支付额外款项。甲公司在购买该债券时,预计发行方不回提前赎回。不考虑所得税、减值损失等因素,计算出实际利率为 10%。

有关利息费用的数据计算等如表 7-2 所示。

表 7-2 利息费用计算表

金额单位:万元

年份	期初摊余成本 (a)	实际利息(b) (按 10%计算)	现金流入 (c)	期末摊余成本 (d=a+b-c)
2012 年	1 000	100	59	1 041
2013 年	1 041	104	59	1 086
2014 年	1 086	109	59	1 136
2015 年	1 136	113	59	1 190
2016 年	1 190	119	1 309(1 250+59)	0

根据上述数据,甲公司的有关账务处理如下(金额单位:万元):

2012 年 1 月 1 日,购入债券:

借:持有至到期投资——成本　　　　　　　　　　　　1 250
　　贷:银行存款　　　　　　　　　　　　　　　　　　1 000

持有至到期投资——利息调整　　　　　　　　　　　　　　　　　　　　250
2012年12月31日,确认实际利息收入、收到票面利息等:
　借:应收利息　　　　　　　　　　　　　　　　　　　　　　　　　　　59
　　　持有至到期投资——利息调整　　　　　　　　　　　　　　　　　　41
　　　贷:投资收益　　　　　　　　　　　　　　　　　　　　　　　　　100
　借:银行存款　　　　　　　　　　　　　　　　　　　　　　　　　　　59
　　　贷:应收利息　　　　　　　　　　　　　　　　　　　　　　　　　 59
2013年12月31日,确认实际利息收入、收到票面利息等:
　借:应收利息　　　　　　　　　　　　　　　　　　　　　　　　　　　59
　　　持有至到期投资——利息调整　　　　　　　　　　　　　　　　　　45
　　　贷:投资收益　　　　　　　　　　　　　　　　　　　　　　　　　104
　借:银行存款　　　　　　　　　　　　　　　　　　　　　　　　　　　59
　　　贷:应收利息　　　　　　　　　　　　　　　　　　　　　　　　　 59
2014年12月31日,确认实际利息收入、收到票面利息等:
　借:应收利息　　　　　　　　　　　　　　　　　　　　　　　　　　　59
　　　持有至到期投资——利息调整　　　　　　　　　　　　　　　　　　50
　　　贷:投资收益　　　　　　　　　　　　　　　　　　　　　　　　　109
　借:银行存款　　　　　　　　　　　　　　　　　　　　　　　　　　　59
　　　贷:应收利息　　　　　　　　　　　　　　　　　　　　　　　　　 59
2015年12月31日,确认实际利息收入、收到票面利息等:
　借:应收利息　　　　　　　　　　　　　　　　　　　　　　　　　　　59
　　　持有至到期投资——利息调整　　　　　　　　　　　　　　　　　　54
　　　贷:投资收益　　　　　　　　　　　　　　　　　　　　　　　　　113
　借:银行存款　　　　　　　　　　　　　　　　　　　　　　　　　　　59
　　　贷:应收利息　　　　　　　　　　　　　　　　　　　　　　　　　 59
2016年12月31日,确认实际利息收入、收到票面利息和本金等:
　借:应收利息　　　　　　　　　　　　　　　　　　　　　　　　　　　59
　　　持有至到期投资——利息调整　　　　　　　　　　　　　　　　　　60
　　　贷:投资收益　　　　　　　　　　　　　　　　　　　　　　　　　119
　借:银行存款　　　　　　　　　　　　　　　　　　　　　　　　　　　59
　　　贷:应收利息　　　　　　　　　　　　　　　　　　　　　　　　　 59
　借:银行存款　　　　　　　　　　　　　　　　　　　　　　　　　　1 250
　　　贷:持有至到期投资——成本　　　　　　　　　　　　　　　　　1 250

　　假定在2014年1月1日,甲公司预计本金的一半(即625万元)将会在该年末收回,而其余的一半本金将于2016年年末付清。遇到这种情况时,甲公司应当调整2014年年初的摊余成本,计入当期损益;调整时采用最初确定的实际利率。据此,调整上述表中相关数据后,如表7-3所示。

表 7-3 利息费用计算表

金额单位:万元

年份	期初摊余成本 (a)	实际利息(b) (按10%计算)	现金流入 (c)	期末摊余成本 (d=a+b-c)
2014	1 138*	114**	684	568
2015	568	57	30***	595
2016	595	60	655	0

其中:

$(625+59)\times(1+10\%)^{-1}+30\times(1+10\%)^{-2}+(625+30)\times(1+10\%)^{-3}=1\ 138^*$(万元)

$1\ 138\times10\%=114^{**}$(万元)

$625\times4.72\%=30^{***}$(万元)

根据上述调整,甲公司的账务处理如下(单位金额:万元):

2014年1月1日,调整期初摊余成本:

借:持有至到期投资——利息调整　　　　　　　　　　　　　　52
　　贷:投资收益　　　　　　　　　　　　　　　　　　　　　　52

2014年12月31日,确认实际利息、收回本金等:

借:应收利息　　　　　　　　　　　　　　　　　　　　　　　59
　　持有至到期投资——利息调整　　　　　　　　　　　　　　55
　　贷:投资收益　　　　　　　　　　　　　　　　　　　　　114

借:银行存款　　　　　　　　　　　　　　　　　　　　　　　59
　　贷:应收利息　　　　　　　　　　　　　　　　　　　　　　59

借:银行存款　　　　　　　　　　　　　　　　　　　　　　 625
　　贷:持有至到期投资——成本　　　　　　　　　　　　　　625

2015年12月31日,确认实际利息等:

借:应收利息　　　　　　　　　　　　　　　　　　　　　　　30
　　持有至到期投资——利息调整　　　　　　　　　　　　　　27
　　贷:投资收益　　　　　　　　　　　　　　　　　　　　　　57

借:银行存款　　　　　　　　　　　　　　　　　　　　　　　30
　　贷:应收利息　　　　　　　　　　　　　　　　　　　　　　30

2016年12月31日,确认实际利息、收回本金等:

借:应收利息　　　　　　　　　　　　　　　　　　　　　　　30
　　持有至到期投资——利息调整　　　　　　　　　　　　　　30
　　贷:投资收益　　　　　　　　　　　　　　　　　　　　　　60

借:银行存款　　　　　　　　　　　　　　　　　　　　　　　30
　　贷:应收利息　　　　　　　　　　　　　　　　　　　　　　30

借:银行存款　　　　　　　　　　　　　　　　　　　　　　 625

贷：持有至到期投资——成本　　　　　　　　　　　　　　　　　　　　625

　　假定甲公司购买的债券不是分次付息，而是到期一次还本付息，且利息不是以复利计算。此时，甲公司所购买债券的实际利率 r 计算如下：

　　(59＋59＋59＋59＋59＋1 250)×(1＋r)−5＝1 000，由此得出 r≈9.05％。

　　据此，调整上述表中相关数据后，如表 7-4 所示。

表 7-4　利息费用计算表

金额单位：万元

年份	期初摊余成本（a）	实际利息(b)（按10％计算）	现金流入（c）	期末摊余成本（d＝a＋b−c）
2012 年	1 000	90.5	0	1 090.5
2013 年	1 090.5	98.69	0	1 189.19
2014 年	1 189.19	107.62	0	1 296.81
2015 年	1 296.81	117.36	0	1 414.17
2016 年	1 414.17	130.83*	1 545	0

（注：标 * 数字考虑了计算过程中出现的尾差 2.85 万元）

根据上述数据，甲公司的有关账务处理如下（单位金额：万元）：

2012 年 1 月 1 日，购入债券：

　　借：持有至到期投资——成本　　　　　　　　　　　　　　　　　　　1 250
　　　　贷：银行存款　　　　　　　　　　　　　　　　　　　　　　　　1 000
　　　　　　持有至到期投资——利息调整　　　　　　　　　　　　　　　　250

2012 年 12 月 31 日，确认实际利息收入：

　　借：持有至到期投资——应计利息　　　　　　　　　　　　　　　　　　59
　　　　　　　　　　　　——利息调整　　　　　　　　　　　　　　　　　31.5
　　　　贷：投资收益　　　　　　　　　　　　　　　　　　　　　　　　　90.5

2013 年 12 月 31 日，确认实际利息收入：

　　借：持有至到期投资——应计利息　　　　　　　　　　　　　　　　　　59
　　　　　　　　　　　　——利息调整　　　　　　　　　　　　　　　　　39.69
　　　　贷：投资收益　　　　　　　　　　　　　　　　　　　　　　　　　98.69

2014 年 12 月 31 日，确认实际利息收入：

　　借：持有至到期投资——应计利息　　　　　　　　　　　　　　　　　　59
　　　　　　　　　　　　——利息调整　　　　　　　　　　　　　　　　　48.62
　　　　贷：投资收益　　　　　　　　　　　　　　　　　　　　　　　　　107.62

2015 年 12 月 31 日，确认实际利息收入：

　　借：持有至到期投资——应计利息　　　　　　　　　　　　　　　　　　59
　　　　　　　　　　　　——利息调整　　　　　　　　　　　　　　　　　58.36
　　　　贷：投资收益　　　　　　　　　　　　　　　　　　　　　　　　　117.36

2016 年 12 月 31 日，确认实际利息收入、收到本金和名义利息等：

借:持有至到期投资——应计利息　　　　　　　　　　59
　　　　　　　　——利息调整　　　　　　　　　　71.83
　　贷:投资收益　　　　　　　　　　　　　　　　　130.83
借:银行存款　　　　　　　　　　　　　　　　　　1 545
　　贷:持有至到期投资——成本　　　　　　　　　1 250
　　　　　　　　　　　　——应计利息　　　　　　295

任务五　长期股权投资业务的核算

学习情境1:长期股权投资概述

一、长期股权投资的概念

　　长期股权投资是指投资企业对被投资企业实施控制、重大影响的权益性投资,以及对合营企业的权益性投资。除此之外,其他权益性投资不作为长期股权投资进行核算,而应当按照《企业会计准则第22号——金融工具确认和计量》的规定进行会计核算。

　　企业能够对被投资方实施控制的,被投资单位为本企业的子公司。所谓控制,是指投资方拥有对被投资方的权力,通过参与被投资方的相关活动而享有可变回报,并且有能力运用对被投资方的权力影响其回报金额。

　　企业与其他方对被投资单位实施共同控制的,被投资单位为本企业的合营企业。共同控制是指企业按照相关约定对某项安排所共有的控制,并且该安排的相关活动必须经过分享控制权的参与方一致同意才能决策。

　　企业能够对被投资方施加重大影响的,被投资单位为本企业的联营企业。重大影响是指投资企业对被投资单位的财务和经营决策有参与决策的权力,但并不能够控制或者与其他方一起共同控制这些政策的制定。在确定能否对被投资单位施加重大影响时,应当考虑投资企业和其他方持有的被投资单位的当期可转换公司债券、当期可执行认股权证等潜在表决权因素。通常可以通过以下一种或几种情形来判断投资企业是否对被投资单位具有重大影响:

　　1. 投资企业在被投资单位的董事会或类似权力机构中派有代表。
　　2. 投资企业参与被投资单位的财务和经营政策制定过程。
　　3. 投资企业与被投资单位之间发生重要交易。
　　4. 投资企业向被投资单位派出管理人员。
　　5. 投资企业向被投资单位提供关键技术资料。

但需注意的是,存在上述一种或多种情形并不意味着投资方一定对被投资单位具有重大影响。企业需要综合考虑所有事实和情况来做出恰当的判断。

二、长期股权投资的核算方法

长期股权投资有两种核算方法:成本法和权益法。

(一) 成本法下长期股权投资的核算范围

企业能够对被投资单位实施控制的长期股权投资,即企业对子公司的权益性投资的,应当采用成本法核算。投资企业为投资性主体,且子公司不纳入其合并财务报表的除外。

对子公司的长期股权投资采用成本法核算,主要是为了避免在子公司实际发放现金股利或利润之前,母公司垫付资金发放现金股利或利润等情况,解决了原来权益法下投资收益不能足额收回导致超分配的问题。

(二) 权益法下长期股权投资的核算范围

企业对被投资单位具有共同控制或重大影响的,长期股权投资应当采用权益法核算。

1. 企业对被投资单位具有共同控制的长期股权投资,即企业对合营企业的权益性投资。

2. 企业对被投资单位具有重大影响的长期股权投资,即企业对联营企业的权益性投资。

为了反映和监督企业长期股权投资的取得、持有和处置等情况,企业应当设置"长期股权投资"、"投资收益"、"其他综合收益"等账户。

"长期股权投资"账户核算企业持有的长期股权投资,其借方登记长期股权投资取得时的初始投资成本,以及采用权益法核算时按被投资单位实现的净损益、其他综合收益和其他权益变动等计算的应分担的份额;贷方登记处置长期股权投资的账面余额或采用权益法核算时被投资单位宣告分派现金股利或利润时企业按持股比例计算应享有的份额,以及按被投资单位发生的净亏损、其他综合收益和其他权益变动等计算的应分担的份额;期末余额在借方,反映企业持有的长期股权投资的价值。

本科账户目应当按照被投资单位进行明细核算。长期股权投资采用权益法核算时,还应当分别设置"成本"、"损益调整"、"其他权益变动"账户,进行明细分类核算。

学习情境 2:长期股权投资初始计量的核算

取得长期股权投资时,应按照初始投资成本进行计量。初始投资成本的确定要分企业合并和非企业合并两种情况进行确定。

一、企业合并方式取得的长期股权投资的核算

企业合并,是指将两个或者两个以上单独的企业合并形成一个报告主体的交易或事项。企业合并分为同一控制下的企业合并和非同一控制下的企业合并。

同一控制下的企业合并,是指参与合并的企业在合并前后均受同一方或相同的多方最终控制,且该控制并非暂时性的。

非同一控制下的企业合并,是指参与合并的企业在合并前后不受同一方或相同的多方最终控制的合并交易,即同一控制下的企业合并以外的其他企业合并。

(一) 同一控制下的企业合并形成的长期股权投资

1. 同一控制下的企业合并,合并方以支付现金、转让非现金资产或承担债务方式作为合并对价的,应当在合并日按照取得被合并方所有者权益账面价值的份额作为长期股权投资的初始投资成本。长期股权投资初始投资成本与支付的现金、转让的非现金资产以及所承担债务账面价值之间的差额,应当调整资本公积(资本溢价或股本溢价);资本公积(资本溢价或股本溢价)不足冲减的,调整留存收益。

注意:这里调整的是资本公积(资本溢价或股本溢价),而不是资本公积的全部。

其会计分录如下:

借:长期股权投资(被合并方所有者权益账面价值的份额)
　　贷:负债科目(承担债务账面价值)
　　　　资产科目(投出资产账面价值)
　　　　资本公积——资本溢价或股本溢价(差额,或在借方)
借:管理费用(审计、法律服务等相关费用)
　　贷:银行存款

【例7-26】2015年3月20日,甲公司以银行存款1 000万元及一项土地使用权取得其母公司控制的乙公司80%的股权,并于当日起能够对乙公司实施控制。合并日,该土地使用权的账面价值为3 200万元,公允价值为4 000万元;乙公司净资产的账面价值为6 000万元,公允价值为6 250万元。假定甲公司与乙公司的会计年度和采用的会计政策相同,不考虑其他因素,甲公司的下列会计处理中,正确的是(　　)。

A. 确认长期股权投资5 000万元,不确认资本公积
B. 确认长期股权投资5 000万元,确认资本公积800万元
C. 确认长期股权投资4 800万元,确认资本公积600万元
D. 确认长期股权投资4 800万元,冲减资本公积200万元

解析:
同一控制下企业合并取得长期股权投资的入账价值=6 000×80%=4800(万元)
应确认的资本公积=4 800-(1 000+3 200)=600(万元)
答案:C

2. 合并方以发行权益性证券作为合并对价的,应当在合并日按照取得被合并方所有

者权益账面价值的份额作为长期股权投资的初始投资成本,按照发行股份的面值总额作为股本。长期股权投资初始投资成本与所发行股份面值总额之间的差额,应当调整资本公积(股本溢价);资本公积(股本溢价)不足冲减的,调整留存收益。发行权益性证券的发行费用,应冲减资本公积。

会计分录如下:
借:长期股权投资(被合并方所有者权益账面价值的份额)
　　贷:股本(发行股份的面值总额)
　　　　资本公积——股本溢价(差额)
借:资本公积——股本溢价(权益性证券发行费用)
　　贷:银行存款

【例7-27】2015年3月20日,甲公司合并乙企业,该项合并属于同一控制下的企业合并。合并中,甲公司发行本公司普通股1 000万股(每股面值1元,市价为2.1元),作为对价取得乙企业60%股权。合并日,乙企业的净资产账面价值为3 200万元,公允价值为3 500万元。假定合并前双方采用的会计政策及会计期间均相同,不考虑其他因素,甲公司对乙企业长期股权投资的初始投资成本为(　　)万元。

A. 1 920　　　　B. 2 100　　　　C. 3 200　　　　D. 3 500

解析:
甲公司对乙企业长期股权投资的初始投资成本=3 200×60%=1 920(万元)
答案:A

【例7-28】甲公司以定向增发股票的方式购买同一集团内另一企业持有的A公司80%股权。为取得该股权,甲公司增发2 000万股普通股,每股面值为1元,每股公允价值为5元;支付承销商佣金50万元。取得该股权时,A公司净资产账面价值为9 000万元,公允价值为12 000万元。假定甲公司和A公司采用的会计政策相同,甲公司取得该股权时应确认的资本公积为(　　)万元。

A. 5 150　　　　B. 5 200　　　　C. 7 550　　　　D. 7 600

解析:
甲公司取得该股权时应确认的资本公积=9 000×80%-2 000×1-50=5 150(万元)
答案:A

(二)非同一控制下的企业合并形成的长期股权投资

非同一控制下的企业合并,购买方应当按照确定的企业合并成本作为长期股权投资的初始投资成本。合并成本包括购买方在购买日为取得对被购买方的控制权而付出的资产、发生或承担的负债以及发行的权益性证券的公允价值。

购买方为进行企业合并发生的各项直接相关费用应计入当期损益,该直接相关费用不包括为企业合并发行的债券或承担其他债务支付的手续费、佣金等费用,也不包括企业合并中发行权益性证券发生的手续费、佣金等费用。

企业合并发行的债券或承担其他债务支付的手续费、佣金等费用,应计入负债初始确认金额;发行权益性证券发生的手续费、佣金等费用应冲减资本公积(股本溢价),资本公积(股本溢价)不足冲减的,冲减留存收益。

无论是同一控制下的企业合并还是非同一控制下的企业合并形成的长期股权投资,实际支付的价款或对价中包含的已宣告但尚未发放的现金股利或利润,应作为应收项目处理。

非同一控制下的企业合并形成的长期股权投资,应在购买日按企业合并成本(公允价值),借记"长期股权投资"账户;按支付合并对价的账面价值,贷记"有关资产或负债"账户。

非同一控制下的企业合并,投出资产为非货币性资产时,投出资产公允价值与其账面价值的差额,应分不同资产进行账务处理(如同将非货币性资产卖掉一样):

1. 投出资产为固定资产或无形资产的,其差额计入营业外收入或营业外支出。
2. 投出资产为存货的,按其公允价值确认主营业务收入或其他业务收入,按其账面价值结转主营业务成本或其他业务成本。
3. 投出资产为可供出售的金融资产等金融资产的,其差额计入投资收益。可供出售的金融资产持有期间公允价值变动形成的"资本公积——其他资本公积",应一并转入"投资收益"。

【例7-29】A公司于2009年3月31日取得了B公司70%的股权,A公司支付的有关资产在购买日的账面价值与公允价值如表7-5所示。合并中,A公司为核实B公司的资产价值,聘请专业资产评估机构对B公司的资产进行评估,支付评估费用1 000 000元。表7 假定合并前A公司与B公司及其股东不存在任何关联方关系。

表7-5　A公司支付的有关资产购买日的账面价值与公允价值

项目	账面价值	公允价值
土地使用权	2 000万(成本3 000万,累计摊销1 000万)	3 200万
专利技术	800万(成本1 000万,累计摊销200万)	1 000万
银行存款	800万	800万
合计	3 600万	5 000万

分析:本例中因A公司与B公司及其股东在合并前不存在任何关联方关系,因此应作为非同一控制下的企业合并处理。A公司对于合并形成的对B公司的长期股权投资,应按支付对价的公允价值确定其初始投资成本。A公司应进行的账务处理为:

借:长期股权投资　　　　　　　　　　　　　　50 000 000
　　累计摊销　　　　　　　　　　　　　　　　12 000 000
　　管理费用　　　　　　　　　　　　　　　　 1 000 000
　贷:无形资产　　　　　　　　　　　　　　　　40 000 000
　　　银行存款　　　　　　　　　　　　　　　　 9 000 000
　　　营业外收入　　　　　　　　　　　　　　　14 000 000

【例7-30】2016年1月1日,甲公司以一台固定资产向乙公司投资(甲公司和乙公司不属于同一控制的公司),占乙公司注册资本的60%,该固定资产的账面原价为8 000万元,已计提累计折旧 500 万元,已计提固定资产减值准备 200 万元,公允价值为 7 600 万元。不考虑其他相关税费,甲公司的账务处理如下(单位金额:万元):

借:固定资产清理 7 300
　　累计折旧 500
　　固定资产减值准备 200
　　贷:固定资产 8 000
借:长期股权投资 7 600
　　贷:固定资产清理 7 600
借:固定资产清理 300
　　贷:营业外收入 300

【例 7-31】2016 年 5 月 1 日,甲公司以一项专利权向丙公司投资(甲公司和丙公司不属于同一控制的公司),占丙公司注册资本的 70%,该专利权的账面原价为 5 000 万元,已计提累计摊销 600 万元,已计提无形资产减值准备 200 万元,公允价值为 4 000 万元。不考虑其他相关税费,甲公司的账务处理如下(单位金额:万元):

借:长期股权投资 4 000
　　累计摊销 600
　　无形资产减值准备 200
　　营业外支出 200
　　贷:无形资产 5 000

【例 7-32】甲公司 2016 年 4 月 1 日与乙公司原投资者 A 公司签订协议(甲公司和乙公司不属于同一控制下的公司),甲公司以存货和承担 A 公司的短期还贷款义务换取 A 持有的乙公司股权,2016 年 7 月 1 日购买日乙公司可辨认净资产公允价值为 1 000 万元,甲公司取得 70%的份额。甲公司投出存货的公允价值为 500 万元,增值税税额 85 万元,账面成本 400 万元,承担归还短期贷款义务 200 万元。则甲公司的相关会计分录如下(单位金额:万元):

借:长期股权投资 785
　　贷:短期借款 200
　　　　主营业务收入 500
　　应交税费——应交增值税(销项税额) 85
借:主营业务成本 400
　　贷:库存商品 400
注:合并成本＝500＋85＋200＝785(万元)

二、除企业合并外以其他方式取得的长期股权投资

除企业合并形成的长期股权投资以外,以其他方式取得的长期股权投资,应当按照下列规定确定其初始投资成本。

（一）以支付现金取得的长期股权投资

以支付现金取得的长期股权投资,应当按照实际支付的购买价款作为初始投资成本。初始投资成本包括购买过程中支付的手续费等必要支出。企业取得长期股权投资,实际支付的价款或对价中包含的已宣告但尚未发放的现金股利或利润,应作为应收项目处理。

【例7-33】2016年4月1日,甲公司从证券市场上购入丁公司发行的1 000万股股票作为长期股权投资,每股8元(含已宣告但尚未发放的现金股利0.5元),实际支付价款8 000万元,另支付相关税费40万元。则甲公司的账务处理如下(单位金额:万元):

借:长期股权投资　　　　　　　　　　　　　　　　　7 540
　　应收股利　　　　　　　　　　　　　　　　　　　　500
　贷:银行存款　　　　　　　　　　　　　　　　　　　8 040

【例7-34】甲公司于2016年2月10日,自公开市场中买入乙公司20%的股份,实际支付价款80 000 000元。在购买过程中支付手续费等相关费用1 000 000元。该股份取得后能够对乙公司施加重大影响。甲公司应当按照实际支付的购买价款作为取得长期股权投资的成本。其账务处理为:

借:长期股权投资　　　　　　　　　　　　　　　810 000 000
　贷:银行存款　　　　　　　　　　　　　　　　　81 000 000

（二）以发行权益性证券取得的长期股权投资

以发行权益性证券取得的长期股权投资,应当按照发行权益性证券的公允价值作为初始投资成本。为发行权益性证券支付的手续费、佣金等费用,应自权益性证券的溢价发行收入中扣除,溢价收入不足的,应冲减盈余公积和未分配利润。

【例7-35】2012年7月1日,甲公司发行股票1 000万股作为对价向A公司投资,每股面值为1元,实际发行价为每股3元,另支付发行费用9万元。不考虑相关税费,甲公司的相关会计分录如下(单位金额:万元):

借:长期股权投资　　　　　　　　　　　　　　　　　3 000
　贷:股本　　　　　　　　　　　　　　　　　　　　1 000
　　　资本公积——股本溢价　　　　　　　　　　　　2 000
借:资本公积——股本溢价　　　　　　　　　　　　　　　9
　贷:银行存款　　　　　　　　　　　　　　　　　　　　9

学习情境3:长期股权投资的后续计量

长期股权投资的后续计量方法依据其对被投资方的影响程度不同,应当分别采用成本法和权益法进行核算。

一、成本法

(一) 成本法的含义及适用范围

成本法是指长期股权投资按成本计价的方法。成本法强调投资方和被投资方是相互独立的法人实体,被投资方创造的股东财富只要不分配,投资方就不应确认为投资收益。因此,在成本法下,除初始投资、追加投资以及处置投资外,投资方一般不调整长期股权投资的成本。企业持有的对子公司投资应采用成本法核算。

(二) 成本法下长期股权投资的业务核算

1. 初始投资和追加投资时,应当按照初始投资和追加投资时的成本,增加长期股权投资的账面价值。

2. 在股权持有期间,企业应于被投资单位宣告发放现金股利或利润时确认投资收益。按被投资单位宣告发放的现金股利或利润中属于应由本企业享有的部分,借记"应收股利"账户,贷记"投资收益"账户。收到现金股利或利润时,借记"银行存款"账户,贷记"应收股利"账户。

3. 投资方处置长期股权投资时,应当将长期股权投资的账面价值注销,以实际取得的价款与账面价值的差额计入当期损益(即投资收益)。

【例 7-36】B 企业 2015 年 4 月 2 日购入 C 公司股份 50 000 股,每股价格 12.12 元,另支付相关税费 3 200 元。B 企业购入的 C 公司股份占 C 公司有表决权资本的 3%,并准备长期持有。C 公司于 2015 年 5 月 2 日宣告分派 2014 年度的现金股利,每股 0.2 元。则 B 企业的会计处理如下:

计算初始投资成本:

成交价+税费=50 000×12.12+3 200=609 200(元)

购入时:

借:长期股权投资——股票投资(C 公司)　　　　　　　　609 200
　　贷:银行存款　　　　　　　　　　　　　　　　　　　　609 200

C 公司宣告分派现金股利:

借:应收股利　　　　　　　　　　　　　　　　　　　　　　10 000
　　贷:长期股权投资——股票投资(C 公司)　　　　　　　　10 000

【例 7-37】甲公司于 2008 年 4 月 10 日取得乙公司 6% 股权,成本为 12 000 000 元。2009 年 2 月 6 日,乙公司宣告分派利润,甲公司按照持股比例可取得 100 000 元。假定甲公司在取得乙公司股权后,对乙公司的财务和经营决策不具有控制、共同控制或重大影响,且该投资不存在活跃的交易市场,公允价值无法可靠取得。乙公司于 2009 年 2 月 12 日实际分派利润。则甲公司应做的账务处理为:

2008 年 4 月 10 日取得长期股权投资时:

借:长期股权投资——乙公司　　　　　　　　　　　　　　12 000 000

贷:银行存款　　　　　　　　　　　　　　　　　　　　　　　　12 000 000
2009 年 2 月 6 日乙公司宣告分派利润时:
借:应收股利　　　　　　　　　　　　　　　　　　　　　　　　100 000
　　贷:投资收益　　　　　　　　　　　　　　　　　　　　　　　　100 000
2009 年 2 月 12 日实际分配利润时:
借:银行存款　　　　　　　　　　　　　　　　　　　　　　　　100 000
　　贷:应收股利　　　　　　　　　　　　　　　　　　　　　　　　100 000

【例 7-38】甲公司于 2015 年 1 月 1 日投资 A 公司(非上市公司),取得 A 公司有表决权资本的 80%。A 公司于 2015 年 4 月 1 日分配现金股利 10 万元,2015 实现净利润 40 万元,2016 年 4 月 1 日分配现金股利 20 万元。则下列说法正确的有(　　)。

A. 甲公司 2015 年确认投资收益 0 元
B. 甲公司 2015 年确认投资收益 8 万元
C. 甲公司 2016 年确认投资收益 16 万元
D. 甲公司 2016 年确认投资收益 32 万元

解析:
对被投资单位能够实施控制的长期股权投资应采用成本法核算,投资企业按照被投资单位宣告发放的现金股利或利润应享有的份额确认投资收益。
答案:BC

【例 7-39】甲公司与 A 公司 2010 年至 2012 年与投资有关的资料如下:
(1) 2010 年 1 月 1 日,甲公司支付现金 800 万元,取得 A 公司 5%的股权(不具有重大影响),发生相关税费 2 万元,假定该项投资在活跃市场中没有报价。
(2) 2010 年 4 月 1 日,A 公司宣告分配 2009 年实现的净利润,分配现金股利 100 万元。
(3) 甲公司于 2010 年 4 月 10 日收到现金股利。
(4) 2010 年 A 公司发生亏损 200 万元。
(5) 2011 年 A 公司发生巨额亏损,2011 年年末甲公司对 A 公司的投资按当时市场收益率对未来现金流量折现确定的现值为 500 万元。
(6) 2012 年 1 月 20 日,甲公司将持有的 A 公司的全部股权转让给乙企业,收到股权转让款 520 万元。
要求:编制甲公司上述与投资有关业务的会计分录(金额单位:万元)。
(1) 借:长期股权投资——A 公司　　　　　　　　　　　　　　802
　　　　贷:银行存款　　　　　　　　　　　　　　　　　　　　　802
(2) 借:应收股利　　　　　　　　　　　　　　　　　　　　　　5
　　　　贷:投资收益　　　　　　　　　　　　　　　　　　　　　5
(3) 借:银行存款　　　　　　　　　　　　　　　　　　　　　　5
　　　　贷:应收股利　　　　　　　　　　　　　　　　　　　　　5
(4) 甲公司采用成本法核算,不做账务处理。
(5) 借:资产减值损失　　　　　　　　　　　　　　　　　　　302

　　　　　贷:长期股权投资减值准备　　　　　　　　　　　　　　302
（6）借:银行存款　　　　　　　　　　　　　　　　　　　　520
　　　　　长期股权投资减值准备　　　　　　　　　　　　　　302
　　　　贷:长期股权投资——A公司　　　　　　　　　　　　802
　　　　　　投资收益　　　　　　　　　　　　　　　　　　　20

二、权益法

（一）权益法的含义及适用范围

权益法是指投资最初以投资成本计价,以后根据投资企业享有被投资单位所有者权益份额的变动,对投资的账面价值进行调整的方法。在权益法下,长期股权投资的账面价值随着被投资单位所有者权益的变动而变动,包括被投资单位实现净利润或发生净亏损以及其他所有者权益项目的变动。

按照新准则规定,投资企业对被投资单位具有共同控制或重大影响的长期股权投资,应当采用权益法核算。一般而言,企业对其他单位的投资占该公司有表决权资本总额的20%或20%以上、50%以下,或虽投资不足20%但有重大影响时,应采用权益法核算。

（二）账户设置

权益法下,"长期股权投资"账户除按被投资单位进行分类核算外,还应按"成本"、"损益调整"、"其他权益变动"等账户进行明细分类核算。

1. "长期股权投资——成本"账户

该账户反映的内容与投资时点相关,投资时点时要把初始投资成本和被投资单位可辨认的净资产公允价值的份额进行比较。

2. "长期股权投资——损益调整"账户

如果投资之后留存收益发生变动,如盈利、亏损或宣告分派现金股利,应通过该账户进行核算。

3. "长期股权投资——其他权益变动"账户

该账户反映投资之后被投资单位除了净损益以外的所有者权益的其他变动。

（二）权益法下长期股权投资的业务核算

1. 初始投资或追加投资时,应按照初始投资或追加投资时的投资成本,增加长期股权投资的账面价值。

权益法下,长期股权投资的初始投资成本大于投资时,应享有被投资单位可辨认净资产公允价值份额的,不调整长期股权投资的初始投资成本;长期股权投资的初始投资成本小于投资时,应享有被投资单位可辨认净资产公允价值份额的,应按其差额(该差额相当于接受别人捐赠),借记"长期股权投资"账户,贷记"营业外收入"账户。

【例 7-40】A 公司以银行存款 1 000 万元取得 B 公司 30%的股权。
(1) 如取得投资时,被投资单位可辨认净资产的公允价值为 3 000 万元,则 A 公司应进行的会计处理为:
  借:长期股权投资   1 000
    贷:银行存款   1 000
(2) 如投资时,B 公司可辨认净资产的公允价值为 3 500 万元,则 A 公司应进行的会计处理为:
  借:长期股权投资   1 000
    贷:银行存款   1 000
  借:长期股权投资   50
    贷:营业外收入   50

【例 7-41】承接例 7-40。A 公司于 2009 年 1 月 1 日取得 B 公司 30%的股权,实际支付价款 30 000 000 元。取得投资时,被投资单位账面所有者权益的构成如下(假定该时点被投资单位各项可辨认资产、负债的公允价值与其账面价值相同):

实收资本	30 000 000
资本公积	24 000 000
盈余公积	6 000 000
未分配利润	15 000 000
所有者权益总额	75 000 000

假定在 B 公司的董事会中,所有股东均以其持股比例行使表决权。A 公司在取得 B 公司的股权后,派人参与了 B 公司的财务和生产经营决策。

因能够对 B 公司的生产经营决策施加重大影响,A 公司对该项投资应采用权益法核算。取得投资时,A 公司应进行的账务处理为:
  借:长期股权投资——B 公司——成本   30 000 000
    贷:银行存款   30 000 000

因长期股权投资的成本 30 000 000 元大于取得投资时应享有 B 公司可辨认净资产公允价值的份额 22 500 000 元(75 000 000×30%),故不对其初始投资成本进行调整。

假定取得投资时 B 公司可辨认净资产公允价值为 120 000 000 元,A 公司按持股比例 30%计算确定应享有 36 000 000 元,则初始投资成本与应享有 B 公司可辨认净资产公允价值份额之间的差额 6 000 000 元应计入取得投资当期的损益,会计处理如下:

取得投资时:
  借:长期股权投资——B 公司——成本   30 000 000
    贷:银行存款   30 000 000
后续计量时:
  借:长期股权投资——B 公司——成本   6 000 000
    贷:营业外收入   6 000 000

2. 投资企业取得长期股权投资后,应随着被投资单位所有者权益的变动而相应调整长期股权投资的账面价值。一般而言,在权益法下长期股权投资的账面价值的调整有四种情形:净利润、净亏损、分派利润或现金股利、其他所有者权益变动。

(1) 净利润

属于被投资单位当年实现的净利润而造成的所有者权益的变动,投资企业应按所持表决权资本的比例计算应享有的份额,增加长期股权投资的账面价值。具体方法是通过长期股权投资的"损益调整"账户增加长期股权投资的账面价值,并确认为当期投资收益。

(2) 净亏损

属于被投资单位当年发生的净亏损而造成的所有者权益的变动,投资企业应按所持表决权资本的比例计算应分担的份额,减少长期股权投资的账面价值。具体方法是通过长期股权投资的"损益调整"账户减少长期股权投资的账面价值,并确认为当期投资损失。

投资企业确认被投资单位发生的净亏损而调减投资账面价值时,应以投资的账面价值减记为零为限。这里的投资账面价值是指该项股权投资的账面余额减去该项投资已计提的减值准备,股权投资的账面余额包括投资成本、损益调整等;如果以后各期被投资单位实现净利润,投资企业应在计算的收益分享额超过未确认的亏损分担额以后,按超过未确认的亏损分担额的金额,恢复投资的账面价值。

投资企业在确认被投资单位净损益时应注意,投资企业按被投资单位实现的净利润或发生的净亏损计算应享有或分担的份额时,应以取得被投资单位股权后发生的净损益为基础,投资前被投资单位实现的净损益不包括在内。

投资企业享有被投资单位损益的份额,如果会计期间投资(持股)比例发生变动,应根据投资持有期间加权平均计算。具体方法是:分别按年初持股比例和年末持股比例分段计算所持股份期间应享有的投资收益,如果无法得到被投资单位投资前和投资后所实现的净利润(或净亏损)数额,可根据投资持有时间加权平均计算。其计算公式如下:

$$\frac{加权平均}{持股比例} = \frac{原持}{股比例} \times \frac{当年投资}{持有月份} \div \frac{全年}{月份(12)} + \frac{追加持}{股比例} \times \frac{当年投资}{持有月份} \div \frac{全年月}{份(12)}$$

(3) 分派利润或现金股利

被投资单位宣告分派利润或现金股利时,投资企业按持股比例计算的应分得的利润或现金股利,应通过长期股权投资的"损益调整"账户,冲减长期股权投资的账面价值。但如投资后被投资单位宣告分派的利润或现金股利属于投资前被投资单位实现净利润的分配额,则投资企业应按持股比例计算应分得的利润或现金股利,并通过长期股权投资的"投资成本"账户,冲减长期股权投资的账面价值。

以上三条可归结为对投资损益的确认。投资企业取得长期股权投资后,应当按照应享有或应分担的被投资单位实现的净损益份额,确认投资损益并调整长期股权投资的账面价值。投资企业应按照被投资单位宣告分派的利润或现金股利计算应分得的股利或利润,并相应减少长期股权投资的账面价值。

【例 7-42】 2015 年 1 月 2 日,甲公司以货币资金取得乙公司 30% 的股权,初始投资成本为 4 000 万元;当日,乙公司可辨认净资产公允价值为 14 000 万元,与其账面价值相同。甲公司取得投资后即派人参与乙公司的生产经营决策,但未能对乙公司形成控制。乙公司 2015 年实现净利润 1 000 万元。假定不考虑所得税等其他因素,2015 年甲公司下列各项与该项投资相关的会计处理中,正确的有( )。

A. 确认商誉 200 万元　　　　B. 确认营业外收入 200 万元
C. 确认投资收益 300 万元　　　D. 确认资本公积 200 万元

解析：
此题的会计分录为(金额单位：万元)：
2015 年 1 月 2 日：
　借：长期股权投资——乙公司(成本)　　　　　　　　　　4 200
　　贷：银行存款　　　　　　　　　　　　　　　　　　　4 000
　　　　营业外收入　　　　　　　　　　　　　　　　　　　200
2015 年 12 月 31 日：
　借：长期股权投资——乙公司(损益调整)　　　　　　　　　300
　　贷：投资收益　　　　　　　　　　　　　　　　　　　　300
由此可知，甲公司 2015 年应确认营业外收入为 200 万元，确认投资收益为 300 万元。
答案：BC

【例 7-43】甲公司 2015 年 1 月 1 日以 3 000 万元的价格购入乙公司 30％的股份，另支付相关费用 10 万元。购入时乙公司可辨认净资产的公允价值为 11 000 万元(假定乙公司各项可辨认资产、负债的公允价值与账面价值相等)。乙公司 2015 年实现净利润 600 万元。甲公司取得该项投资后对乙公司具有重大影响。假定不考虑其他因素，该投资对甲公司 2015 年度利润总额的影响为(　　)万元。

A. 470　　　　B. 180　　　　C. 290　　　　D. 480

解析：
该投资对甲公司 2015 年度利润总额的影响＝[11 000×30％－(3 000＋10)]＋600×30％＝470(万元)

答案：A

(4) 其他所有者权益变动

投资企业对于被投资单位除净损益以外的所有者权益的其他变动，应当调整长期股权投资的账面价值并计入所有者权益。这些变动包括被投资单位因接受捐赠、增资扩股等增加的所有者权益，因被投资单位专项拨款转入的或因被投资单位关联方交易差价形成的资本公积，以及因被投资单位外币资本折算所引起的所有者权益的变动等。

投资企业应按其持股比例计算应享有的份额，按享有的份额，在长期股权投资中以"股权投资准备"账户单独核算，增加或减少长期股权投资的账面价值，同时作为资本公积准备项目，增加资本公积。

【例 7-44】A 公司持有 B 公司 30％的股份，当期 B 公司因持有的可供出售金融资产公允价值的变动而计入资本公积的金额为 6 000 000 元，除该事项外，B 公司当期实现的净利润为 32 000 000 元。假定 A 公司与 B 公司采用的会计政策、会计期间相同，投资时 B 公司有关资产的公允价值与其账面价值亦相同，无其他内部交易。则 A 公司在确认应享有 B 公司所有者权益的变动时的会计分录如下：

　借：长期股权投资——损益调整　　　　　　　　　　　9 600 000
　　　　　　　　　——其他权益变动　　　　　　　　　1 800 000

贷：投资收益	9 600 000
资本公积——其他资本公积	1 800 000

学习情境4：长期股权投资减值及处置的核算

一、长期股权投资的减值

按照成本法核算的在活跃市场中没有报价、公允价值不能可靠计量的长期股权投资，应按《金融工具确认和计量》准则的规定，将长期股权投资账面价值和未来现金流量现值进行比较处理。其他长期股权投资按《资产减值》准则规定处理。长期股权投资的减值一经计提，在持有期间不得转回。计提减值准备时，借记资产减值损失的"计提长期股权投资减值准备"账户，贷记"长期股权投资减值准备"账户。

注意：只有把长期股权投资处置以后才把计提的减值准备转出。

二、长期股权投资的处置

处置长期股权投资，应按实际收到的价款与长期股权投资账面价值的差额，确认为当期损益。出售长期股权投资时，以实际收到的金额，借记"银行存款"、"长期股权投资减值准备"账户，贷记长期股权投资的"成本"、"损益调整"、"其他权益变动"账户。

出售采用权益法核算的长期股权投资时，还应按处置长期股权投资的投资成本比例结转原计入"资本公积——其他资本公积"账户的金额，借记或贷记"资本公积——其他资本公积"账户，贷记或借记"投资收益"账户。

【例7-45】A公司持有B公司40%的股权，2009年11月30日，A公司出售所持有B公司股权中的25%，出售时A公司账面上对B公司长期股权投资的构成为：投资成本36 000 000元，损益调整9 600 000元，其他权益变动6 000 000元。出售取得价款14 100 000元。则A公司确认处置损益的账务处理为：

借：银行存款	14 100 000
贷：长期股权投资——B公司——成本	9 000 000
——损益调整	2 400 000
——其他权益变动	1 500 000
投资收益	1 200 000

除应将实际取得价款与出售长期股权投资的账面价值进行结转，确认为处置当期损益外，还应将原计入资本公积的部分按比例转入当期损益，会计分录如下：

借：资本公积——其他资本公积——B公司	1 500 000
贷：投资收益	1 500 000

课后练习题

一、单项选择题

1. "持有至到期投资"科目的期末借方余额,反映企业持有至到期投资的( )。
   A. 净值   B. 实际成本   C. 账面成本   D. 摊余成本

2. 资产负债表日交易性金融资产的公允价值发生变动,交易性金融资产公允价值与其账面价值的差额应直接计入( )。
   A. "投资收益"的借方   B. "投资收益"的贷方
   C. 当期损益   D. 资本利得

3. 企业在持有交易性金融资产期间,被投资单位宣告发放现金股利时,投资企业应编制的会计分录为( )。
   A. 借:应收股利   B. 借:应收利息
      贷:投资收益   贷:投资收益
   C. 借:银行存款   D. 借:交易性金融资产
      贷:应收股利   贷:投资收益

4. 2009年5月4日,A公司以银行存款10 000万元购买B公司800万股普通股,每股含有已宣告尚未领取的现金股利0.05元,共计40万元,另支付交易费10万元。A公司将其作为交易性金融资产,则该资产的入账价值应为( )。
   A. 9 950万元   B. 9 960万元   C. 9 970万元   D. 10 000万元

5. 2009年5月5日,甲公司以每股8元的价格从某证券交易所购入乙公司200万股普通股票,每股含有以宣告尚未领取的现金股利0.01元,另支付交易费24 000元。甲公司将其划分为交易性金融资产。2009年12月31日,该交易性金融资产的账面价值是( )。
   A. 1 580万元   B. 1 582.4万元   C. 1 600万元   D. 1 660万元

6. 交易性金融资产初始计量的金额是( )。
   A. 原始价值   B. 公允价值   C. 实际成交金额   D. 历史成本

7. 可供出售金融资产后续计量的金额是( )。
   A. 原始价值   B. 公允价值   C. 实际成交金额   D. 历史成本

8. 持有至到期投资后续计量的金额是( )。
   A. 原始价值   B. 公允价值   C. 摊余成本   D. 实际成本

9. 对企业有明确意图并有能力持有至到期,且到期日固定、回收金额固定的非衍生金融资产,正确的做法是( )。
   A. 不能确认为交易性金融资产   B. 不能确认为可供出售的金融资产
   C. 可以确认为金融资产   D. 可以确认为持有至到期投资

二、多项选择题

1. 下列项目属于金融资产的有( )。

A. 库存现金　　　　B. 银行存款　　　　C. 应收账款
D. 债权投资　　　　E. 股权投资

2. 企业将金融资产划分为持有至到期的金融资产应具备的基本条件有（　　）。
A. 有明确意图持有至到期
B. 有能力持有至到期
C. 到期日固定、回收金额固定或可确定
D. 到期日固定、回收金额不固定或不可确定
E. 属于衍生金融资产

3. 下列项目中,表明企业没有明确意图将金融资产投资持有至到期的有（　　）。
A. 预计在流动性需要变化时出售金融资产
B. 金融资产的期限不确定
C. 在难以合理预计的独立事项发生时出售金融资产
D. 市场利率变化时将出售该金融资产

4. 直接指定为以公允价值计量且其变动计入当期损益的金融资产,主要基于的因素有（　　）。
A. 全球性的通货膨胀　　　B. 企业的风险管理
C. 企业的战略投资　　　　D. 国家宏观调控政策
E. 行业规章制度

5. 企业取得交易性金融资产时,实际支付的交易费用包括（　　）。
A. 支付给代理机构的手续费
B. 支付给咨询公司的佣金
C. 支付给券商的手续费
D. 债券溢价或折价金额
E. 为取得金融资产的融资费用

6. "可供出售金融资产"科目应设置的明细科目有（　　）。
A. 成本　　　　　　　　　B. 公允价值变动
C. 公允价值变动损益　　　D. 利息调整
E. 应计利息

7. 构成可供出售金融资产初始投资成本的项目有（　　）。
A. 应收股利　　　　B. 成交价值　　　　C. 历史成本
D. 公允价值　　　　E. 交易税费

8. 对持有至到期投资进行重分类的情况包括（　　）。
A. 企业经营方针发生变化　　B. 更换管理决策者
C. 投资的意图发生改变　　　D. 没有能力持有至到期
E. 企业缺乏资金

9. 下列金融资产中,不应划分为持有至到期投资的项目有（　　）。
A. 符合应收款项定义的非衍生金融资产
B. 符合贷款定义的非衍生金融资产

C. 初始确认时被指定为交易性的非衍生金融资产
D. 初始确认时被指定为可供出售的非衍生金融资产
E. 初始确认时被指定为可供出售的衍生金融资产

10."持有至到期投资"一级科目应设置的明细科目有（　　）。
A. 投资成本　　　　B. 利息调整　　　　C. 应计利息
D. 公允价值变动　　E. 损益调整

三、判断题

1. 企业应当在初始确认金融资产时,将其划分为以公允价值计量且其变动计入当期损益的金融资产、持有至到期的股权投资、贷款和应收款项以及可供出售金融资产。（　）

2. 企业应当在资产负债表日对以公允价值计量且其变动计入当期损益的金融资产的账面价值进行检查,有客观证据表明该金融资产发生减值的,应当计提减值准备。（　）

3. 在活跃市场中没有报价、公允价值不能可靠计量的权益工具投资,不得指定为以公允价值计量且其变动计入当期损益的金融资产。（　）

4. 贷款和应收款项应以摊余成本进行后续计量。（　）

5. 企业持有贷款的期间所确认的利息收入,应当根据实际利率计算。（　）

6. 企业判断金融资产是否发生减值,应当以表明金融资产发生减值的客观证据为计量金额。（　）

7. 持有交易性金融资产的目的主要是为了近期内出售或回购。（　）

8. 将金融资产划分为贷款和应收款项需要满足的条件是:在活跃市场中没有报价,回收金额不固定或不可确定的非衍生金融资产。（　）

9. 对于浮动利率贷款、应收款项或持有至到期投资等金融资产,在计算未来现金流量现值时,应采用市场利率作为折现率。（　）

10. 可供出售的金融资产在后续计量时,由于公允价值变动形成的利得或损失,除减值损失和外币货币性金融资产形成的汇兑差额外,应当直接计入"资本公积——其他资本公积"账户中。（　）

四、业务题

1. 2015年6月10日,盛堂公司以580万元从二级市场购入虹创公司发行的股票100万股,每股价格5.8元,另支付交易税费6 000元。盛堂公司将该项投资划分为交易性金融资产,并且对虹创公司没有重大影响。2015年6月30日,该项股票每股市价为5.75元。2015年8月31日,盛堂公司将持有的虹创公司的20万股股票出售,每股出售收入6.05元。2015年12月31日,虹创公司股票市价每股为6.15元。2016年1月14日,盛堂公司将持有的虹创公司的30万股股票出售,每股出售收入6.2元。假定盛堂公司每年6月30日和12月31日对外提供财务报告。

要求:根据上述经济业务编制如下会计分录。

(1) 2015年6月10日，盛堂公司购买股票。
(2) 2015年6月30日，虹创公司股票公允价值发生变动。
(3) 2015年8月31日，盛堂公司将持有的虹创公司的股票出售。
(4) 2015年12月31日，虹创公司股票市价发生变动。
(5) 2016年1月14日，盛堂公司将持有的虹创公司的股票出售。

2. 东胜公司2015年12月31日交易性金融资产的资料如下：

单位：元

资产名称	初始成本	公允价值	"公允价值变动"明细科目	公允价值变动损益
甲公司股票	300 000	280 000	60 000	20 000
乙公司股票	600 000	660 000	50 000	10 000
丙公司股票	200 000	210 000	(5 000)	15 000
丁公司股票	100 000	90 000	(7 000)	(3 000)
戊公司股票	150 000	154 000	(6 000)	10 000
合计	1 200 000	1 250 000		

东胜公司于2016年1月12日将丙公司股票全部出售，出售收入共计212 000元；将戊公司的股票全部出售，出售收入共计153 500元。假定该公司每年6月30日和12月31日对外提供财务报告。

要求：根据上述经济业务编制如下会计分录。
(1) 2015年12月31日，各项股票公允价值变动。
(2) 2016年1月12日，丙公司和戊公司的股票全部出售。

3. 2015年4月15日，甲公司以625万元购入A公司股票100万股作为交易性金融资产，每股交易价为6.25元，其中每股含已宣告但尚未领取的现金股利0.15元，共计15万元，另支付手续费6 000元。4月23日，甲公司收到现金股利15万元并存入银行。2015年6月30日，A公司股票每股市价为6.2元。2015年8月13日，甲公司出售10万股A公司的股票，每股出售收入6.35元。2015年12月31日，甲公司持有A公司的股票每股市价为6.6元。2016年1月5日，甲公司以670万元出售持有A公司的全部股票。假定甲公司每年6月30日和12月31日对外提供财务报告。

要求：根据上述经济业务编制如下会计分录。
(1) 2015年4月15日，甲公司购买股票。
(2) 2015年5月25日，甲公司收到现金股利。
(3) 2015年6月30日，A公司股票公允价值发生变动。
(4) 2015年12月31日，A公司股票公允价值发生变动。
(5) 2016年1月5日，甲公司出售A公司股票。

4. 2015年4月30日，益友公司以580万元购入和睦公司股票80万股作为可供出售金融资产，每股市价为7.25元，其中每股含有已宣告但尚未领取的现金股利0.15元，另外支付税费 6 000 元。2015 年 5 月 15 日,益友公司收到现金股利存入银行。2015 年 6 月 30 日和睦公司股票每股市价为 7.5 元。2009 年 8 月 7 日,和睦公司宣告分派现金股利,每股 0.10 元。2015 年 8 月 25 日,益友公司收到分派的现金股利。2015 年 12 月 31 日,益友公司持有的和睦公司股票每股市价为 7.55 元。2016 年 1 月 5 日,益友公司以 615 万元出售该可供出售金融资产。假定益友公司每年 6 月 30 日和 12 月 31 日对外提供财务报告。

要求:根据上述经济业务编制如下会计分录并计算该可供出售金融资产的累计损益。
(1) 2015 年 4 月 30 日,益友公司购买股票。
(2) 2015 年 5 月 15 日,益友公司收到现金股利。
(3) 2015 年 6 月 30 日,和睦公司股票公允价值发生变动。
(4) 2015 年 8 月 25 日,益友公司收到分派的现金股利。
(5) 2015 年 12 月 31 日,和睦公司股票公允价值发生变动。
(6) 2016 年 1 月 5 日,益友公司出售股票。
(7) 2016 年 1 月 5 日,计算益友公司出售股票时的累计损益金额。

5. 2015 年 6 月 10 日,长春公司以 680 万元从二级市场购入 A 公司发行的股票 100 万股,每股价格 6.8 元,另支付交易税费 7 000 元。长春公司将该项投资划分为可供出售金融资产,并且对 A 公司没有重大影响。2015 年 6 月 30 日,该项股票每股市价为 6.5 元。2015 年 8 月 31 日,长春公司将持有 A 公司的 20 万股股票出售,每股出售收入 7.2 元,另支付手续费 1 000 元。2015 年 12 月 31 日,A 公司股票市价每股为 7.15 元。2016 年 1 月 14 日,长春公司将持有 A 公司的 30 万股股票出售,每股出售收入 7.3 元,另支付手续费 2 000 元。长春公司每年 6 月 30 日和 12 月 31 日对外提供财务报告。

要求:根据上述经济业务编制如下会计分录。
(1) 2015 年 6 月 10 日,长春公司购买股票。
(2) 2015 年 6 月 30 日,A 公司股票公允价值发生变动。
(3) 2015 年 8 月 31 日,长春公司将持有 A 公司的股票出售。
(4) 2015 年 12 月 31 日,A 公司股票市价发生变动。
(5) 2016 年 1 月 14 日,长春公司将持有 A 公司的股票出售。

6. 2015 年 1 月 5 日,佳音公司从证券市场上购入胜利公司于 2014 年 1 月 2 日发行的公司债券,债券期限 4 年,到期日为 2018 年 1 月 2 日。该债券的票面年利率为 4%,每年 12 月 31 日支付本年度的利息,到期日一次归还本金和最后一次利息。佳音公司购入债券的面值为 2 000 万元,实际支付 1 986 万元,另支付相关费用 10 万元。佳音公司将购入的该债券划分为持有至到期投资。购入债券的实际利率为 5%。

要求:根据上述经济业务编制如下会计分录,并编制债券溢价或折价摊销表。
(1) 2015 年 1 月 5 日,佳音公司购买公司债券。
(2) 2015 年 12 月 31 日,佳音公司应收利息与实际收到利息。
(3) 2016 年 12 月 31 日,佳音公司应收利息与实际收到利息。
(4) 2017 年 12 月 31 日,佳音公司应收利息。
(5) 2018 年 1 月 2 日,佳音公司实际收到本金与利息。

7. A公司本年度1月2日从证券市场上以256 215元购入B公司当日发行的公司债券,债券面值为250 000元,票面年利率为11%,B公司于每年12月31日支付一次利息,债券到期一次性归还全部本金。B公司发行债券时,市场年利率为10%。A公司采用实际利率法摊销溢价或折价,每年12月31日对外提供财务报告。

要求:根据上述经济业务编制A公司下列会计分录。

(1) 本年度购买B公司的债券。
(2) 第一年年末计算该年度利息并摊销溢价或折价。
(3) 收到第一年利息。
(4) 第二年年末计算该年度利息并摊销溢价或折价。
(5) 收到第二年利息。
(6) 第三年年末计算该年度利息并摊销溢价或折价。
(7) 该债券到期收回本金与最后一期利息。

8. 2015年1月5日,启蒙公司以赚取差价为目的,从二级市场上购买丙公司当日发行的公司债券并作为交易性金融资产。债券面值1 000万元,票面年利率8%,5年期限。A公司以1 060万元的价格购买该项债券,另支付交易税费1万元。2016年1月7日,启蒙公司将持有丙公司的债券全部出售,出售收入1 080万元。丙公司每年7月1日和12月31日各支付一次利息,启蒙公司每年6月30日和12月31日对外提供财务报告。

要求:根据上述相关经济业务编制如下会计分录。

(1) 2015年1月5日,启蒙公司购买债券。
(2) 2015年6月30日,该项债券公允价值为1 050万元。
(3) 2015年6月30日,启蒙公司应收利息并于7月1日收到利息。
(4) 2015年12月31日,该项债券公允价值为1 070万元。
(5) 2015年12月31日,启蒙公司应收利息并收到利息。
(6) 2016年1月7日,启蒙公司出售该项债券。

9. A公司发行5年期公司债券,从2015年1月1日开始计息,年利息率为6%,每年12月31日支付一次利息,债券到期时归还全部本金及最后一期利息。B公司于2015年1月5日购买A公司发行的公司债券,债券面值200万元,当日的市场利率为5%,A公司实际支付2 087 600元。B公司所购买的该项债券准备持有至到期。

要求:根据上述经济业务编制B公司如下会计分录。

(1) 2015年1月5日购买A公司发行的公司债券。
(2) 每年12月31日计息、收到利息并摊销债券的溢价。
(3) 债券到期收回全部本金和最后一次利息。
(4) 编制溢价摊销计算表。

10. 佳音公司发行3年期公司债券,从2015年1月1日开始计息,年利息率为6%,每年12月31日支付一次利息,债券到期时归还全部本金及最后一期利息。A公司于2015年1月5日购买佳音公司发行的公司债券,债券面值1 000万元,当日的市场利率为8%,A公司实际支付7 608 600元,并准备持有至到期。

要求:根据上述经济业务编制A公司如下会计分录。

(1) 2015 年 1 月 5 日购买佳音公司发行的公司债券。
(2) 每年 12 月 31 日计息、收到利息并摊销债券的折价。
(3) 债券到期收回全部本金和最后一次利息。
(4) 编制折价摊销计算表。

11. 甲公司 2015 年发生下列经济业务：

(1) 11 月 5 日销售给乙公司一批商品，销售价 150 万元，增值税税率为 17%，该批商品成本价为 110 万元。乙公司于当日签发并承兑带息的商业汇票一张，票据年利息率为 9%，票据期限为 150 天。

(2) 2015 年 12 月 31 日，甲公司提取票据利息。

(3) 甲公司由于急需资金，于 2016 年 1 月 4 日持有乙公司签发并承兑的商业汇票向银行申请贴现，贴现年利率为 10%。银行审核相关票据后，支付甲公司贴现款。

要求：根据上述经济业务编制甲公司相应的会计分录。

项目八 财务成果岗位核算

【本章培养目标】

掌握企业收入、营业成本、期间费用、利润、利润分配业务的核算方法。

学会计算所得税费用、主营业务利润、其他业务利润、营业利润、利润总额、净利润和应分配的利润。

能编制收入、营业成本、期间费用、利润、利润分配业务和应交所得税等相关原始凭证、记账凭证,并根据有关资料登记有关总账、明细账簿。

【本章重点】

收入、营业成本、期间费用、所得税、利润、利润分配业务的核算。

【本章难点】

所得税的计算。

任务一 财务成果岗位的会计职责和核算内容

一、财务成果岗位的会计职责

财务成果岗位会计可分为费用会计岗位和收入、利润会计岗位。

(一) 费用会计岗位职责

该岗位负责制定费用管理制度和核算办法;会同有关部门制定费用计划,严格控制费用开支;负责日常支出和审查报批登记工作;负责编制和审核与费用业务相关的原始凭证;负责费用业务的明细核算;负责编制各类成本费用报表,做好费用的分析与考核工作。

(二) 收入、利润会计岗位职责

该岗位负责会同有关部门编制收入、利润计划;负责销售款项结算业务;负责编制和

审核与收入、利润业务相关的原始凭证;负责收入、利润及利润分配业务的明细核算;编制收入、利润及利润分配表,并进行利润的分析和考核;协助有关部门对存货进行盘点清查。

二、财务成果岗位的核算内容

财务成果是指企业在一定时期内从事生产经营活动所取得的利润或发生的亏损。财务成果核算的内容主要包括收入核算、费用核算、利润核算及利润分配核算。

(一) 收入核算

收入是指企业在日常活动中形成的,会导致所有者权益增加的,与所有者投入资本无关的经济利益的总流入。

其中,日常活动是指企业为完成其经营目标所从事的经常性活动以及与之相关的其他活动。收入具有以下特点:

1. 收入是企业在日常活动中形成的经济利益的总流入。
2. 收入会导致企业所有者权益的增加。
3. 收入与所有者投入资本无关。

按企业从事日常活动的性质,可将收入分为销售商品收入、提供劳务收入和让渡资产使用权收入。按企业从事日常活动在企业中的重要性,可将收入分为主营业务收入和其他业务收入。

(二) 费用核算

费用是指企业在日常活动中发生的,会导致所有者权益减少的,与向所有者分配利润无关的经济利益的总流出。广义的费用包括成本、费用和损失,狭义的费用仅指与本期营业收入配比的那部分消耗。

按经济用途的不同,费用可分为生产成本和期间费用。生产成本是指计入产品成本的费用,包括直接材料、直接人工和制造费用;期间费用是指直接计入当期损益的费用,包括管理费用、财务费用和销售费用。

(三) 利润核算

利润是指企业在一定会计期间的经营成果,包括收入减去费用后的净额和直接计入当期损益的利得和损失。收入减去费用后的净额为营业利润,反映企业日常活动的经营业绩;直接计入当期损益的利得和损失是指企业应当计入当期损益的、会导致所有者权益发生增减变化的、与所有者投入资本或向所有者分配利润无关的利得和损失,反映企业非日常活动的盈亏结果。利润从其形成过程可分为营业利润、利润总额和净利润三个层次。

(四) 利润分配核算

利润分配是指企业根据法律、董事会或有关权力机构提请股东大会或有关机构批准后,对企业可供分配利润指定其特定用途和分配给投资者的行为。

任务二　收入的核算

学习情景1：销售商品收入的确认与核算

一、销售商品收入

（一）销售商品收入的确认

收入的确认是指收入在什么时候入账，并在利润表中反映。按《企业会计准则第14号——收入》（以下简称收入准则）规定，企业销售商品时，如同时符合以下5个条件，即可确认收入。

1. 企业已将商品所有权上的主要风险和报酬转移给购货方。
2. 企业既没有保留通常与所有权相联系的继续管理权，也没有对已售出的商品实施有效控制。
3. 收入的金额能够可靠地计量。
4. 相关的经济利益很可能流入企业。
5. 相关的已发生或将发生的成本能够可靠地计量。

企业销售商品只有同时满足上述5个条件才能确认收入，任何一个条件不满足，即使收到货款，也不能确认收入。

（二）销售商品收入的计量

1. 销售商品收入的计量原则

销售商品收入的计量，就是确定入账的价值。实现的商品销售收入，应按实际收到或应收的价款入账，具体计量遵循以下原则。

（1）销售有合同或者协议的，按合同或者协议金额确定入账的价值。

（2）销售无合同或者协议的，按供需双方协议的价格或者都能接受的价格确定入账的价值。

（3）不考虑预计可能发生的现金折扣及销售折让。现金折扣在实际发生时计入当期财务费用，销售折让在实际发生时冲减当期销售收入。

2. 销售商品收入确认条件的具体应用

（1）销售商品采用托收承付方式的，在办妥托收手续时确认收入。

(2) 销售商品采用预收款方式的,在发出商品时确认收入,预收的货款应确认为负债。

(3) 销售商品需要安装和检验的,在购买方接受商品并安装和检验完毕时确认收入。如果安装程序比较简单,可在发出商品时确认收入。

(4) 销售商品采用以旧换新方式的,销售的商品应当按照销售商品的收入确认条件确认收入,回收的商品作为购进商品处理。

(5) 销售商品采用支付手续费方式委托代销的,在收到代销清单时确认收入。

(三) 销售商品收入的核算

1. 账户设置

(1) "主营业务收入"账户

该账户属于损益类账户,核算企业在销售商品、提供劳务等日常活动中所产生的收入。贷方登记实际取得的商品销售收入,借方登记月末结转到"本年利润"的收入,月末一般无余额。本账户应按主营业务的种类设置明细账,进行明细核算。确认主营业务收入的同时要结转主营业务成本。

(2) "发出商品"账户

该账户属于资产类账户,核算企业一般销售方式下未满足收入确认条件但已发出商品的成本。该账户借方登记发出商品的成本,贷方登记确认商品销售收入时结转的发出商品成本;期末余额在借方,反映企业发出商品的成本。本账户可按购货方、商品类别和种类进行明细核算。

2. 一般商品销售的会计账务处理

确认收入时:
借:应收账款(银行存款、应收票据等)
　　贷:主营业务收入
　　　　应交税费——应交增值税(销项税额)
结转成本时:
借:主营业务成本
　　贷:库存商品

【例 8-1】甲公司于 2015 年 5 月 10 日销售商品一批,价款 100 万元,增值税税率 17%,商品成本 60 万元,已办妥托收承付手续,则甲公司账务处理如下:

确认收入时:
借:应收账款　　　　　　　　　　　　　　　　　　　　　1 170 000
　　贷:主营业务收入　　　　　　　　　　　　　　　　　　1 000 000
　　　　应交税费——应交增值税(销项税额)　　　　　　　　170 000
结转成本时:
借:主营业务成本　　　　　　　　　　　　　　　　　　　　600 000
　　贷:库存商品　　　　　　　　　　　　　　　　　　　　600 000

【例8-2】华联实业股份有限公司向乙公司销售一批A产品。A产品的生产成本为120 000元,合同约定的销售价格为150 000元,增值税税额为25 500元。华联公司开出发票账单并按合同约定的品种和质量发出A产品,乙公司收到A产品并验收入库。根据合同约定,乙公司必须在30天内付款,确认销售收入,并结转销售成本。则相关的会计分录如下:

确认收入时:
借:应收账款——乙公司　　　　　　　　　　　　　　　　　175 500
　　贷:主营业务收入　　　　　　　　　　　　　　　　　　　150 000
　　　　应交税费——应交增值税(销项税额)　　　　　　　　 25 500
结转成本时:
借:主营业务成本　　　　　　　　　　　　　　　　　　　　120 000
　　贷:库存商品　　　　　　　　　　　　　　　　　　　　　120 000

3. 已经发出但不符合销售商品收入确认条件的商品的处理

对于已经发出但不符合销售商品收入确认条件的商品的账务处理,分两种情况:(1)销售该商品的纳税义务没有发生时,即商品发出未开出增值税专用发票,借记"发出商品",贷记"库存商品";(2)销售该商品的纳税义务已经发生,即发出商品时开出了增值税专用发票,在这种情况下,需另外增加一个分录,借记"应收账款——某公司(应收销项税额)",贷记"应交税费——应交增值税(销项税额)"。

【例8-3】2015年1月20日,华联实业股份有限公司向丁公司销售一批B产品。B产品生产成本为60 000元,销售价格为80 000元,增值税税额为13 600元。华联公司在销售时已知悉丁公司资金周转发生暂时困难,近期内难以收回货款,但是为了减少存货积压以及考虑到与丁公司长期的业务往来关系,B产品已发运给丁公司并开出发票账单。2015年12月1日,丁公司给华联公司开出、承兑一张面值93 600元、为期6个月的不带息银行承兑汇票。则相关的会计分录如下:

2015年1月20日,发出产品:
借:发出商品　　　　　　　　　　　　　　　　　　　　　　 60 000
　　贷:库存商品　　　　　　　　　　　　　　　　　　　　　 60 000
借:应收账款——丁公司(应收销项税额)　　　　　　　　　　 13 600
　　贷:应交税费——应交增值税(销项税额)　　　　　　　　　13 600
2015年12月1日,收到承兑汇票时:
借:应收票据——丁公司　　　　　　　　　　　　　　　　　　93 600
　　贷:主营业务收入　　　　　　　　　　　　　　　　　　　 80 000
　　　　应收账款——丁公司(应收销项税额)　　　　　　　　　13 600
同时,
借:主营业务成本　　　　　　　　　　　　　　　　　　　　　60 000
　　贷:发出商品　　　　　　　　　　　　　　　　　　　　　 60 000

4. 销售退回、现金折扣和销售折让

(1) 销售退回

销售退回是指企业售出的商品由于质量、品种不符合要求等原因而发生的退货。商品销售的退回分为未确认收入的商品销售退回和已确认收入的商品销售退回两种情况。未确认收入的商品销售退回,只需将已记入"发出商品"账户的商品成本转回到"库存商品"账户即可;已确认收入的商品销售退回,不论是当期销售还是上期销售的商品,一般冲减当期收入并按当期同类商品成本冲减当期的商品销售成本。

【例8-4】东方股份有限公司2010年7月5日收到乙公司因质量问题而退回的商品10件,每件商品成本为210元。该批商品是东方股份有限公司2010年5月2日出售给乙公司的,每件商品售价为300元,适用的增值税税率为17%,货款尚未收到,东方股份有限公司尚未确认销售商品收入。因乙公司提出的退货要求符合销售合同约定,东方股份有限公司同意退货,并按规定向乙公司开具了增值税专用发票(红字)。则东方股份有限公司应在验收退货入库时编制如下会计分录:

借:库存商品　　　　　　　　　　　　　　　　　　　　 2 100
　　贷:发出商品　　　　　　　　　　　　　　　　　　　　 2 100
借:应交税费——应交增值税(销项税额)　　　　　　　　　 510
　　贷:应收账款——乙公司　　　　　　　　　　　　　　　 510

【例8-5】东方股份有限公司2010年3月20日销售A商品一批,增值税专用发票上注明售价为350 000元,增值税税额为59 500元,该批商品成本为182 040元。A商品于2010年3月20日发出,购货方于3月27日付款。东方股份有限公司对该项销售确认了销售收入。2010年6月15日,由于该批商品质量出现严重问题,购货方将该批商品全部退回给东方股份有限公司,东方股份有限公司同意退货,于退货当日支付了退货款,并按规定向购货方开具了增值税专用发票(红字)。则东方股份有限公司的会计处理如下:

销售实现时:
借:应收账款　　　　　　　　　　　　　　　　　　　　 409 500
　　贷:主营业务收入　　　　　　　　　　　　　　　　　　 350 000
　　　　应交税费——应交增值税(销项税额)　　　　　　　 59 500
借:主营业务成本　　　　　　　　　　　　　　　　　　　 182 040
　　贷:库存商品　　　　　　　　　　　　　　　　　　　　 182 040
收到货款时:
借:银行存款　　　　　　　　　　　　　　　　　　　　　 409 500
　　贷:应收账款　　　　　　　　　　　　　　　　　　　　 409 500
销售退回时:
借:主营业务收入　　　　　　　　　　　　　　　　　　　 350 000
　　应交税费——应交增值税(销项税额)　　　　　　　　　 59 500
　　贷:银行存款　　　　　　　　　　　　　　　　　　　　 409 500
借:库存商品　　　　　　　　　　　　　　　　　　　　　 182 040
　　贷:主营业务成本　　　　　　　　　　　　　　　　　　 182 040

(2) 现金折扣

现金折扣是指债权人为鼓励债务人在规定的期限内付款而向债务人提供的债务扣

除。现金折扣一般用符号"折扣率/付款期限"表示,例如"2/10,1/20,N/30"表示:销货方允许客户最长的付款期限为 30 天,如果客户在 10 天内付款,销货方可按商品售价给予客户 2%的折扣;如果客户在 20 天内付款,销货方可按商品售价给予客户 1%的折扣;如果客户在 21 天至 30 天内付款,将不能享受现金折扣。现金折扣是企业为了尽快使资金回笼而发生的理财费用,在发生时作为当期损益,记入"财务费用"账户。现金折扣的核算方法有净价法和总价法两种,现行会计制度要求采用"总价法"核算。

注意:税法规定,如果销售额和折扣额在同一张发票上分别注明的,可按折扣后的余额作为销售额计算增值税;如果将折扣额另开发票,或非价格折扣而是实物折扣的,不得从销售额中减除折扣额。

【例 8-6】甲公司销售产品一批,售价 5 万元,给予购货方 20%的商业折扣,另规定的现金折扣条件为"3/10,2/20,N/30",适用的增值税税率为 17%。已办妥托收手续,该公司采用总价法核算(假设按含税折扣)。则相关的会计分录如下:

销售时:
借:应收账款   46 800
 贷:主营业务收入(50 000×80%)   40 000
  应交税费——应交增值税(销项税额)   6 800

如果在 10 天内收到货款:
借:银行存款   45 396
 财务费用   1 404
 贷:应收账款   46 800

如果在 11~20 天内收到货款:
借:银行存款   45 864
 财务费用   936
 贷:应收账款   46 800

如果超过了现金折扣的最后期限(20 天后):
借:银行存款   46 800
 贷:应收账款   46 800

(3)销售折让

销售折让是指企业因售出的商品质量不合格等原因而给予的售价减让。销售收入确认之前发生的折让或销售折让在交易时就标明了的,按折扣后的实际售价计算营业收入;销售收入确认之后发生的折让,在实际发生折让时冲减当期的营业收入,同时冲减当期增值税的销项部分。

【例 8-7】甲公司于 2015 年元月 9 日向 M 公司销售一批商品 100 件,增值税发票上标明售价 1 000 元/件,增值税 17 000 元。M 公司 15 日收到货物并办理验收,发现质量不合格的商品有 5 件,要求降价 10%,此时甲公司尚未确认销售收入并且甲公司同意给予折让,并与 20 日收到货款、税金。则相关的会计分录如下:

确认收入时:
借:应收账款   105 300

贷:主营业务收入　　　　　　　　　　　　　　　　　　　　　　90 000
　　　　应交税费——应交增值税(销项税额)　　　　　　　　　　　15 300
收到货款时:
　借:银行存款　　　　　　　　　　　　　　　　　　　　　　　　105 300
　　贷:应收账款　　　　　　　　　　　　　　　　　　　　　　　　105 300

5. 销售退回的账务处理

销售退回是指企业售出的商品由于质量、品种不符合要求等原因而发生的退货。企业发生的销货退回,应分别不同情况处理。对未确认销售商品收入的销售退回,应借记"库存商品"账户,贷记"发出商品"账户。对已确认销售商品收入的销售退回,不论是当期销售还是上期销售的商品,一律冲减当期收入并按当期同类商品成本冲减当期的商品销售成本。若按规定允许扣减增值税,应同时冲减已确认的增值税。若该项销售退回有已发生的现金折扣,应同时调整相关财务费用。会计分录如下:

未确认收入的商品销售退回:
　借:库存商品
　　贷:发出商品
已确认收入的商品销售退回:
　借:主营业务收入
　　　应交税费——应交增值税(销项税额)
　　贷:银行存款
　　　　(红字增值税专用发票)

【例 8-8】 S 公司 2015 年 4 月 2 日销售冰箱 100 台,售价 1 800 元/台,增值税税率为 17%,制造成本 1200 元/台,货款和税金已存银行。因质量问题于 5 月 8 日被退回 5 台,款项已退回,5 月冰箱制造成本 1 300 元/台。则相关的会计分录如下:

4 月 2 日确认收入时:
　借:银行存款　　　　　　　　　　　　　　　　　　　　　　　　210 600
　　贷:主营业务收入　　　　　　　　　　　　　　　　　　　　　　180 000
　　　　应交税费——应交增值税(销项税额)　　　　　　　　　　　30 600
4 月 2 日结转销售成本时:
　借:主营业务成本　　　　　　　　　　　　　　　　　　　　　　120 000
　　贷:库存商品　　　　　　　　　　　　　　　　　　　　　　　　120 000
5 月 8 日发生销售退回时:
　借:主营业务收入　　　　　　　　　　　　　　　　　　　　　　　9 000
　　贷:银行存款　　　　　　　　　　　　　　　　　　　　　　　　10 530
　　　　应交税费——应交增值税(销项税额)　　　　　　　　　　　1 530
　借:库存商品　　　　　　　　　　　　　　　　　　　　　　　　　6 500
　　贷:主营业务成本　　　　　　　　　　　　　　　　　　　　　　6 500

6. 预收款方式销售商品时的账务处理

采用预收款方式销售商品时,销售方在收到最后一笔款项后才将商品交付购货方,表明商品所有权上的主要风险和报酬只有在收到最后一笔款项时才转移给购货方。因此,销售方通常应在发出商品时确认收入,在此之前预收的货款记入"预收账款"账户。

【例 8-9】东方股份有限公司与乙公司签订协议,采用预收款方式向乙公司销售一批商品。该批商品实际成本为 620 200 元。协议约定,该批商品销售价格为 800 000 元,增值税税额为 136 000 元;乙公司应在协议签订时预付 60%的货款(按销售价格计算),剩余货款于 2 个月后支付。则东方股份有限公司的账务处理如下:

收到 60%货款时:
借:银行存款　　　　　　　　　　　　　　　　　　480 000
　　贷:预收账款——乙公司　　　　　　　　　　　　　　　480 000
收到剩余货款及增值税税款时:
借:预收账款——乙公司　　　　　　　　　　　　　936 000
　　贷:主营业务收入　　　　　　　　　　　　　　　　　　800 000
　　　　应交税费——应交增值税(销项税额)　　　　　　　136 000
借:银行存款　　　　　　　　　　　　　　　　　　456 000
　　贷:预收账款——乙公司　　　　　　　　　　　　　　　456 000
借:主营业务成本　　　　　　　　　　　　　　　　620 200
　　贷:库存商品　　　　　　　　　　　　　　　　　　　　620 200

7. 代销商品方式销售货物的账务处理

代销商品分为视同买断方式和收取手续费方式两种情况。

(1) 视同买断方式

视同买断方式是指由委托方和受托方签订合同,委托方按协议价收取代销商品的货款,实际售价可由受托方自定,差价归受托方所有的销售方式。委托方在交付商品时不确认收入,受托方也不作为购进商品处理。受托方将商品销售后,应按实际售价确认为销售收入,按委托方和受托方签订的协议价确认为商品销售成本,并向委托方开出代销清单。委托方在收到受托方开出的代销清单时确认收入。

【例 8-10】2015 年 2 月 1 日甲公司委托乙商场代销皮鞋 1 000 双,协议价 80 元/双(不含税),乙商场自定售价为 100 元/双(不含税)。2 月 28 日甲公司收到乙商场开来的代销清单,标明销售皮鞋 1 000 双,甲公司开具增值税专用发票。皮鞋制造成本 50 元/双。则委托企业和受托企业的账务处理分别为:

① 委托企业

发出代销的商品时:
借:发出商品　　　　　　　　　　　　　　　　　　50 000
　　贷:库存商品　　　　　　　　　　　　　　　　　　　　500 000
收到受托方的代销清单,按代销清单上注明的已销商品货款的实现情况,按应收的款项:

借:应收账款 93 600
　　贷:主营业务收入 80 000
　　　　应交税费——应交增值税(销项税额) 13 600
同时结转委托商品的成本:
借:主营业务成本 50 000
　　贷:发出商品 50 000
收到代销发出的商品的收入:
借:银行存款 93 600
　　贷:应收账款 93 600
② 受托企业
收到代销的商品时:
借:受托代销商品 80 000
　　贷:受托代销商品款 80 000
实现销售时:
借:银行存款 117 000
　　贷:主营业务收入 100 000
　　　　应交税费——应交增值税(销项税额) 17 000
同时结转委托商品的成本:
借:主营业务成本 80 000
　　贷:受托代销商品 80 000
借:受托代销商品款 80 000
　　应交税费——应交增值税(进项税额) 13 600
　　贷:应付账款 93 600
按照合同将款项付给委托方:
借:应付账款 93 600
　　贷:银行存款 93 600

(2) 收取手续费方式

收取手续费方式是指受托方根据所代销的商品数量或金额向委托方收取手续费的销售方式。其特点是:受托方严格按委托方规定的价格销售,自己无权定价。受托方应按收取的手续费确认收入,委托方在收到受托方开来的代销清单时确认收入。

【例8-11】2015年2月1日甲公司委托乙商场代销皮鞋1 000双,按代销合同规定皮鞋售价为80元/双(不含税),代销手续费为售价的10%。2月28日甲公司收到乙商场开来代销清单,标明代销皮鞋500双,甲公司开具增值税专用发票。皮鞋制造成本50元/双。则委托企业和受托企业的账务处理分别为:

① 委托企业
将代销发出的商品作为委托代销商品处理:
借:发出商品 50 000
　　贷:库存商品 500 000

收到受托方的代销清单,按代销清单上注明的已销商品货款的实现情况,按应收的款项:

借:应收账款　　　　　　　　　　　　　　　　　　　　　　93 600
　　贷:主营业务收入　　　　　　　　　　　　　　　　　　　　80 000
　　　　应交税费——应交增值税(销项税额)　　　　　　　　　13 600

应支付的代销手续费:

借:销售费用　　　　　　　　　　　　　　　　　　　　　　8 000
　　贷:应收账款　　　　　　　　　　　　　　　　　　　　　　8 000

收到代销发出的商品的收入:

借:银行存款　　　　　　　　　　　　　　　　　　　　　　85 600
　　贷:应收账款　　　　　　　　　　　　　　　　　　　　　　85 600

同时结转委托商品的成本:

借:主营业务成本　　　　　　　　　　　　　　　　　　　　50 000
　　贷:发出商品　　　　　　　　　　　　　　　　　　　　　　50 000

② 受托企业

收到代销的商品时:

借:受托代销商品　　　　　　　　　　　　　　　　　　　　80 000
　　贷:受托代销商品款　　　　　　　　　　　　　　　　　　　80 000

实现销售时:

借:银行存款　　　　　　　　　　　　　　　　　　　　　　93 600
　　贷:应付账款　　　　　　　　　　　　　　　　　　　　　　80 000
　　　　应交税费——应交增值税(销项税额)　　　　　　　　　13 600

按可抵扣的增值税进项税额:

借:应交税费——应交增值税(进项税额)　　　　　　　　　13 600
　　贷:应付账款　　　　　　　　　　　　　　　　　　　　　　13 600

借:受托代销商品款　　　　　　　　　　　　　　　　　　　80 000
　　贷:受托代销商品　　　　　　　　　　　　　　　　　　　　80 000

归还委托单位的货款并计算代销手续费,按应付的金额:

借:应付账款　　　　　　　　　　　　　　　　　　　　　　93 600
　　贷:主营业务收入　　　　　　　　　　　　　　　　　　　　8 000
　　　或:其他业务收入(应收取的手续费)
　　　　银行存款　　　　　　　　　　　　　　　　　　　　　85 600

7. 以旧换新方式销售货物的账务处理

采取以旧换新方式销售货物的,应按新货物的同期销售价格确定销售额,不得冲减旧货物的收购价格。销售货物与有偿收购旧货是两项不同的业务活动,销售额与收购额不能相互抵减。

【例 8-12】A 家电有限公司采用以旧换新方式销售给甲企业家电商品 200 台,单位售价为 5 万元,单位成本为 3 万元;同时收回 200 台同类家电商品,每台回收价为 0.5 万元

(不考虑增值税),款项已收入银行。则其相关的会计分录如下:
借:银行存款　　　　　　　　　　　　　　　　　　　10 700 000
　　库存商品　　　　　　　　　　　　　　　　　　　　1 000 000
　　贷:主营业务收入　　　　　　　　　　　　　　　　10 000 000
　　　　应交税费——应交增值税(销项税额)　　　　　　1 700 000
借:主营业务成本　　　　　　　　　　　　　　　　　　　　　600
　　贷:库存商品　　　　　　　　　　　　　　　　　　　　　　600
注意:以旧换新销售不是非货币性资产交换,因为非货币性资产交换有25%比例要求。

学习情景2:劳务收入的确认与核算

一、劳务收入的确认与计量

企业提供的劳务通常按劳务是否跨年度分为跨年度劳务与不跨年度劳务两类。开始和完成分属不同会计期间的劳务称为跨年度劳务,开始并完成在同一会计期间的劳务称为不跨年度劳务。不跨年度的劳务应在提供劳务交易完成时确认收入,通常以合同或协议总金额为确认劳务收入的依据。跨年度劳务应按提供的劳务在期末能否可靠计量,分别以下面两种情况采用不同原则和方法确认。

(一) 提供劳务交易结果能够可靠估计的

期末对提供劳务的结果能够可靠估计,应采用"完工百分比法"确认劳务收入。所谓"提供劳务交易的结果能够可靠估计"需要同时满足以下几个条件:

1. 收入的金额能够可靠地计量。
2. 相关的经济利益很可能流入企业。
3. 交易的完工进度能够可靠地确定。交易的完工进度能够可靠地确定,是指交易的完工进度能够合理地估计。企业确定提供劳务交易的完工进度,可以选用下列方法:

(1) 已完工作的测量。这是一种比较专业的测量方法,由专业测量师对已经提供的劳务进行测量,并按一定方法计算确定提供劳务交易的完工程度。

(2) 已经提供的劳务占应提供劳务总量的比例。这种方法主要以劳务量为标准,确定提供劳务交易的完工程度。

(3) 已经发生的成本占估计总成本的比例。这种方法主要以成本为标准,确定提供劳务交易的完工程度。只有反映已提供劳务的成本才能包括在已经发生的成本中,只有反映已提供或将提供劳务的成本才能包括在估计总成本中。

4. 交易中已发生和将发生的成本能够可靠地计量。

(二) 提供劳务交易结果不能可靠估计的

企业在资产负债表日提供劳务交易结果不能够可靠估计的,应当分别按下列情况处理:

1. 已经发生的劳务成本能够得到补偿的,应当按照已经发生的劳务成本金额确认提供劳务收入,并按相同金额结转劳务成本。

2. 已经发生的劳务成本预计只能部分得到补偿的,应当按照能够得到补偿的劳务成本金额确认提供劳务收入,并按已经发生的劳务成本结转劳务成本。

3. 已经发生的劳务成本预计全部不能得到补偿的,应当将已经发生的劳务成本计入当期损益,不确认提供劳务收入。

二、劳务收入核算的账户设置

核算企业劳务收入除应设置"主营业务收入"、"其他业务收入"等与销售商品收入相同的账户外,还应设置"劳务成本"账户。

"劳务成本"账户属于成本类账户,该账户核算企业对外提供劳务发生的成本。该账户借方登记发生的劳务成本,贷方登记结转到主营业务成本或其他业务成本的劳务成本;期末余额在借方,反映尚未完成或尚未结转的劳务成本。本账户可按劳务种类进行明细核算。

三、劳务收入业务的核算

(一) 劳务交易的结果能够可靠估计

企业在资产负债表日提供劳务交易的结果能够可靠估计的,应当采用完工百分比法确认劳务收入。完工百分比法,是指按照提供劳务交易的完工进度确认收入和费用的方法。在这种方法下,确认的劳务收入金额能够提供各个会计期间关于提供劳务交易及其业绩的有用信息。其公式如下:

$$\text{本期确认的提供劳务收入} = \text{提供劳务收入总额} \times \text{完工进度} - \text{以前会计期间累计已确认提供劳务收入}$$

$$\text{本期确认的提供劳务成本} = \text{提供劳务预计成本总额} \times \text{完工进度} - \text{以前会计期间累计已确认提供劳务成本}$$

账务处理如下:

实际发生劳务成本时:

借:劳务成本
　　贷:应付职工薪酬

预收劳务款时:

借:银行存款
　　贷:预收账款

确认提供劳务收入并结转劳务成本时：
借：预收账款
　　贷：主营业务收入
借：主营业务成本
　　贷：劳务成本

【例 8-13】甲公司于 2015 年 12 月 1 日接受一项设备安装任务，安装期为 3 个月，合同总收入 300 000 元，至年底已预收安装费 220 000 元，实际发生安装费用 140 000 元（假定均为安装人员薪酬），估计还会发生 60 000 元的费用。假定甲公司按实际发生的成本占估计总成本的比例确定劳务的完工进度，不考虑其他因素。则甲公司的账务处理如下：

实际发生的成本占估计总成本的比例＝140 000÷(140 000＋60 000)＝70%
2015 年 12 月 31 日确认的提供劳务收入＝300 000×70%－0＝210 000（元）
2015 年 12 月 31 日结转的提供劳务成本＝(140 000＋60 000)×70%－0＝140 000（元）
具体的会计分录如下：
实际发生劳务成本时：

借：劳务成本	140 000	
贷：应付职工薪酬		140 000

预收劳务款时：

借：银行存款	220 000	
贷：预收账款		220 000

2015 年 12 月 31 日确认提供劳务收入并结转劳务成本时：

借：预收账款	210 000	
贷：主营业务收入		210 000
借：主营业务成本	140 000	
贷：劳务成本		140 000

【例 8-14】甲公司于 2015 年 10 月 1 日与丙公司签订合同，为丙公司定制一项软件，工期大约为 5 个月，合同总收入为 4 000 000 元。至 2015 年 12 月 31 日，甲公司已发生成本 2 200 000 元（假定均为开发人员薪酬），预收账款 2 500 000 元。甲公司预计开发该软件还将发生成本 800 000 元。2015 年 12 月 31 日，经专业测量师测量，该软件的完工进度为 60%，假定甲公司按季度编制财务报表，不考虑其他因素。则甲公司的账务处理如下：

2015 年 12 月 31 日确认提供劳务收入＝4 000 000×60%－0＝2 400 000（元）
2015 年 12 月 31 日确认提供劳务成本＝(2 200 000＋800 000)×60%－0＝1 800 000（元）

具体的会计分录如下：
实际发生劳务成本时：

借：劳务成本	2 200 000	
贷：应付职工薪酬		2 200 000

预收劳务款项时：

借：银行存款	2 500 000	

   贷:预收账款   2 500 000
2015 年 12 月 31 日确认劳务收入并结转劳务成本时:
  借:预收账款   2 400 000
   贷:主营业务收入   2 400 000
  借:主营业务成本   1 800 000
   贷:劳务成本   1 800 000

(二) 提供劳务交易结果不能可靠估计

【例 8-15】 甲公司于 2015 年 11 月 1 日接受乙公司委托,为其培训一批学员,培训期为 6 个月,当日开学。协议约定,乙公司应向甲公司支付的培训费总额为 30 000 元,分三次等额支付,第一次在开学时预付,第二次在 2016 年 2 月 1 日支付,第三次在培训结束时支付。当日,乙公司预付第一次培训费。2015 年 12 月 31 日,甲公司得知乙公司经营发生困难,后两次培训费能否收回难以确定。因此,甲公司只把已经发生的培训成本 15 000 元(假定均为培训人员薪酬)中能够得到补偿的部分(即 10 000 元)确认为收入,把发生的 15 000 元成本全部确认为当年费用。假定甲公司按年度编制财务报表,不考虑其他因素。则甲公司账务处理如下:

2015 年 11 月 1 日收到乙公司预付的培训费时:
  借:银行存款   10 000
   贷:预收账款   10 000
实际发生培训支出 15 000 元时:
  借:劳务成本   15 000
   贷:应付职工薪酬   15 000
2015 年 12 月 31 日确认提供劳务收入并结转劳务成本时:
  借:预收账款   10 000
   贷:主营业务收入   10 000
  借:主营业务成本   15 000
   贷:劳务成本   15 000

【例 8-16】 甲公司于 2015 年 4 月 1 日与乙公司签订一项咨询合同,并于当日生效。合同约定,咨询期为 2 年,咨询费为 300 000 元;乙公司分三次等额支付咨询费,第一次在项目开始时支付,第二次在项目中期支付,第三次在项目结束时支付。甲公司估计咨询劳务总成本为 180 000 元(均为咨询人员薪酬)。假定甲公司按时间比例确定完工进度,按年度编制财务报表,不考虑其他因素。甲公司各年度发生的劳务成本资料如表 8-1 所示。

表 8-1 各年度发生的劳务成本

单位:元

年度	发生的成本
2015	70 000
2016	90 000

续表

年度	发生的成本
2017	20 000
合计	180 000

则甲公司的账务处理如下:

(1) 2015 年度

实际发生劳务成本时:

借:劳务成本　　　　　　　　　　　　　　　　　　　　　　　　70 000
　　贷:应付职工薪酬　　　　　　　　　　　　　　　　　　　　　　70 000

预收劳务款项时:

借:银行存款　　　　　　　　　　　　　　　　　　　　　　　　100 000
　　贷:预收账款　　　　　　　　　　　　　　　　　　　　　　　 100 000

确认提供劳务收入并结转劳务成本时:

提供劳务的完工进度＝9÷24＝37.5%

确认提供劳务收入＝300 000×37.5%－0＝112 500(元)

结转提供劳务成本＝180 000×37.5%－0＝67 500(元)

借:预收账款　　　　　　　　　　　　　　　　　　　　　　　　112 500
　　贷:主营业务收入　　　　　　　　　　　　　　　　　　　　　 112 500
借:主营业务成本　　　　　　　　　　　　　　　　　　　　　　 67 500
　　贷:劳务成本　　　　　　　　　　　　　　　　　　　　　　　 67 500

(2) 2016 年度

实际发生劳务成本时:

借:劳务成本　　　　　　　　　　　　　　　　　　　　　　　　90 000
　　贷:应付职工薪酬　　　　　　　　　　　　　　　　　　　　　　90 000

预收劳务款项时:

借:银行存款　　　　　　　　　　　　　　　　　　　　　　　　100 000
　　贷:预收账款　　　　　　　　　　　　　　　　　　　　　　　 100 000

确认提供劳务收入并结转劳务成本时:

提供劳务的完工进度＝21÷24＝87.5%

确认提供劳务收入＝300 000×87.5%－112 500＝150 000(元)

结转提供劳务成本＝180 000×87.5%－67 500＝90 000(元)

借:预收账款　　　　　　　　　　　　　　　　　　　　　　　　150 000
　　贷:主营业务收入　　　　　　　　　　　　　　　　　　　　　 150 000
借:主营业务成本　　　　　　　　　　　　　　　　　　　　　　 90 000
　　贷:劳务成本　　　　　　　　　　　　　　　　　　　　　　　 90 000

(3) 2017 年度

实际发生劳务成本时:

借:劳务成本	20 000
贷:应付职工薪酬	20 000

预收劳务款项时：

借:银行存款	100 000
贷:预收账款	100 000

确认提供劳务收入并结转劳务成本时：

借:预收账款	37 500
贷:主营业务收入	37 500
借:主营业务成本	22 500
贷:劳务成本	22 500

任务三　费用业务核算

一、费用的确认原则与方法

费用的确认应坚持权责发生制原则的要求,即企业发生的属于本期的各项费用,不论其是否实际支付,均应确认为本期费用;不属于本期的费用,即使款项已在本期支付,也不应确认为本其费用。

从时间角度,费用的确认方法有以下三种情况。

(一) 按与收入的配比关系确认

即凡是与本期的收入有直接关系的耗费,都应确认为本期费用,如主营业务成本与其他业务成本的确认。

(二) 按一定的方法分配后确认

如果一项资产能够在若干会计期间为企业带来经济利益,其成本应采用一定的分配方法计算分摊后分别计入各个会计期间,如固定资产折旧、无形资产摊销等。

(三) 在支出发生时直接确认

比如销售费用、管理费用、财务费用等期间费用的确认。

二、费用核算的内容及账户设置

广义的费用包括成本、费用和损失,狭义的费用仅指与本期营业收入配比的那部分耗费。本任务所讲的费用核算内容主要指营业成本、营业税金及附加和期间费用。应设置的主要账户有以下几种。

(一)"主营业务成本"账户

该账户属于损益类账户,核算企业销售商品、提供劳务等主要营业活动发生的成本支出。该账户借方登记销售商品、提供劳务过程中结转的成本,贷方登记销售退回商品成本以及期末转入"本年利润"的成本金额,期末结转后本账户无余额。本账户通常按商品类别或劳务种类进行明细核算。

(二)"其他业务成本"账户

该账户是损益类账户,核算企业确认的除主营业务活动以外的其他经营活动所发生的支出,包括销售材料的成本、出租固定资产的折旧额、出租无形资产的摊销额、出租包装物的成本或摊销额等。采用成本模式计量投资性房地产的,其投资性房地产计提的折旧额或摊销额,也通过本账户核算。该账户借方登记企业发生的其他业务支出,贷方登记企业月末结转到"本年利润"账户中去的其他业务支出。该账户按照其他业务支出的种类进行明细核算。期末,应将本账户余额转入"本年利润"账户,结转后本账户无余额。

(三)"营业税金及附加"账户

该账户属于损益类账户,核算企业日常主要经营活动应负担的税金及附加,包括营业税、消费税、城市维护建设税、资源税、土地增值税和教育费附加等,房产税、车船使用税、土地使用税、印花税在"管理费用"账户核算,但与投资性房地产相关的房产税、土地使用税在本账户核算。该账户借方登记销售商品应交的各项销售税金及附加,贷方登记月末结转到"本年利润"的各项销售税金及附加,月末一般无余额。

(四)"销售费用"账户

该账户是损益类账户,核算营业费用的发生和结转情况,借方登记营业费用的发生额,贷方登记期末结转到"本年利润"中去的营业费用,结转后该账户无余额。该账户应按营业费用的费用项目设置明细账,进行明细核算。

(五)"管理费用"账户

该账户是损益类账户,核算管理费用的发生和结转情况,借方登记各项管理费用发生额,贷方登记期末结转到"本年利润"中去的管理费用,结转后该账户无余额。该账户应按管理费用的费用项目设置明细账,或按费用项目设置专栏,进行明细核算。

(六)"财务费用"账户

该账户是损益类账户,核算财务费用的发生和结转情况,借方登记财务费用的发生额,贷方登记期末结转到"本年利润"中去的财务费用,结转后该账户无余额。该账户应按财务费用的费用项目设置明细账,进行明细核算。

四、费用业务的账务处理

(一) 主营业务成本核算

企业销售商品的成本,除代销等特殊业务要随时结转外,一般的现销与赊销业务通常于会计期末(一般为月末)按一定的方法计算并结转,借记"主营业务成本"账户,贷记"库存商品"账户。

【例8-17】甲企业2015年5月份销售甲产品100件,单位售价14元,单位销售成本10元。该批产品于2014年6月因质量问题发生退货10件,货款已经退回。该企业2015年6月份销售甲产品150件,每件成本11元。则其冲减销售成本的方法有两种:

(1) 如果本月有同种或同类产品销售,销售退回产品可以直接从本月的销售数量中减去,得出本月销售净数量,然后计算应结转的销售成本。会计分录如下:

结转当月销售产品成本:
借:主营业务成本　　　　　　　　　　　　　　　　　　　　　　1 540
　　贷:库存商品　　　　　　　　　　　　　　　　　　　　　　　1 540
冲减退回产品的成本:
借:库存商品　　　　　　　　　　　　　　　　　　　　　　　　110
　　贷:主营业务成本　　　　　　　　　　　　　　　　　　　　　110

(2) 单独计算本月退回产品的成本。退回产品成本的确定,可以按照退回月份销售的同种或同类产品的实际销售成本计算,也可以按照销售月份该种产品的销售成本计算确定,然后从本月销售产品的成本中扣除。会计分录如下:

结转当月销售产品成本:
借:主营业务成本　　　　　　　　　　　　　　　　　　　　　　1 650
　　贷:库存商品　　　　　　　　　　　　　　　　　　　　　　　1 650
冲减退回产品的成本:
借:库存商品　　　　　　　　　　　　　　　　　　　　　　　　110
　　贷:主营业务成本　　　　　　　　　　　　　　　　　　　　　110

(二) 其他业务成本核算

企业发生主营业务以外的销售及提供劳务业务取得其他业务收入时,应同时结转其相关成本。会计分录如下:

实现其他业务收入时:
借:银行存款(应收账款、应收票据)
　　贷:其他业务收入——材料销售
　　　　应交税费——应交增值税(销项税额)
结转其他业务成本时:
借:其他业务成本

贷:周转材料——包装物
　　　　原材料

【例 8-18】甲公司将一批生产用的原材料销售给乙公司,专用发票列明材料价款 10 000 元,增值税税额 1 700 元,共计 11 700 元,另以银行存款代垫运费 1 200 元(运费发票已转交),材料已经发出,同时收到乙公司开出并承兑的商业汇票。则相关的账务处理如下:

　　借:应收票据——乙公司　　　　　　　　　　　　　　　　　12 900
　　　贷:银行存款　　　　　　　　　　　　　　　　　　　　　　1 200
　　　　　其他业务收入　　　　　　　　　　　　　　　　　　　10 000
　　　　　应交税金——应交增值税(销项税额)　　　　　　　　　　1 700

【例 8-19】甲公司原租给乙工厂的一批包装物,到期不能收回,该批包装物押金 8 000 元,应收而未收的租金 200 元,增值税税额 34 元,逾期未退还的包装押金为 7 766 元,按规定应缴纳增值税 1 128 元。则相关的账务处理如下:

　　借:其他应付款——乙工厂　　　　　　　　　　　　　　　　　8 000
　　　贷:其他应收款——乙工厂　　　　　　　　　　　　　　　　　234
　　　　　其他业务收入　　　　　　　　　　　　　　　　　　　　6 638
　　　　　应交税金——应交增值税(销项税额)　　　　　　　　　　1 128

【例 8-20】甲企业 2015 年 5 月出租包装物,取得租金收入 4 000 元,包装物成本 2 500 元(包装物成本假设在出租时一次转入销售成本)。租金收入存入银行。则相关的账务处理如下:

　　借:银行存款　　　　　　　　　　　　　　　　　　　　　　　4 000
　　　贷:其他业务收入　　　　　　　　　　　　　　　　　　　　4 000
　　借:其他业务成本　　　　　　　　　　　　　　　　　　　　　2 500
　　　贷:包装物　　　　　　　　　　　　　　　　　　　　　　　2 500

(三) 营业税金及附加核算

【例 8-21】甲企业 9 月份销售小轿车 15 辆,气缸容量为 2 200 毫升,出厂价 15 万元/辆,价外收取有关费用每 11 000 元/辆。该企业 9 月份增值税进项税额为 200 000 元。有关的计算公式如下:

　　应纳消费税税额=(150 000+11 000)×8%×15=193 200(元)
　　增值税销项税额=(150 000+11 000)×17%×15=410 550(元)
　　应纳增值税税额=410 550-200 000=210 550(元)
　　应纳城建税税额=(193 200+210 550)×7%=28 262.5(元)
　　应纳教育费附加=(193 200+210 550)×3%=12 112.5(元)
　　根据上述有关凭证和数据,编制会计分录如下:

　　借:银行存款　　　　　　　　　　　　　　　　　　　　　　2 825 550
　　　贷:主营业务收入　　　　　　　　　　　　　　　　　　　2 415 000
　　　　　应交税金——应纳增值税(销项税额)　　　　　　　　　410 550

借：营业税金及附加		233 575
贷：应交税费——应纳消费税		193 200
——应纳城建税		28 262.5
——应纳教育费附加		12 112.5

（四）期间费用核算

期间费用是指虽与本期收入的取得密切相关，但不能直接归属于某个特定对象的各种费用。期间费用是企业当期发生的费用中重要的组成部分，包括管理费用、财务费用、营业费用。

1. 管理费用

管理费用是指企业为组织和管理企业生产经营活动所发生的各项费用，包括企业的董事会和行政管理部门在企业的经营管理中发生的费用，或者应当由企业统一负担的公司经费。

2. 财务费用

财务费用是指企业为筹集生产经营所需资金等而发生的各项费用。

3. 营业费用

营业费用是指企业销售商品过程中发生的费用，主要包括企业销售商品过程中发生的运输费、装卸费、包装费、保险费、展览费和广告费，为销售本企业商品而专设销售机构（含销售网点、售后服务网点等）的职工工资及福利费、类似工资性质的费用、业务费等经营费用，以及商业企业在购买商品过程中发生的运输费、装卸费、包装费、保险费、运输途中的合理损耗和入库前的整理挑选费等。

【例8-22】企业本月支付管理人员工资2 000元，以银行存款支付办公费用1 000元和业务招待费1 500元。相应的会计分录如下：

借：管理费用	4 500
贷：应付职工薪酬——应付工资	2 000
银行存款	2 500

【例8-23】企业本月发生如下有关产品销售费用事项：运输费500元，装卸费1 200元，广告费8 000元，销售部门人员工资7 200元。相应的会计分录如下：

借：销售费用——运输费	500
——装卸费	1 200
——广告费	8 000
——工资	7 200
贷：银行存款	9 700
应付职工薪酬——应付工资	7 200

【例8-24】企业本月发生以下与财务费用有关的业务：支付发行债券的手续费与印刷费50 000元。相应的会计分录如下：

借：财务费用——手续费	50 000

贷：银行存款　　　　　　　　　　　　　　　　　　　　　　　　　50 000

任务四　营业外收支核算

学习情景 1：营业外收入的核算

一、营业外收入的概念

　　营业外收入是指与企业生产经营活动没有直接关系的各项收入。主要包括非流动资产处置利得、非货币性资产交换利得、债务重组利得、政府补助、盘盈利得、捐赠利得等。

二、营业外收入的账户设置

　　营业外收入业务需设置"营业外收入"账户，该账户属于损益类账户，核算企业发生的与其生产经营无直接关系的各项收入。该账户贷方登记企业发生的各项营业外收入，借方登记期末转入"本年利润"账户的营业外收入，期末结转后该账户无余额。本账户应按收入项目设置明细账，进行明细核算。

三、营业外收入的账务处理

　　【例 8-25】甲公司应收乙公司的账款 3 000 万元已逾期，经协商决定进行债务重组。债务重组内容是：乙公司以银行存款偿付甲公司账款 1 550 万元，同时乙公司以一项无形资产偿付所欠账款的余额。乙公司该项无形资产的原值为 900 万元，已计提摊销额 100 万元，公允价值为 1 050 万元。假定不考虑相关税费，则乙公司的会计处理如下：

　　借：应付账款　　　　　　　　　　　　　　　　　　　　　　30 000 000
　　　　累计摊销　　　　　　　　　　　　　　　　　　　　　　 1 000 000
　　　贷：银行存款　　　　　　　　　　　　　　　　　　　　　15 500 000
　　　　　无形资产　　　　　　　　　　　　　　　　　　　　　 9 000 000
　　　　　营业外收入——处置非流动资产利得　　　　　　　　　 2 500 000
　　　　　　　　　　——债务重组利得　　　　　　　　　　　　 4 000 000

　　【例 8-26】甲公司 2015 年 11 月 1 日与乙公司签订供货合同，后因乙公司违约，收到违约金 20 000 元，已存入银行。其会计分录如下：

　　借：银行存款　　　　　　　　　　　　　　　　　　　　　　　　20 000

贷:营业外收入　　　　　　　　　　　　　　　　　　　　　　　　　　20 000

学习情景2:营业外支出的核算

一、营业外支出的概念

营业外支出是指与企业生产经营活动没有直接关系的各项支出。主要包括非货币性资产交换损失、非货币性资产处置损失、债务重组损失、公益性捐赠支出、非常损失、盘亏损失等。

二、营业外支出的账户设置

营业外支出业务应设置"营业外支出"账户,该账户属于损益类账户,核算企业发生的与其生产经营无直接关系的各项支出。该账户借方登记企业发生的各项营业外支出,贷方登记期末转入"本年利润"账户的营业外支出,期末结转后该账户无余额。本账户应按支出项目设置明细账,进行明细核算。

三、营业外支出的账务处理

【例8-27】甲企业在年终进行财产清查时,发现盘亏一架照相机,该照相机原价2 500元,已提折旧500元,经批准报损。其会计分录如下:

借:待处理财产损益——待处理固定资产损益　　　　　　　　　　　　2 000
　　累计折旧　　　　　　　　　　　　　　　　　　　　　　　　　　　　500
　　贷:固定资产　　　　　　　　　　　　　　　　　　　　　　　　　2 500
借:营业外支出　　　　　　　　　　　　　　　　　　　　　　　　　　2 000
　　贷:待处理财产损益——待处理固定资产损益　　　　　　　　　　　2 000

【例8-28】甲企业2015年遇火灾,库存棉花10吨计10万元被废,报经批准作损失处理。其会计分录如下:

借:待处理财产损益——待处理流动资产损益　　　　　　　　　　　100 000
　　贷:原材料　　　　　　　　　　　　　　　　　　　　　　　　　100 000
借:营业外支出　　　　　　　　　　　　　　　　　　　　　　　　100 000
　　贷:待处理财产损益——待处理固定资产损益　　　　　　　　　　100 000

任务五 所得税的计算与交纳

学习情景1：所得税的计算

一、企业所得税的计算

企业所得税是指对在中华人民共和国境内的企业和其他取得收入的组织（以下统称企业）就其来源于中国境内、境外的所得所征收的税。

（一）应纳税所得额的计算

应纳税所得额的计算方法有两种。

1. 应纳税所得额＝收入总额－不征税收入－免税收入－各项扣除－允许弥补的以前年度亏损

（1）企业以货币形式和非货币形式从各种来源取得的收入，为收入总额。包括：销售货物收入，提供劳务收入，转让财产收入，股息、红利等权益性投资收益，利息收入，租金收入，特许权使用费收入，接受捐赠收入，其他收入。

（2）不征税收入包括：财政拨款，依法收取并纳入财政管理的行政事业性收费、政府性基金，国务院规定的其他不征税收入。

（3）免税收入包括：国债利息收入，符合条件的居民企业之间的股息、红利等权益性投资收益，在中国境内设立机构、场所的非居民企业从居民企业取得与该机构、场所有实际联系的股息、红利等权益性投资收益，符合条件的非营利组织的收入。

（4）准予在计算应纳税所得额时扣除的项目。包括：企业实际发生的与取得收入有关的、合理的支出（包括成本、费用、税金、损失和其他支出），企业发生的公益性捐赠支出在年度利润总额12%以内的部分，准予在计算应纳税所得额时扣除。

（5）在计算应纳税所得额时，下列支出不得扣除：向投资者支付的股息、红利等权益性投资收益款项，企业所得税税款，税收滞纳金，罚金、罚款和被没收财物的损失，《个人所得税法》第九条规定以外的捐赠支出，赞助支出，未经核定的准备金支出，与取得收入无关的其他支出。

① 在计算应纳税所得额时，企业按照规定计算的固定资产折旧，准予扣除。下列固定资产不得计算折旧扣除：

房屋、建筑物以外未投入使用的固定资产，以经营租赁方式租入的固定资产，以融资租赁方式租出的固定资产，已足额提取折旧仍继续使用的固定资产，与经营活动无关的固定资产,单独估价作为固定资产入账的土地,其他不得计算折旧扣除的固定资产。

② 在计算应纳税所得额时,企业按照规定计算的无形资产摊销费用,准予扣除。下列无形资产不得计算摊销费用扣除:

自行开发的支出已在计算应纳税所得额时扣除的无形资产、自创商誉、与经营活动无关的无形资产、其他不得计算摊销费用扣除的无形资产。

③ 在计算应纳税所得额时,企业发生的下列支出作为长期待摊费用,按照规定摊销的,准予扣除:

已足额提取折旧的固定资产的改建支出、租入固定资产的改建支出、固定资产的大修理支出、其他应当作为长期待摊费用的支出。

(6) 企业纳税年度发生的亏损,准予向以后年度结转,用以后年度的所得弥补,但结转年限最长不得超过五年。

2. 应纳税所得额＝税前会计利润＋纳税调整增加额－纳税调整减少额

(1) 纳税调整增加额

① 该项业务按会计准则规定核算时不作为收益计入财务报表,但在计算应纳税所得额时作为收益需要交纳所得税。

【例 8-29】甲公司 2015 年税前会计利润为 720 万元,2015 年 12 月 12 日向 A 公司销售一批商品,开出的增值税专用发票上注明的销售价格为 200 万元,增值税税额为 34 万元,款项尚未收到;该批商品成本为 120 万元。甲公司在销售时已知 A 公司资金周转发生困难,但为了减少存货积压,同时也为了维持与 A 公司长期建立的商业关系,甲公司仍将商品发往 A 公司并办妥托收手续。甲公司适用的所得税税率为 25%,不考虑其他纳税调整事项。其应纳所得税的计算为:

应纳所得税额＝[720＋(200－120)]×25%＝200(万元)

② 按会计准则规定核算时确认为费用或损失计入财务报表,但在计算应纳税所得额时则不允许扣减。

【例 8-30】乙公司 2015 年税前会计利润为 780 万元,2015 年 12 月 31 日计提存货跌价准备 20 万元。乙公司适用的所得税税率为 25%,不考虑其他纳税调整事项。其应纳所得税的计算为:

应纳所得税额＝(780＋20)×25%＝200(万元)

(2) 纳税调整减少额

① 按会计准则规定核算时作为收益计入财务报表,但在计算应纳税所得额时不确认为收益。

【例 8-31】丙公司 2015 年税前会计利润为 820 万元,2015 年取得国债利息收入 20 万元。丙公司适用的所得税税率为 25%,不考虑其他纳税调整事项。其应纳所得税的计算为:

应纳所得税额＝(820－20)×25%＝200(万元)

② 按会计准则规定核算时不确认为费用或损失,但在计算应纳税所得额时则允许扣减。

【例 8-32】丁公司 2015 年税前会计利润为 820 万元,2015 年发生研究阶段支出 40 万元计入管理费用。丁公司适用的所得税税率为25%,不考虑其他纳税调整事项。其应纳所得税的计算为：

应纳所得税额 = (820 − 40 × 50%) × 25% = 200(万元)

(二) 应纳税额的计算

应纳税额 = 企业的应纳税所得额 × 适用税率 − 减免和抵免的税额

1. 适用税率

企业所得税的税率为25%。符合条件的小型微利企业,减按20%的税率征收企业所得税。国家需要重点扶持的高新技术企业,减按15%的税率征收企业所得税。

2. 减免和抵免的税额

企业取得的下列所得已在境外缴纳的所得税税额,可以从其当期应纳税额中抵免,抵免限额为该项所得依照本法规定计算的应纳税额;超过抵免限额的部分,可以在以后五个年度内,用每年度抵免限额抵免当年应抵税额后的余额进行抵补:

(1) 居民企业来源于中国境外的应税所得。

(2) 非居民企业在中国境内设立机构、场所取得的发生在中国境外但与该机构、场所有实际联系的应税所得。

(3) 居民企业从其直接或者间接控制的外国企业分得的来源于中国境外的股息、红利等权益性投资收益。

(4) 外国企业在境外实际缴纳的所得税税额中属于该项所得负担的部分。

学习情景2:所得税费用的核算

一、所得税的核算方法

《企业会计准则第18号——所得税准则》借鉴了国际会计准则,并结合我国的实际情况,要求对所得税采用全新的资产负债表债务法进行核算。

资产负债表债务法是从资产负债表出发,通过比较资产负债表上列示的资产、负债按照会计准则规定确定的账面价值与按照税法规定确定的计税基础,对于两者之间的差异,分别按应纳税暂时性差异与可抵扣暂时性差异,确认相关的递延所得税负债与递延所得税资产,并在此基础上确定每一期间利润表中的所得税费用。

所得税准则规范的是资产负债表中递延所得税资产和递延所得税负债的确认和计量。

二、资产和负债的计税基础

企业在取得资产、负债时,应当确定其计税基础,资产、负债的账面价值与其计税基础存在差异的,应当确认所产生的递延所得税资产或递延所得税负债。

(一) 资产的计税基础

资产的计税基础是指企业在收回资产账面价值的过程中,计算应纳税所得额时按照税法规定可以自应税经济利益中抵扣的金额,即:

资产的计税基础＝未来可税前扣除的金额

如果这些经济利益不需要纳税,那么该资产的计税基础即为其账面价值。从理论上说,资产取得时,其入账价值与计税基础既可以相同,也可以不同。我国目前存在大量资产取得时其入账价值与计税基础不同的情况,如前所述,即使资产取得时其入账价值与计税基础相同,但后续计量因会计准则规定与税法规定不同,也可能造成账面价值与计税基础的差异。

常见资产计税基础确认计量有以下几种。

1. 固定资产

(1) 初始计量

以各种方式取得的固定资产初始计量时,按企业会计准则确定的入账价值基本上税法都认可,因此,固定资产初始确认的账面价值一般等于其计税基础。

(2) 后续计量

固定资产后续计量时,

账面价值＝实际成本－会计累计折旧－固定资产减值准备

计税基础＝实际成本－税法累计折旧

由此可见,固定资产后续计量期间,折旧方法、折旧年限、减值准备等因素均有可能导致其账面价值和计税基础之间产生差异。

【例 8-33】甲公司于 2009 年 1 月 1 日开始计提折旧的某项固定资产,原价为 3 000 000 元,使用年限为 10 年,采用年限平均法计提折旧,预计净残值为 0。税法规定类似固定资产采用加速折旧法计提的折旧可予税前扣除。该企业在计税时采用双倍余额递减法计提折旧,预计净残值为 0。2010 年 12 月 31 日,企业估计该项固定资产的可收回金额为 2 200 000 元。

分析:

2010 年 12 月 31 日,该项固定资产的账面价值＝3 000 000－300 000×2－200 000＝2 200 000(元)

计税基础＝3 000 000－3 000 000×20%－240 000×20%＝1 920 000(元)

该项固定资产账面价值 2 200 000 元与其计税基础 1 920 000 元之间的 280 000 元差额,代表着将于未来期间计入企业应纳税所得额的金额,造成未来期间应交所得税的增加,应将其确认为递延所得税负债。

【例 8-34】甲公司于 2005 年 12 月 20 日取得某设备,成本为 16 000 000 元,预计使用 10 年,预计净残值为 0,采用年限平均法计提折旧。2008 年 12 月 31 日,根据该设备生产产品的市场占有情况,甲公司估计其可收回金额为 9 200 000 元。假定税法规定的折旧方法、折旧年限与会计准则相同,企业的资产在发生实质性损失时可予税前扣除。

分析：

2008年12月31日，甲公司该设备的账面价值＝16 000 000－1 600 000×3＝11 200 000（元），可收回金额为9 200 000元，应当计提2 000 000元固定资产减值准备，计提该减值准备后，固定资产的账面价值为9 200 000元。

该设备的计税基础＝16 000 000－1 600 000×3＝11 200 000（元）

资产的账面价值9 200 000元小于其计税基础11 200 000元，产生可抵扣暂时性差异。

2. 无形资产

(1) 初始计量

无形资产初始计量账面价值与计税基础的差异主要产生于内部研发。除内部研究开发形成的无形资产外，以其他方式取得的无形资产，初始确认时其入账价值与税法规定的成本之间一般不存在差异。

对于内部研究开发形成的无形资产，企业会计准则规定有关研究开发支出分为两个阶段，研究阶段的支出应当费用化计入当期损益，而开发阶段符合资本化条件以后发生的支出应资本化作为无形资产的成本。税法规定，企业为开发新技术、新产品、新工艺发生的研究开发费用，未形成无形资产计入当期损益的，在按照规定据实扣除的基础上，按照研究开发费用的50%加计扣除；形成无形资产的，按照无形资产成本的150%摊销。

【例8-35】甲公司当期发生研究开发支出共计10 000 000元，其中研究阶段支出2 000 000元，开发阶段符合资本化条件前发生的支出为2 000 000元，符合资本化条件后发生的支出为6 000 000元。假定开发形成的无形资产在当期期末已达到预定用途，但尚未进行摊销。

分析：

甲公司当年发生的研究开发支出中，按照会计准则规定应予费用化的金额为4 000 000元，形成无形资产的成本为6 000 000元，即期末所形成无形资产的账面价值为6 000 000元。

甲公司于当期发生的10 000 000元研究开发支出，可在税前扣除的金额为6 000 000元。对于按照会计准则规定形成无形资产的部分，税法规定按照无形资产成本的150%作为计算未来期间摊销额的基础，即该项无形资产在初始确认时的计税基础为9 000 000元（6 000 000×150%）。

该项无形资产的账面价值6 000 000元与其计税基础9 000 000元之间的差额3 000 000元将于未来期间税前扣除，产生可抵扣暂时性差异。

(2) 后续计量

会计与税法的差异主要产生于对无形资产是否需要摊销及无形资产减值准备的计提。计算公式如下：

账面价值＝实际成本－会计累计摊销－无形资产减值准备

但对于使用寿命不确定的无形资产，计算公式为：

账面价值＝实际成本－无形资产减值准备

计税基础＝实际成本－税法累计摊销

【例 8-36】 甲公司于 2009 年 1 月 1 日取得某项无形资产,成本为 6 000 000 元。企业根据各方面情况判断,无法合理预计其带来未来经济利益的期限,因此将其作为使用寿命不确定的无形资产。2009 年 12 月 31 日,对该项无形资产进行减值测试,表明未发生减值。企业在计税时,对该项无形资产按照 10 年的期间摊销,有关摊销额允许税前扣除。

分析:

会计上将该项无形资产作为使用寿命不确定的无形资产,在未发生减值的情况下,其账面价值为取得成本 6 000 000 元。

该项无形资产在 2009 年 12 月 31 日的计税基础为 5 400 000 元(6 000 000－600 000)。

该项无形资产的账面价值 6 000 000 元与其计税基础 5 400 000 元之间的差额 600 000 元将计入未来期间的应纳税所得额,产生未来期间企业所得税税款流出的增加,为应纳税暂时性差异。

3. 其他资产

采用公允价值模式计量的投资性房地产,以及其他计提了资产减值准备的各项资产如存货等,由于会计准则与税法规定不同,企业在持有资产期间,其账面价值与计税基础可能存在差异。

【例 8-37】 2015 年 12 月 31 日,甲商场有一批存货,账面成本为 1 000 万元,经测试可变现净值为 800 万元,计提存货跌价准备 200 万元。2015 年资产负债表日该存货的账面价值和计税基础差异分析如下:

会计上,账面价值＝1 000－200＝800(万元)

税法上,计提的存货跌价准备不得税前扣除,计税基础为 1 000 万元。

因此 2015 年该存货的账面价值小于计税基础 200 万元。

(二) 负债的计税基础

负债的计税基础,是指负债的账面价值减去未来期间计算应纳税所得额时按照税法规定可予抵扣的金额。即:

负债的计税基础＝负债的账面价值－未来可税前扣除的金额

一般情况下,负债的确认与偿还不会影响企业的损益,也不会影响其应纳税所得额,未来期间计算应纳税所得额时按税法规定可予抵扣的金额为零,则计税基础等于账面价值,如短期借款、应付账款等。但在某些情况下,负债的确认可能会影响企业的损益,进而影响不同期间的应纳税所得额,使得账面价值与计税基础产生差异,如企业因销售商品提供售后服务而确认的预计负债、预收账款等。

常见负债的计税基础确认计量有以下几种。

1. 预计负债

按照《企业会计准则第 13 号——或有事项》的规定,企业应将预计提供售后服务发生的支出在销售当期确认为费用,同时确认预计负债。税法规定,与销售产品有关的支出应于发生时税前扣除。由于该类事项产生的预计负债在期末的计税基础为其账面价值与未来期间可税前扣除的金额之间的差额,因此有关的支出在实际发生时可全部税前扣除,其计税基础为 0。

【例 8-38】甲公司 2015 年因销售产品并承诺提供 3 年的保修服务,在当年度利润表中确认了 8 000 000 元销售费用,同时确认为预计负债,当年度发生保修支出 2 000 000 元,预计负债的期末余额为 6 000 000 元。税法规定,与产品售后服务相关的费用在实际发生时税前扣除。

分析:

该项预计负债在甲公司 2015 年 12 月 31 日的账面价值为 6 000 000 元。

该项预计负债的计税基础=账面价值-未来期间计算应纳税所得额时按照税法规定可予抵扣的金额=6 000 000-6 000 000=0

因其他事项确认的预计负债,应按照税法规定的计税原则确定其计税基础。某些情况下某些事项确认的预计负债,如果税法规定无论是否实际发生均不允许税前扣除,即未来期间按照税法规定可予抵扣的金额为 0,则其账面价值与计税基础相同。

【例 8-39】2015 年 10 月 5 日甲公司为乙公司银行借款提供担保,乙公司未如期偿还借款而被银行提起诉讼,要求其履行担保责任;12 月 31 日,该案件尚未结案。甲公司预计很可能履行的担保责任为 3 000 000 元。假定税法规定,企业为其他单位债务提供担保发生的损失不允许在税前扣除。

分析:

2015 年 12 月 31 日,该项预计负债的账面价值为 3 000 000 元,计税基础为 3 000 000 元。该项预计负债的账面价值等于计税基础,不产生暂时性差异。

2. 预收账款

企业在收到客户预付的款项时,因不符合收入确认条件,会计上将其确认为负债。税法中对于收入的确认原则一般与会计规定相同,即会计上未确认收入时,计税时一般亦不计入应纳税所得额,该部分经济利益在未来期间计税时可予税前扣除的金额为 0,计税基础等于账面价值。

如果不符合企业会计准则规定的收入确认条件,但按税法规定应计入当期应纳税所得额时,有关预收账款的计税基础为 0。

【例 8-40】大海公司 2015 年 12 月 31 日收到客户预付的款项 200 万元。

(1) 若收到预收的款项时不计入应纳税所得额,则 2015 年 12 月 31 日预收账款的账面价值为 200 万元。

2015 年 12 月 31 日预收账款的计税基础=200-0=200(万元)

(2) 若预收的款项计入当期应纳税所得额,则 2015 年 12 月 31 日预收账款的账面价值为 200 万元。因按税法规定,预收的款项已计入当期应纳税所得额,所以在以后年度减少预收账款确认收入时,由税前会计利润计算应纳税所得额时应将其扣除。

2015 年 12 月 31 日预收账款的计税基础=200-200=0

3. 其他负债

企业的其他负债项目,如企业应交的罚款和滞纳金等,在尚未支付之前,按照会计准则规定确认为费用,同时作为负债反映。税法规定,罚款和滞纳金不得税前扣除,其计税基础为账面价值减去未来期间计税时可予税前扣除的金额0之间的差额,即计税基础等于账面价值。

【例8-41】 甲公司因未按照税法规定缴纳税金,按规定需在2015年缴纳滞纳金1 000 000元,至2015年12月31日,该款项尚未支付,形成其他应付款1 000 000元。

分析:

因应缴滞纳金形成的其他应付款账面价值为1 000 000元,因税法规定该支出不允许税前扣除,其计税基础为1 000 000元。

对于罚款和滞纳金支出,会计与税收规定存在差异,但该差异仅影响发生当期,对未来期间计税不产生影响,因而不产生暂时性差异。

三、暂时性差异的确认与分类

(一) 暂时性差异的基本概念

暂时性差异是指资产或负债的账面价值与其计税基础不同而产生的差额。

某些不符合资产、负债的确认条件,未作为财务报告中资产、负债列示的项目,如果按照税法规定可以确定其计税基础,该计税基础与其账面价值之间的差额也属于暂时性差异。

(二) 暂时性差异的分类

根据暂时性差异对未来期间应纳税所得额影响的不同,可以分为应纳税暂时性差异和可抵扣暂时性差异。

1. 应纳税暂时性差异

应纳税暂时性差异,是指在确定未来收回资产或清偿负债期间的应纳税所得额时,将导致产生应税金额的暂时性差异。

应纳税暂时性差异通常产生于以下情况:

(1) 资产的账面价值大于其计税基础。

(2) 负债的账面价值小于其计税基础。

【例8-42】 A公司2010年12月31日购入价值200万元的设备,预计使用期限为5年,无残值。会计采用年限平均法计提折旧,税法允许采用双倍余额递减法计提折旧。适用的所得税税率为25%。2012年12月31日应纳税暂时性差异余额为( )万元。

A. 120　　　　B. 48　　　　C. 72　　　　D. 12

解析:

2012年12月31日设备的账面价值$=200-200\div5\times2=120$(万元)

计税基础$=200-200\times40\%-(200-200\times40\%)\times40\%=72$(万元)

应纳税暂时性差异余额$=120-72=48$(万元)

答案:B

2. 可抵扣暂时性差异

可抵扣暂时性差异,是指在确定未来收回资产或清偿负债期间的应纳税所得额时,将导致产生可抵扣金额的暂时性差异。

可抵扣暂时性差异通常产生于以下情况:

(1) 资产的账面价值小于其计税基础。

(2) 负债的账面价值大于其计税基础。

四、所得税的核算

(一) 所得税的核算程序

1. 确定每项资产或负债的计税基础。
2. 依据该资产或负债的账面金额与其计税基础之间的差额,确定暂时性差异。
3. 暂时性差异乘以适用税率得到递延所得税资产或递延所得税负债的期末余额。
4. 计算本期发生和转回的递延所得税资产或递延所得税负债,计算公式如下:

$$递延所得税资产 = 发生的可抵减性暂时性差异的所得税影响金额 - 已转回的可抵减暂时性差异的所得税影响金额 \pm 调整金额$$

$$递延所得税负债 = 发生的应纳税暂时性差异的所得税影响金额 - 已转回的应纳税暂时性差异的所得税影响金额 \pm 调整金额$$

5. 计算所得税费用。所得税费用指递延所得税负债大于递延所得税资产的金额。理论上,递延所得税资产大于递延所得税负债(即递延所得税负债小于递延所得税资产的金额),可称为递延所得税收益。计算公式为:

当期所得税费用=当期应纳所得税税额+(期末递延所得税负债-期初递延所得税负债)-(期末递延所得税资产-期初递延所得税资产)=当期应纳所得税税额+期初递延所得税净资产-期末递延所得税净资产

(二) 所得税核算设置的会计账户

1. "所得税费用"账户

该账户属于损益类账户,本账户核算企业确认的应从当期利润总额中扣除的所得税费用。其借方反映企业计入本期损益的所得税费用,贷方反映转入"本年利润"账户的所得税费用。本账户可按"当期所得税费用"、"递延所得税费用"进行明细核算。

2. "递延所得税资产"账户

该账户属于资产类账户,核算企业确认的可抵扣暂时性差异产生的递延所得税资产。其借方登记"递延所得税资产"增加额,贷方登记"递延所得税资产"减少额。"递延所得税资产"借方余额为资产,表示将来可以少交的所得税金额。计算公式为:

递延所得税资产期末余额=可抵扣暂时性差异期末余额×所得税税率

本期递延所得税资产发生额=递延所得税资产期初余额-递延所得税资产期末余额

本账户应按可抵扣暂时性差异等项目进行明细核算。

3. "递延所得税负债"账户

该账户属于负债类账户,核算企业确认的应纳税暂时性差异产生的所得税负债。其借方登记"递延所得税负债"减少额,贷方登记"递延所得税负债"增加额。"递延所得税负债"贷方余额为负债,表示将来应交所得税金额。计算公式为:

递延所得税负债期末余额＝应纳税暂时性差异期末余额×所得税税率

本期所得税负债发生额＝递延所得税负债期末余额－递延所得税负债期初余额

本账户可按应纳税暂时性差异的项目进行明细核算。

(三) 所得税的主要账务处理

1. 所得税费用的主要账务处理

在资产负债表日,企业按照税法规定计算确定的当期应交所得税,借记"所得税费用——当期所得税费用",贷记"应交税费——应交所得税"账户。

在资产负债表日,根据递延所得税资产的应有余额大于"递延所得税资产"账户余额的差额,借记"递延所得税资产"账户,贷记"所得税费用"——递延所得税费用"、"资本公积——其他资本公积"等账户;递延所得税资产的应有余额小于"递延所得税资产"账户余额的差额,做相反的会计分录。

2. 递延所得税负债的主要账务处理

在资产负债表日,企业确认的递延所得税负债,借记"所得税费用——递延所得税费用"账户,贷记"递延所得税负债"账户。在资产负债表日,递延所得税负债的应有余额大于其账面余额的,应按其差额确认,借记"所得税费用——递延所得税费用"账户,贷记"递延所得税负债"账户;递延所得税负债的应有余额小于其账面余额的差额,做相反的会计分录。

因企业合并中取得资产、负债的入账价值与其计税基础不同而形成应纳税暂时性差异的,应于购买日确认递延所得税负债,同时调整商誉,借记"商誉"等账户,贷记"递延所得税负债"账户。与直接计入所有者权益的交易或事项相关的递延所得税负债,借记"资本公积——其他资本公积"账户,贷记"递延所得税负债"账户。

【例 8-43】甲公司 2015 年 1 月 1 日向乙公司投资并持有乙公司 30% 的股份,采用权益法核算。甲公司适用的所得税税率为 25%,乙公司适用的所得税税率为 15%,甲公司按乙公司 2015 年税后净利润的 30% 计算确认的投资收益为 85 万元。甲公司除此项目外无其他纳税调整。假定甲公司不能够控制暂时性差异转回的时间,该暂时性差异在可预见的未来能够转回。则甲公司 2015 应确认的递延所得税负债的计算为:

递延所得税负债＝85÷(1－15%)×(25%－15%)＝10(万元)

会计分录如下:

借:所得税费用　　　　　　　　　　　　　　　　　　　　　　100 000
　　贷:递延所得税负债　　　　　　　　　　　　　　　　　　　　　　100 000

3. 递延所得税资产的主要账务处理

在资产负债表日,企业确认的递延所得税资产,应借记"递延所得税资产"账户,贷记"所得税费用——递延所得税费用"账户。在资产负债表日,递延所得税资产的应有余额大于其账面余额的,应按其差额确认,借记"递延所得税资产"账户,贷记"所得税费用——递延所得税费用"等账户;递延所得税资产的应有余额小于其账面余额的差额,做相反的会计分录。

因企业合并中取得资产、负债的入账价值与其计税基础不同而形成可抵扣暂时性差异的,应于购买日确认递延所得税资产,借记"递延所得税资产"账户,贷记"商誉"等账户。与直接计入所有者权益的交易或事项相关的递延所得税资产,借记"递延所得税资产"账户,贷记"资本公积——其他资本公积"账户。

在资产负债表日,预计未来期间很可能无法获得足够的应纳税所得额用以抵扣可抵扣暂时性差异的,按原已确认的递延所得税资产中应减记的金额,借记"所得税费用——递延所得税费用"、"资本公积——其他资本公积"等账户,贷记"递延所得税资产"账户。

【例8-44】某企业在2007年至2010年间每年应税收益分别为-600万元、200万元、200万元、100万元,适用税率始终为25%。假设该企业2007年发生的亏损在弥补期内很可能获得足够的应纳税所得额来抵扣可抵扣暂时性差异,无其他暂时性差异。则其会计分录如下:

2007年:
借:递延所得税资产　　　　　　　　　　　　　　1 500 000
　　贷:所得税费用　　　　　　　　　　　　　　　　　　　1 500 000
2008年:
借:所得税费用　　　　　　　　　　　　　　　　　450 000
　　贷:递延所得税资产　　　　　　　　　　　　　　　　　　450 000
2009年:
借:所得税费用　　　　　　　　　　　　　　　　　450 000
　　贷:递延所得税资产　　　　　　　　　　　　　　　　　　450 000
2010年:
借:所得税费用　　　　　　　　　　　　　　　　　250 000
　　贷:递延所得税资产　　　　　　　　　　　　　　　　　　250 000

【例8-45】甲公司2015年有关所得税资料如下:

(1) 甲公司所得税采用资产负债表债务法核算,所得税税率为25%;年初递延所得税资产为49.5万元。

(2) 本年度实现利润总额500万元,其中取得国债利息收入20万元,因发生违法经营被罚款10万元,因违反合同支付违约金30万元,工资及相关附加超过计税标准60万元;上述收入或支出已全部用现金结算完毕。

(3) 年末计提固定资产减值准备50万元(年初减值准备为0),使固定资产账面价值比其计税基础小50万元;转回存货跌价准备70万元。

(4) 年末计提产品保修费用40万元,计入营业费用,预计负债余额为40万元。

(5) 弥补年初亏损 60 万元。

要求：根据上述资料进行相关计算并编制会计分录。

解析：

甲公司 2015 年应交所得税＝应纳税所得额×所得税税率＝[(500－20＋10＋60＋50－70＋40)－60]×25%＝(570－60)×25%＝510×25%＝127.5(万元)

固定资产项目的递延所得税资产＝50×25%＝12.5(万元)

存货项目的递延所得税资产＝－70×25%＝－17.5(万元)

预计负债项目的递延所得税资产＝40×25%＝10(万元)

弥补亏损项目的递延所得税资产＝－60×25%＝－15(万元)

2015 年递延所得税资产合计＝12.5－17.5＋10－15＝－10(万元)

2015 年所得税费用＝127.5－[(－10)－49]＝186.5(万元)

会计分录如下：

借:所得税费用		1 865 000
贷:应交税费——应交所得税		1 275 000
递延所得税资产		595 000

任务六　利润及利润分配的核算

学习情景 1：利润的核算

一、利润的概述

利润是指企业在一定会计期间的经营成果。利润由损益项目构成，按其形成过程分为营业利润、利润总额和净利润三个层次。利润取决于日常活动中产生的收入和费用以及非日常活动中产生的利得和损失。计算公式为：

利润总额＝营业利润＋营业外收入－营业外支出

净利润＝利润总额－所得税费用

其中营业利润是企业利润的主要来源。计算公式为：

营业利润＝主营业务利润＋其他业务利润－资产减值损失＋公允价值变动收益＋投资收益

其中，公允价值变动收益和投资收益为净损失的，构成营业利润的减项。

（一）主营业务利润

主营业务利润是企业从事主要的、基本的经营活动所取得的利润。计算公式为：

主营业　主营业　主营业　主营业务　　管理　销售　财务
务利润　务收入　务成本　税金及附加　费用　费用　费用

（二）其他业务利润

其他业务利润是企业经营主营业务以外的其他经营性业务取得的利润。其他业务收入扣除其他业务成本后的差额，即为其他业务利润。计算公式为：

其他业务利润＝其他业务收入－其他业务成本

（三）资产减值损失

资产减值损失是指因资产的账面价值高于其可收回金额而造成的损失。计算公式为：

资产减值损失＝资产账面价值－资产可收回金额

具体项目包括："坏账损失"、"存货跌价损失"、"长期股权投资减值损失"、"持有至到期投资减值损失"、"固定资产减值损失"、"在建工程减值损失"、"无形资产减值损失"等项目。

（四）公允价值变动收益

公允价值变动收益是指市场价格的变动引起资产的升值部分。

（五）投资收益

投资收益是指企业对外投资所取得的收益，减去发生的投资损失和计提的投资减值准备后的净额。

二、利润总额形成的核算

（一）利润总额的确认方法

企业利润的确认方法包括表结法和账结法。

1. 表结法

采用表结法，各损益类账户每月月末只需结计出本月发生额和月末余额，不需要结转到"本年利润"账户，待年终决算时，再将各损益类账户余额结转到"本年利润"账户。每月月末，将损益类账户的本月发生额合计直接填入利润表的本期金额栏，通过利润表反映各期的利润（或亏损）。此方法简化了每月结转利润的手续，但平时不能在账户上直接反映本年度已经实现的利润或已经发生的亏损。

2. 账结法

采用账结法，每月月末均需将账上结计出的各损益类账户的余额转入"本年利润"账户。结转后，"本年利润"账户的本月合计数反映当月实现的利润或发生的亏损，"本年利

"润"账户的本年累计数反映本年累计实现的利润或发生的亏损。采用此方法,各月均可通过"本年利润"账户反映当月及本年已实现的利润或已发生的亏损,但增加了各月结转利润的工作量。

(二)应设置的会计账户

为核算企业净利润情况,应设置"本年利润"账户,该账户属于损益类账户,用来核算企业本年度内实现的净利润或者亏损。其贷方登记会计期末各类收益账户结转的余额,借方登记会计期末各类成本、费用账户结转的余额。"本年利润"账户期末出现贷方余额,反映本会计期间有净利润;如"本年利润"账户期末出现借方余额,则反映本会计期间发生了亏损。年度终了,应将"本年利润"账户的余额转入"利润分配"账户。

期末企业经过核对账目、财产清查和账项调整等一系列核算前的准备工作后,在试算平衡的基础上,将企业所有损益类账户的余额全部转入到"本年利润"账户。

企业计算本月利润总额和本年累计利润时,可以采用账结法,也可以采用表结法。我国一般采用账结法。

【例8-46】甲企业在2015年度决算时,各损益账户12月31日余额如表8-2所示。

表8-2 各损益账户本期发生额

单位:元

科目名称	结账前余额	科目名称	结账前余额
主营业务收入	90 000	其他业务收入	9 400
主营业务税金及附加	4 500	其他业务成本	7 400
主营业务成本	50 000	投资收益	1 500
销售费用	2 000	营业外收入	3 500
管理费用	8 500	营业外支出	1 800
财务费用	2 000	所得税费用	8 500

结转会计分录如下:

将损益类贷方余额账户转入"本年利润"账户:

借:主营业务收入　　　　　　　　　　　　　　　　　　　　　　90 000
　　其他业务收入　　　　　　　　　　　　　　　　　　　　　　 9 400
　　投资收益　　　　　　　　　　　　　　　　　　　　　　　　 1 500
　　营业外收入　　　　　　　　　　　　　　　　　　　　　　　 3 500
　　贷:本年利润　　　　　　　　　　　　　　　　　　　　　　104 400

将损益类借方余额账户转入"本年利润"账户:

借:本年利润　　　　　　　　　　　　　　　　　　　　　　　 76 200
　　贷:主营业务税金及附加　　　　　　　　　　　　　　　　　 4 500
　　　　主营业务成本　　　　　　　　　　　　　　　　　　　 50 000
　　　　营业费用　　　　　　　　　　　　　　　　　　　　　　2 000
　　　　管理费用　　　　　　　　　　　　　　　　　　　　　　8 500

财务费用	2 000
其他业务成本	7 400
营业外支出	1 800

将所得税借方余额账户转入"本年利润"账户：

借：本年利润	8 500
贷：所得税费用	8 500

年终将"本年利润"账户结转到"利润分配——未分配利润"账户：

借：本年利润	19 700
贷：利润分配——未分配利润	19 700

学习情景 2：利润分配的核算

一、利润分配的程序

利润分配是指企业按照国家政策和企业章程的规定，对已实现的净利润在企业和投资者之间进行的分配。企业生产经营活动过程中取得的各种收入，在补偿了各项耗费，并按国家规定缴纳所得税后，即形成企业的净利润。根据《中华人民共和国公司法》（以下简称《公司法》）等有关法规的规定，企业当期实现的净利润，加上年初未分配利润（或减去年初未弥补亏损）和其他转入后的余额，为可供分配的利润。可供分配的利润应按以下顺序进行分配。

（一）弥补以前年度尚未弥补亏损

企业纳税年度发生的亏损，准予向以后年度结转，用以后年度的所得弥补，但结转年限最长不得超过五年。

（二）提取法定盈余公积

企业应按照本年实现的净利润的一定比例提取法定盈余公积。公司制企业根据有关法律规定按净利润的 10% 提取。其他企业可以根据需要确定提取的比例，但至少应按 10% 提取。企业提取的法定盈余公积累计额达到注册资本的 50% 以上的，可以不再提取。

根据财政部 2006 年 67 号文件规定：从 2006 年 1 月 1 日起，按照《公司法》组建的企业，根据《公司法》第 167 条进行利润分配，不再提取公益金；同时，为了保持企业间财务政策的一致性，国有企业以及其他企业一并停止实行公益金制度。对企业 2005 年 12 月 31 日的公益金结余，转作盈余公积金管理使用。公益金赤字，依次以盈余公积金、资本公积金、以前年度未分配利润弥补；仍有赤字的，结转未分配利润账户，用以后年度实现的税后利润弥补。

(三) 分配给投资者的利润

可供分配的利润减去提取的法定盈余公积等后,为可供投资者分配的利润。可供投资者分配的利润应按下列顺序分配。

1. 应付优先股股利,即企业按照利润分配方案分配给优先股股东的现金股利。
2. 提取任意盈余公积,即企业按规定提取的任意盈余公积。
3. 应付普通股股利,即企业按照利润分配方案分配给普通股股东的现金股利。企业分配给投资者的利润,也在本项目核算。

企业如果发生亏损,可用以后年度实现的利润弥补,也可用以前年度提取的盈余公积弥补。如果企业以前年度亏损未弥补完,不能提取法定盈余公积和法定公益金,在提取法定盈余公积和法定公益金前,不得向投资者分配利润。

二、利润分配核算需要设置的账户

(一) "利润分配"账户

该账户是所有者权益类账户,用来核算企业利润的分配(或亏损的弥补)和历年分配(或补亏)后的积存余额。其借方登记利润分配数,如提取法定盈余公积、法定公益金、应付投资者利润等;贷方登记年末由"本年利润"账户转入的净利润。该账户年末贷方余额表示历年积存的未分配利润,若为借方余额则表示积欠的未弥补亏损。为了反映利润分配的详细情况,在"利润分配"账户下,要设置"提取法定盈余公积"、"提取法定公益金"、"应付利润"、"未分配利润"等明细分类账户,进行明细分类核算。

(二) "盈余公积"账户

该账户是所有者权益类账户,用来核算企业从净利润中提取的法定盈余公积、法定公益金。其借方登记以盈余公积弥补亏损或转增的资本数,贷方登记企业从净利润中提取的法定盈余公积和法定公益金;期末余额在贷方,表示盈余公积的结余数。

(三) "应付利润"账户

该账户是负债类账户,用来核算应付给国家、其他单位、个人等投资者的利润。其借方登记用货币资金或其他资产支付给投资者的利润,贷方登记按照利润分配方案计算的应付利润;期末余额在贷方,表示应付未付的利润。

三、利润分配的账务处理

利润分配的账务处理分为三个步骤:1 转,2 分,3 结存。

(一) 1 转——即将当年实现的利润转入"利润分配——未分配利润"账户

在年终决算时,企业应将全年实现的净利润从"本年利润"转入"利润分配——未分配利润",结平"本年利润"账户。

将当年实现的利润转入"利润分配——未分配利润"账户造成的影响是弥补以前年度的亏损。弥补亏损的方式有两种:(1)用以后年度税前利润弥补;(2)用以后年度税后利润弥补。企业发生亏损时,可用以后五年的税前利润弥补。企业发生的亏损超过五年税前利润弥补期,且用税后利润仍然不能补亏的,可用以前年度提取的盈余公积弥补。在以税前利润弥补亏损时,企业将本年实现的用于弥补亏损的利润转到"利润分配——未分配利润"账户的贷方,其贷方发生额与"利润分配——未分配利润"账户的借方余额(以前年度亏损)自然抵减,不需要进行专门的账务处理。以税后利润补亏时,企业当年实现的利润应转入"利润分配——未分配利润"账户的贷方,其贷方发生额与"利润分配——未分配利润"账户的借方余额自然抵减,也不需要进行专门的账务处理。

(二) 2 分——即提取盈余公积,向投资者分配利润

1. 提取盈余公积

提取盈余公积引起的所有者权益中的有关项目发生此增彼减的变化,涉及"利润分配"和"盈余公积"两个账户。利润分配的结果使一项所有者权益减少,应记入"利润分配"账户的借方;盈余公积增加使另一项所有者权益增加,应记入"盈余公积"账户的贷方。

2. 向投资者分配利润

向投资者分配利润引起的所有者权益和负债两个项目发生增减变化,涉及"利润分配"和"应付利润"账户。利润分配的结果使所有者权益减少,应记入"利润分配"账户的借方;因款项尚未付出而形成企业的一笔负债,应记入"应付利润"账户的贷方。

(三) 3 结存——即年末结转"利润分配"各明细账户

年末,应将利润分配的各项内容从"利润分配"各明细账户的贷方转入"利润分配——未分配利润"明细账户的借方。结转后,除"利润分配——未分配利润"明细账户有贷方余额外(亏损为借方余额),其余明细账户均无余额。

"利润分配——未分配利润"明细账户年末贷方余额表示各年累计未分配的利润,借方余额表示累计未弥补的亏损。

【例 8-47】A 公司在 2015 年发生亏损 120 万元,在年度终了时,企业应当结转本年发生的亏损。则其会计分录如下:

借:利润分配——未分配利润　　　　　　　　　　　　1 200 000
　　贷:本年利润　　　　　　　　　　　　　　　　　　　　　　1 200 000

假设 2008 年至 2013 年,A 公司每年实现利润 20 万元,按现行制度规定,公司在发生亏损以后的五年内可以用税前利润弥补亏损,超过五年仍未弥补完的亏损则用税后利润弥补。假设不考虑其他因素,相应的会计分录如下:

2008年至2012年按规定用税前利润弥补亏损时:

借:本年利润 200 000
　　贷:利润分配——未分配利润 200 000

2013年用税后利润弥补亏损时,应先按当年实现利润计算交纳所得税66 000元(200 000×25%),再用税后利润134 000元(200 000－66 000)弥补亏损。会计分录如下:

借:所得税费用 50 000
　　贷:应交税金——应交所得税 66 000
借:本年利润 50 000
　　贷:所得税费用 50 000
借:本年利润 134 000
　　贷:利润分配——未分配利润 134 000

【例8-48】A公司2015年全年实现净利润1 720 000元,其利润分配方案为:按净利润的10%提取法定盈余公积,按可供分配利润的80%向投资者分配利润。年初"利润分配——未分配利润"有贷方余额138 000元。则相关计算和会计分录如下:

提取法定盈余公积＝1 720 000×10%＝172 000(元)

借:利润分配——提取法定盈余公积 172 000
　　贷:盈余公积 172 000

应付利润＝(1 720 000－172 000＋138 000)×80%＝1 348 800(元)
年末未分配利润＝1 686 000－134 800＝337 200(元)

借:利润分配——应付利润 1 348 800
　　贷:应付利润 1 348 800

2015年12月31日,结转"利润分配"账户时:

借:利润分配——未分配利润 1 520 800
　　贷:利润分配——提取盈余公积 172 000
　　　　　　——应付利润 1 348 800

课后练习题

一、单项选择题

1. 年末结账后,"利润分配"账户的贷方余额表示(　　)。
   A. 本年实现的利润总额　　　　B. 本年实现的净利润额
   C. 本年利润分配总额　　　　　D. 年末未分配利润额

2. 某企业年初所有者权益总额为2 000万元,年内接受投资160万元,本年实现利润总额500万元,所得税税率为25%,按10%提取盈余公积金,向投资人分配利润100万元,则该企业年末的所有者权益总额为(　　)。
   A. 2 460万元　　　B. 2 435万元　　　C. 2 660万元　　　D. 2 565万元

3. 按权责发生制会计基础的要求,下列货款应确认为本期主营业务收入的是( )。
　　A. 本月销售产品,款未收到　　　　　　B. 上月销货款本月收存银行
　　C. 本月预收下月货款存入银行　　　　　D. 收到本月仓库租金存入银行
　　4. 某企业年初未分配利润为 200 万元,本年实现的净利润为 2 000 万元,按 10% 计提法定盈余公积金,按 5% 计提任意盈余公积金,宣告发放现金股利 160 万元,则企业本年末的未分配利润为( )。
　　A. 1 710 万元　　　B 1 734 万元　　　C. 1 740 万元　　　D. 1 748 万元
　　5. 某企业 2015 年 8 月实现的主营业务收入为 500 万元,投资收益为 50 万元;发生的主营业务成本为 400 万元,管理费用为 25 万元,资产减值损失为 10 万元。假定不考虑其他因素,则该企业 8 月份的营业利润为( )。
　　A. 65 万元　　　　B. 75 万元　　　　C. 90 万元　　　　D. 115 万元
　　6. 某企业年初所有者权益总额为 800 万元,当年以其中的资本公积金转增资本 250 万元,当年实现净利润 1 500 万元,提取盈余公积金 150 万元,向投资者分配现金股利 100 万元,则该企业年末的所有者权益总额为( )。
　　A. 1 800 万元　　　B. 2 500 万元　　　C. 2 200 万元　　　D. 2 300 万元
　　7. 某企业 2015 年 10 月 31 日所有者权益情况如下:实收资本 1 000 万元,资本公积 85 万元,盈余公积 190 万元,未分配利润 160 万元,则该企业 10 月 31 日的留存收益为( )。
　　A. 160 万元　　　　B. 190 万元　　　　C. 350 万元　　　　D. 435 万元
　　8. 某企业 2015 年 8 月发生如下费用:计提车间固定资产折旧 30 万元,发生车间管理人员薪酬 120 万元,支付广告费 90 万元,计提短期借款利息 60 万元,支付业务招待费 30 万元,支付罚款支出 20 万元,则该企业本期的期间费用总额为( )。
　　A. 150 万元　　　　B. 180 万元　　　　C. 300 万元　　　　D. 350 万元
　　9. 某企业"盈余公积"账户的年初余额为 400 万元,本年提取 540 万元,转增资本 320 万元,则该企业"盈余公积"账户的年末余额为( )。
　　A. 540 万元　　　　B. 620 万元　　　　C. 1260 万元　　　D. 940 万元
　　10. 企业发生的下列各项费用中,应作为管理费用的是( )。
　　A. 生产车间设备折旧费　　　　　　　　B. 发生的业务招待费
　　C. 专设销售机构固定资产的折旧费　　　D. 生产车间的水电费
　　11. 下列经济业务中,能引起公司股东权益总额发生变化的是( )。
　　A. 用资本公积金转增资本　　　　　　　B. 向投资人分配股票股利
　　C. 接受投资人的投资　　　　　　　　　D. 用盈余公积弥补亏损
　　12. 在以下内容中,影响企业营业利润额的是( )。
　　A. 营业外收入　　　　　　　　　　　　B. 营业外支出
　　C. 投资收益　　　　　　　　　　　　　D. 所得税费用

二、多项选择题

　　1. 下列项目中,应在"管理费用"账户进行核算的有( )。

A. 工会经费 B. 董事会经费
C. 业务招待费 D. 车间管理人员的工资
E. 业务人员差旅费

2. 企业实现的净利润应进行的分配包括(   )。
A. 计算缴纳所得税 B. 支付银行借款利息
C. 提取法定盈余公积金 D. 提取任意盈余公积金
E. 向投资人分配利润

3. 关于"本年利润"账户,下列说法中正确的有(   )。
A. 借方登记期末转入的各项费用额
B. 贷方登记期末转入的各项收入额
C. 贷方余额为实现的累计净利润额
D. 借方余额为发生的亏损额
E. 年末经结转后该账户没有余额

4. 在下列账户中,月末一般没有余额的有(   )。
A. "生产成本"账户 B. "制造费用"账户
C. "管理费用"账户 D. "应付职工薪酬"账户
E. "财务费用"账户

5. 与营业收入相配合进而确定营业利润的成本、费用包括(   )。
A. 商品销售成本 B. 销售费用
C. 营业税金及附加 D. 管理费用
E. 财务费用

6. 在下列各项内容中,能够影响企业营业利润的项目有(   )。
A. 已销售商品的成本 B. 原材料的销售收入
C. 销售商品的收入 D. 罚款支出

7. 在下列各项内容中,不应计入管理费用的有(   )。
A. 行政管理部门办公楼的折旧费 B. 生产设备的折旧费
C. 经营租出设备的折旧费 D. 专设销售机构设备折旧费
E. 生产设备的修理费

8. 下列账户的余额在会计期末时应结转至"本年利润"账户的有(   )。
A. 管理费用 B. 制造费用
C. 营业外收入 D. 所得税费用
E. 营业税金及附加

三、判断题

1. 企业从税后利润中提取盈余公积金不属于利润分配的内容。(   )
2. 企业当期的净利润提取了盈余公积金后的差额即企业的未分配利润。(   )
3. 企业在销售过程中发生的销售费用直接影响营业利润的确定。(   )
4. 企业计算缴纳的所得税费用应以净利润为基础,加或减各项调整因素。(   )

5. 在权益不变的情况下,企业资产的增加可能是由于实现利润而引起的。( )
6. 管理费用、财务费用、销售费用和制造费用均属于企业的期间费用。( )
7. 利润分配的去向是首先向投资者分配利润。( )
8. 企业年末的未分配利润金额等于企业当年实现的税后利润加上年初的未分配利润。( )

四、业务题

1. 甲股份公司 2015 年 12 月发生下列有关业务:
(1) 用现金 4 500 元支付厂部办公用品费。
(2) 用银行存款 6 000 元支付罚款支出。
(3) 预提应由本月负担的银行借款利息 450 元。
(4) 收到罚没收入 20 000 元存入银行。
(5) 结转本月实现的各项收入,其中产品销售收入 148 000 元,营业外收入 32 000 元。
(6) 结转本月发生的各项费用,其中产品销售成本 40 000 元,产品销售费用 1 500 元,产品销售税金 2 000 元,管理费用 33 600 元,财务费用 450 元,营业外支出 22 450 元。
(7) 根据以上业务确定的利润总额按 25% 的税率计算所得税并予以结转。
(8) 按税后利润 10% 提取盈余公积金。
(9) 将剩余利润的 40% 分配给投资人。
(10) 年末结转本年净利润 60 000 元。
要求:编制上述业务的会计分录。

2. 资料:甲公司 2015 年 12 月发生下列有关业务:
(1) 2015 年 12 月 2 日甲公司收回 A 公司前欠的货款 44 000 元。
(2) 2015 年 12 月 5 日甲公司向 A 公司销售产品一批,货款 46 000 元,增值税 7 820 元,货款已收到并存入银行。
(3) 2015 年 12 月 6 日甲公司用银行存款交纳上月有关税款,其中城建税 1 105.24 元,教育费附加 243.68 元,增值税 11 078.76 元,所得税 15 026.88 元。
(4) 2015 年 12 月 7 日甲公司出售给 B 公司产品一批,货款 240 300 元,增值税 40 851 元,价款已收回并存入银行。
(5) 2015 年 12 月 9 日甲公司开出转账支票支付广告费 66 140 元。
(6) 2015 年 12 月 10 日甲公司出售给 B 公司材料一批,并开出转账支票支付代垫运费。材料价款 3 900 元,增值税 663 元,代垫运费 200 元。货款已向银行办妥托收手续。
(7) 2015 年 12 月 14 日甲公司销售给西南公司产品一批,货款 180 060 元,增值税 306 122 元,开出转账支票支付代垫运杂费 22 479 元,西南公司尚未支付价款。
(8) 2015 年 12 月 19 日甲公司向税务所购买印花税票,价款 580 元。
(9) 2015 年 12 月 19 日甲公司出售给某机电公司材料一批,材料价款 3 900 元,增值税 663 元,甲公司收到支票当即填进账单入账。
(10) 2015 年 12 月 22 日甲公司出售给 C 公司产品一批,货款 20 250 元,增值税 34

425 元,开出转账支票支付代垫运杂费 720 元,款项尚未收到。

(11) 2015 年 12 月 22 日甲公司销售给 B 公司产品一批,价款 100 462 元,增值税 17 078.54 元,甲公司收到 B 公司银行承兑汇票一张。

(12) 2015 年 12 月 24 日甲公司出售闲置机器一台,售价 38 000 元,原价 500 000 元,已提折旧 100 000 元,价款已收到并存入银行。

(13) 2015 年 12 月 31 日甲公司将应付给 B 公司的其他应付款 800 元批准转入"营业外收入"。

(14) 2015 年 12 月 31 日甲公司将本月损益结转到"本年利润"账户。甲公司月末各损益类账户余额如下:

主营业务收入	10 000 000 元
其他业务收入	1 000 000 元
营业外收入	100 000 元
投资收益	20 000 元
主营业务成本	30 000 元
营业税金及附加	20 000 元
管理费用	10 000 元
财务费用	10 000 元
销售费用	10 000 元
营业外支出	3 000 元
其他业务支出	2 000 元

(15) 假定甲公司会计利润和应纳税所得额一致,没有调整项目,按照 25% 的所得税税率计算本期应缴的所得税。

(16) 甲公司年终结转本年利润余额。

(17) 甲公司按照税后利润的 10% 计提盈余公积,按照 50% 的比例向投资者分配利润。

(18) 甲公司将"利润分配"所属的两个明细账户的借方合计数结存到"利润分配——未分配利润"明细类账户的借方。

要求:编制上述业务的会计分录。

项目九　财务报告岗位核算

【本章培养目标】

了解财务报告岗位的会计职责和核算任务。

掌握会计稽核的内容和编制会计报表的方法。

【本章重点】

编制会计报表。

【本章难点】

现金流量表的编制。

任务一　财务报告岗位的会计职责和核算任务

一、财务报告岗位的会计职责

财务报告岗位会计是通过编制会计报表、财务分析报告定期向投资者、债权人以及企业的管理者等会计信息使用者介绍有关企业的财务状况、经营成果和现金流量情况的会计岗位。其主要职责是：(1)在结账、对账、财产清查的基础上，利用日常会计核算形成的账簿等资料编制会计报表；(2)利用会计报表等资料编制财务分析报告，为企业管理者以及其他信息使用者做出更科学、准确的决策提供依据。

二、财务报告岗位的核算任务

（一）设置会计科目

按照《企业会计制度》或《企业会计准则》，根据企业的需要设置会计科目，处理各项经济业务，编制记账凭证，并做到内容齐全、完整、准确。

(二) 设置和登记总账

根据企业设置的会计科目,设置和登记总账,对公司的全部经营活动和财产物资如实进行全面的记录、反映和监督。

(三) 组织人员进行财产清查

对公司的财产物资,至少每季协助有关部门进行一次清查盘点,做到账实相符,发现盘盈、盘亏、损毁要及时上报主管领导,进行账务处理。及时清理债权、债务,凡在三个月以上未清理的债权债务,每季列出明细与经办人核对,写明未收、付的原因,报公司总经理审批,进行有关的处理。

(四) 计算缴纳各种税金

依据国家税法规定,按期足额缴纳各种税金,不得因个人工作失误造成公司经济损失。对于应该上缴的税金、费用等款项,要按照国家税法等规定进行严格审查,督促办理解缴手续,做到按期足额上缴,不挤占、不挪用、不拖欠、不截留。积极组织完成各项上缴任务。

(五) 按时编制财务报表

按报表名称、内容、时间、报送部门、编制要求,及时、准确地编制各类财务报表。

(六) 组织会计人员学习,考核调配人员

要建立学习制度,组织会计人员学习业务技术,不断提高会计人员的业务水平。定期召开专业研讨会,研究工作问题。要制定对会计人员的考核办法,按期进行考核。参与研究会计人员的任用和调配。对不适合做会计工作的人员,要提出建议,进行调整;对不能胜任会计工作的人员,要帮助培养提高,或者另行安排适当的工作。

任务二 财务报表的编制

学习情景1:财务会计报表概述

一、财务会计报表的概念

财务会计报表是指企业对外提供的反映企业某一特定日期财务状况和某一特定期间

经营成果、现金流量的书面文件。财务会计报表包括：资产负债表、利润表、现金流量表、所有者权益（或股东权益，下同）变动表和附注。

二、财务会计报表编制的目的

企业编制财务会计报表的主要目的，就是为财务会计报表使用者提供有关企业的财务状况、经营成果和现金流量情况的会计信息。财务会计报表使用者通常包括投资者、债权人、政府及相关机构、企业管理人员、职工和社会公众等，不同的使用者对财务会计报表所提供的要求各有侧重。

股东（投资者）最关注的是投资的内在风险和投资报酬。企业所提供的财务报表应重点为其提供有关企业盈利能力、资本结构和利润分配政策等信息资料。

债权人最关注的是其所提供给企业的资金是否安全，自己的债权是否能够按期如数收回。企业编制的财务报表应着重为其提供有关企业的偿债能力的信息资料。

政府及其相关机构最关注的是国家资源的分配和运用情况，需要了解与经济政策（如税收政策）的制定、国民收入的统计等有关方面的信息。企业编制的财务报表应着重为其提供有关企业的资源及其运用、分配方面的情况，为国家的宏观决策提供有关信息资料。

企业管理人员最关注的是企业财务状况的好坏、经营业绩的大小以及现金的流动情况。企业编制的财务报表应着重为其提供有关企业某一特定日期的资产、负债所有者权益情况，以及某一特定期间经营业绩与现金流量方面的信息资料。

企业职工最关注的是企业为其提供的就业机会及其稳定性、劳动报酬和职工福利等方面的资料，而上述情况又与企业的债务结构及其盈利能力密切相关，因此企业编制的财务报表除了需要提供以上信息资料外，还需提供与职工福利相关的信息资料。

社会公众（包括企业潜在的投资者或债权人）最关注企业特别是股份有限公司的兴衰及其发展情况。企业编制的财务报表应着重为其提供有关企业目前状况及其未来发展趋势等方面的信息资料，帮助他们了解企业，为以后的投资决策提供依据。

三、财务报表的分类

财务报表按其反映的经济内容不同，分为静态报表和动态报表。静态报表是指综合反映企业某一特定日期资产、负债和所有者权益状况的财务报表，如资产负债表。动态报表是指综合反映企业一定期间的经营成果、现金流量情况的财务报表，如利润表、现金流量表、所有者权益变动表。

财务报表按编报时间不同，分为中期财务报表和年度财务报表。中期财务报表是指以短于一个完整的会计年度为基础编制的财务报表，包括月报、季报或半年报。年度财务报表是以一个完整会计年度为基础编制的财务报表。无论中期财务报表还是年度财务报表，均应包括资产负债表、利润表、现金流量表和报表附注，中期财务报表除报表附注披露可适当简略些外，其他内容应当与年度财务报表一致。

财务报表按编报主体不同，分为个别报表和合并报表。个别报表是指由各会计主体在会计核算基础上，对账簿记录进行汇总加工而编制的财务报表，主要用以反映各会计主体的财务状况、经营成果和现金流量情况。合并报表是以母公司和子公司组成的企业集团为会计主体，根据母公司和所属子公司的财务报表，由母公司编制的综合反映企业集团财务状况、经营成果和现金流量的财务报表。

四、财务报表的一般要求

为了充分发挥财务报表的作用，企业在编制财务报表时应做到以下几点要求。

（一）真实可靠

企业编制财务会计报表，应根据真实的交易、事项以及登记完整、核对无误的会计账簿记录和其他有关资料，按照国家统一的会计制度规定的编制基础、编制依据、编制原则和方法，做到内容完整、数字真实、计算准确、编报及时。

（二）相关可比

会计报表之间、会计报表各项目之间，凡是有对应关系的数字，应当相互一致，会计报表中本期与上期的有关数字，应当相互衔接。

（三）全面完整

各种财务会计报表之间以及财务会计报表的各项指标之间是相互联系、互为补充的，因此，必须按照企业会计制度规定的种类、格式和内容填报。不应漏编、漏报报表，也不应漏填报表项目。

（四）编报及时

财务会计报表必须根据有关规定的期限及时编制与报送，以便报表使用者及时了解和分析企业在报告期内的财务状况、经营成果和现金流量，并保证会计资料的及时逐级汇总。

会计报表附注和财务情况说明书应按照《企业财务会计报告条例》和国家统一的会计制度的规定，对会计报表中需要说明的事项做出真实、完整、清楚的说明。

对外提供的财务会计报表，应由单位负责人和主管会计的负责人、会计机构负责人（会计主管人员）签名并盖章；设置总会计师的企业，还应由总会计师签名并盖章，方可生效。

（五）便于理解

企业对外提供的财务报表内容应当清晰明了，便于会计信息使用者理解。

学习情景 2：资产负债表的编制

一、资产负债表的内容和格式

（一）资产负债表的含义

资产负债表是反映企业在某一特定日期财务状况的会计报表，该报表为静态会计报表。通过该表既可以了解企业拥有或控制的经济资源及其分布情况，分析企业的生产经营能力；也可以了解企业所负担的债务总额以及结构，分析企业的偿债能力；还可以了解投资者在企业资产中所占的份额，分析所有者权益的构成情况。通过对前后期资产负债表的比较，可以了解企业资金结构的变化情况和未来财务状况的变动趋势；通过对资产负债表各项目进行相关比率分析，可以帮助财务报表使用者更加深入地了解企业财务状况，分析企业的偿债能力，为信息使用者做出经济决策提供依据。

（二）资产负债表的格式

国际上流行的资产负债表格式主要有账户式和报告式两种。按照我国《企业会计准则》的规定，企业的资产负债表一般采用账户式。账户式资产负债表分为左右两方：左方列示资产各项目，各项目按资产的流动性大小排列；右方列示负债和所有者权益，其中负债各项目按偿还期的长短顺序排列，而所有者权益各项目则按永久性程度排列。资产负债表的具体格式见表 9-1。

表 9-1　资产负债表

编制单位：

资产	期末数	年初数	负债及所有者权益	期末数	年初数
流动资产：			流动负债：		
货币资金			短期借款		
交易性金融资产			交易性金融负债		
应收票据			应付票据		
应收账款			应付账款		
预付账款			预收账款		
应收股利			应付职工薪酬		
应收利息			应交税费		
其他应收款			应付利息		

续表

资产	期末数	年初数	负债及所有者权益	期末数	年初数
存货			应付股利		
其中:消耗性生物资产			其他应付款		
一年内到期的非流动资产			预计负债		
其他流动资产			一年内到期的非流动负债		
流动资产合计			其他流动负债		
非流动资产:			流动负债合计		
可供出售金融资产			非流动负债:		
持有至到期投资			长期借款		
投资性房地产			应付债券		
长期股权投资			长期应付款		
长期应收款			专项应付款		
固定资产			递延所得税负债		
在建工程			其他长期负债		
工程物资			非流动负债合计		
固定资产清理			负债合计		
生产性生物资产			所有者权益(或股东权益):		
油气资产			实收资本(或股本)		
无形资产			资本公积		
开发支出			盈余公积		
商誉			未分配利润		
长期待摊费用			减:库存股		
递延所得税资产			所有者权益(或股东权益)合计		
其他非流动资产					
非流动资产合计					
资产总计			负债和所有者权益合计		

企业负责人:　　　　　　　　　　　　财务负责人:

二、资产负债表的编制方法

(一) 资产负债表的资料来源

填制资产负债表需要依据以下几项资料。

1. 总账余额。
2. 明细账余额。
3. 资产负债表的许多项目需要依据总账和明细账两者的余额计算填列,反映资产账户与有关备抵账户的抵销过程,以反映其净额。
4. 反映或有负债的情况和备查登记簿的记录。

(二) 期初数据填列方法

资产负债表的各项目均需填列"年初数"和"期末数"两栏。"年初数"栏内各项数字,应根据上年末资产负债表的"期末数"栏内所列数字填列。如果本年度资产负债表规定的各项目的名称和内容与上年度不一致,则应对上年年末资产负债表各项目的名称和数字按照本年度的规定进行调整,填入本表"年初数"栏内。"期末数"则可分月末、季末或年末的数字。

(三) 资产负债表"期末数"各项目的内容和填列方法

1. "货币资金"项目

"货币资金"项目反映企业库存现金、银行基本存款户存款、银行一般存款户存款、外埠存款、银行汇票存款等的合计数。本项目应根据"现金"、"银行存款"、"其他货币资金"账户的期末余额的合计数填列。

2. "交易性金融资产"项目

"交易性金融资产"项目反映企业为交易目的而持有的债券投资、股票投资、基金投资等交易性金融资产的公允价值。本项目应根据"交易性金融资产"账户的期末余额填列。

3. "应收票据"项目

"应收票据"项目反映企业收到的未到期收款及未向银行贴现的商业承兑汇票和银行承兑汇票等应收票据余额,减去已计提的坏账准备后的净额。本项目应根据"应收票据"账户的期末余额减去"坏账准备"账户中有关应收票据计提的坏账准备余额后的金额填列。

4. "应收账款"项目

"应收账款"项目反映企业因销售商品、提供劳务等而应向购买单位收取的各种款项,减去已计提的坏账准备后的净额。本项目应根据"应收账款"和"预收账款"账户所属各明细账户的期末借方余额合计,减去"坏账准备"账户中有关应收账款计提的坏账准备期末余额后的金额填列。

5. "预付账款"项目

"预付账款"项目反映企业预收的款项减去已计提的坏账准备后的净额。本项目应根据"预付账款"和"应付账款"账户所属各明细账户的期末借方余额合计,减去"坏账准备"账户中有关预付账款计提的坏账准备期末余额后的金额填列。

6. "应收利息"项目

"应收利息"项目反映企业因持有交易性金融资产、持有至到期投资和可供出售金融资产等应收取的利息。本项目应根据"应收利息"账户的期末余额填列。

7. "应收股利"项目

"应收股利"项目反映企业应收取的现金股利和应收取其他单位分配的利润。本项目应根据"应收股利"账户的期末余额填列。

8. "其他应收款"项目

"其他应收款"项目反映企业对其他单位和个人的应收和暂付的款项,减去已计提的坏账准备后的净额。本项目应根据"其他应收款"账户的期末余额,减去"坏账准备"账户中有关其他应收款计提的坏账准备期末余额后的金额填列。

9. "存货"项目

"存货"项目反映企业期末在库、在途和在加工中的各项存货的可变现净值,包括各种原材料、商品、在产品、半成品、发出商品、包装物、低值易耗品和委托代销商品等。本项目应根据"在途物资(材料采购)"、"原材料"、"库存商品"、"周转材料"、"委托加工物资"、"生产成本"和"劳务成本"等账户的期末余额合计,减去"存货跌价准备"账户期末余额后的金额填列。材料采用计划成本核算以及库存商品采用计划成本或售价核算的小企业,应按加或减材料成本差异、减商品进销差价后的金额填列。

10. "一年内到期的非流动资产"项目

"一年内到期的非流动资产"项目反映企业非流动资产项目中在一年内到期的金额,包括一年内到期的持有至到期投资、长期待摊费用和一年内可收回的长期应收款。本项目应根据上述账户分析计算后填列。

11. "其他流动资产"项目

"其他流动资产"项目反映企业除以上流动资产项目外的其他流动资产。本项目应根据有关账户的期末余额填列。

12. "可供出售金融资产"项目

"可供出售金融资产"项目反映企业持有的可供出售金融资产的公允价值。本项目应根据"可供出售金融资产"账户的期末余额填列。

13. "持有至到期投资"项目

"持有至到期投资"项目反映企业持有至到期投资的摊余价值。本项目应根据"持有至到期投资"账户期末余额减去一年内到期的投资部分和"持有至到期投资减值准备"账户期末余额后的金额填列。

14. "长期股权投资"项目

"长期股权投资"项目反映企业不准备在一年内(含一年)变现的各种股权性质投资的账面余额,减去减值准备后的净额。本项目应根据"长期股权投资"账户的期末余额减去"长期股权投资减值准备"账户期末余额后的金额填列。

15. "长期应收款"项目

"长期应收款"项目反映企业长期应收款净额。本项目应根据"长期应收款"期末余额,减去一年内到期的部分、"未确认融资收益"账户期末余额、"坏账准备"账户中按长期应收款计提的坏账损失后的金额填列。

16. "固定资产"项目

"固定资产"项目反映企业固定资产的净值。本项目应根据"固定资产"账户期末余额,减去"累计折旧"和"固定资产减值准备"账户期末余额后的金额填列。

17. "在建工程"项目

"在建工程"项目反映企业尚未达到预定可使用状态的在建工程的价值。本项目应根据"在建工程"账户期末余额,减去"在建工程减值准备"账户期末余额后的金额填列。

18. "工程物资"项目

"工程物资"项目反映企业为在建工程准备的各种物资的价值。本项目应根据"工程物资"账户期末余额,减去"工程物资减值准备"账户期末余额后的金额填列。

19. "固定资产清理"项目

"固定资产清理"项目反映企业因出售、毁损、报废等原因转入清理但尚未清理完毕的固定资产的账面价值,以及固定资产清理过程中所发生的清理费用和变价收入等各项金额的差额。本项目应根据"固定资产清理"账户的期末借方余额填列;如"固定资产清理"账户期末为贷方余额,则以"-"号填列。

20. "无形资产"项目

"无形资产"项目反映企业持有的各项无形资产的净值。本项目应根据"无形资产"账户期末余额,减去"累计摊销"和"无形资产减值准备"账户的期末余额后的金额填列。

21. "开发支出"项目

"开发支出"项目反映企业开发无形资产过程中发生的、尚未形成无形资产成本的支出。本项目应根据"开发支出"账户的期末余额填列。

22. "商誉"项目

"商誉"项目反映企业商誉的价值。本项目应根据"商誉"账户的期末余额填列。

23. "长期待摊费用"项目

"长期待摊费用"项目反映小企业尚未摊销的摊销期限在一年以上(不含一年)的各项费用。本项目应根据"长期待摊费用"账户的期末余额,减去将于一年内(含一年)摊销的数额后的金额填列。

24."递延所得税资产"项目

"递延所得税资产"项目反映企业因可抵扣暂时性差异形成的递延所得税资产。本项目应根据"递延所得税资产"账户的期末余额填列。

25."其他非流动资产"项目

"其他非流动资产"项目反映企业除以上资产以外的其他长期资产。本项目应根据有关账户的期末余额填列。

26."短期借款"项目

"短期借款"项目反映企业借入尚未归还的一年期以下(含一年)的借款。本项目应根据"短期借款"账户的期末余额填列。

27."交易性金融负债"项目

"交易性金融负债"项目反映企业发行短期债券等所形成的交易性金融负债的公允价值。本项目应根据"交易性金融负债"账户的期末余额填列。

28."应付票据"项目

"应付票据"项目反映企业为了抵付货款等而开出并承兑的、尚未到期付款的应付票据,包括银行承兑汇票和商业承兑汇票。本项目应根据"应付票据"账户的期末余额填列。

29."应付账款"项目

"应付账款"项目反映企业购买原材料、商品和接受劳务供应等而应付给供应单位的款项。本项目应根据"应付账款"和"预付账款"账户所属各明细账户的期末贷方余额的合计数填列。

30."预收账款"项目

"预收账款"项目反映企业按合同规定预收的款项。本项目应根据"预收账款"和"应收账款"账户所属各明细账户的期末贷方余额的合计数填列。

31."应付职工薪酬"项目

"应付职工薪酬"项目反映企业应付未付的工资和社会保险费等职工薪酬。本项目应根据"应付职工薪酬"账户的期末贷方余额填列;如"应付职工薪酬"账户期末为借方余额,则以"一"号填列。

32."应交税费"项目

"应交税费"项目反映企业期末未交、多交或未抵扣的各种税金。本项目应根据"应交税费"账户的期末贷方余额填列;如"应交税费"账户期末为借方余额,则以"一"号填列。

33."应付利息"项目

"应付利息"项目反映企业应付未付的各种利息。本项目应根据"应付利息"账户的期末余额填列。

34."应付股利"项目

"应付股利"项目反映企业尚未支付的现金股利或利润。本项目应根据"应付股利"账户的期末余额填列。

35. "其他应付款"项目

"其他应付款"项目反映企业所有应付和暂收其他单位和个人的款项。本项目应根据"其他应付款"账户的期末余额填列。

36. "一年内到期的非流动负债"项目

"一年内到期的非流动负债"项目反映企业各种非流动负债在一年之内到期的金额，包括一年内到期的长期借款、长期应付款和应付债券。本项目应根据上述账户分析计算后填列。

37. "其他流动负债"项目

"其他流动负债"项目反映企业除以上流动负债以外的其他流动负债。本项目应根据有关账户的期末余额填列。

38. "长期借款"项目

"长期借款"项目反映企业借入尚未归还的一年期以上（不含一年）的各期借款。本项目应根据"长期借款"账户的期末余额减去一年内到期部分的金额填列。

39. "应付债券"项目

"应付债券"项目反映企业尚未偿还的长期债券摊余价值。本项目应根据"应付债券"账户期末余额减去一年内到期部分的金额填列。

40. "长期应付款"项目

"长期应付款"项目反映企业除长期借款、应付债券以外的各种长期应付款。本项目应根据"长期应付款"账户的期末余额，减去"未确认融资费用"账户期末余额和一年内到期部分的长期应付款后的金额填列。

41. "预计负债"项目

"预计负债"项目反映企业计提的各种预计负债。本项目应根据"预计负债"账户的期末余额填列。

42. "递延所得税负债"项目

"递延所得税负债"项目反映企业根据应纳税暂时性差异确认的递延所得税负债。本项目应根据"递延所得税负债"账户的期末余额填列。

43. "其他长期负债"项目

"其他长期负债"项目反映企业除以上长期负债项目以外的其他长期负债。本项目应根据有关账户的期末余额填列。

44. "实收资本（或股本）"项目

"实收资本（或股本）"项目反映企业各投资者实际投入的资本总额。本项目应根据"实收资本（或股本）"账户的期末余额填列。

45. "资本公积"项目

"资本公积"项目反映企业资本公积的期末余额。本项目应根据"资本公积"账户的期末余额填列,其中"库存股"按"库存股"账户的余额填列。

46."盈余公积"项目

"盈余公积"项目反映企业盈余公积的期末余额。本项目应根据"盈余公积"账户的期末余额填列。

47."未分配利润"项目

"未分配利润"项目反映企业尚未分配的利润。本项目应根据"本年利润"账户和"利润分配"账户的期末余额计算填列;如为未弥补的亏损,则以"一"号填列。

(三)资产负债表编制例题

【例 9-1】甲公司 2015 年 12 月 1 日各账户余额如表 9-2 所示。

表 9-2 总分类账户余额表

单位:元

账户名称	借方余额	账户名称	贷方余额
现金	2 000	短期借款	300 000
银行存款	1 380 000	应付票据	200 000
其他货币资金	124 300	应付账款	953 800
交易性金融资产	15 000	其他应付款	50 000
应收票据	246 000	应付职工薪酬	73 050
应收账款	300 000	应交税费	36 600
坏账准备	−900	应付利息	1 000
预付账款	100 000	长期借款	1 600 000
其他应收款	5 000	其中:一年内到期的长期负债	1 000 000
材料采购	225 000	负债合计	3 214 450
原材料	550 000	股本	3 000 000
周转材料(包装物)	38 050	资本公积	1 000 000
周转材料(低值易耗品)	50 000	盈余公积	100 000
库存商品	1 680 000	利润分配(未分配利润)	1 050 000
长期股权投资	250 000	所有者权益合计	5 150 000
固定资产	1 500 000		
累计折旧	−400 000		
在建工程	1 500 000		
无形资产	600 000		
长期待摊费用	200 000		
总计	8 364 450	总计	8 364 450

甲公司 2015 年 12 月发生下述经济业务:

(1) 收到银行通知,用银行存款支付到期的商业承兑汇票 10 000 元。
  借:应付票据   10 000
   贷:银行存款   10 000
(2) 购入原材料一批,用银行存款支付货款 150 000 元,以及增值税税额 25 500 元,款已付,料未到。
  借:材料采购——甲   150 000
    应交税费——应交增值税(进项税额)   25 500
   贷:银行存款   175 500
(3) 收到原材料一批,实际成本 195 000 元,材料已验收入库,货款于上月支付。
  借:原材料——甲   195 000
   贷:材料采购——甲   195 000
(4) 用银行汇票支付采购材料价款,购入材料及运费 99 800 元,支付增值税税额 16 966 元。公司收到开户银行转来银行汇票多余收账通知,多余款 234 元。
  借:材料采购   99 800
    银行存款   234
    应交税费——应交增值税(进项税额)   16 966
   贷:其他货币资金   117 000
(5) 销售产品一批,销售价款 300 000 元(不含增值税),该批产品实际成本 180 000 元,产品已发出,款未收到。
  借:应收账款   351 000
   贷:主营业务收入   300 000
    应交税费——应交增值税(销项税额)   51 000
(6) 公司将一部分以交易目的所持有股票 15 000 元兑现,收到本金 15 000 元,投资收益 1 500 元,均存入银行。
  借:银行存款   16 500
   贷:交易性金融资产   15 000
    投资收益   1 500
(7) 购入不需要安装的设备一台,价款 85 470 元,增值税税额 14 530 元,支付包装费、运费 1 000 元。均以银行存款支付,设备已交付使用。
  借:固定资产   101 000
   贷:银行存款   101 000
(8) 购入工程物资一批,价款 150 000 元(含增值税),已用银行存款支付。
  借:工程物资   150 000
   贷:银行存款   150 000
(9) 发生工程应付工资 200 000 元,应付职工福利费 28 000 元。
  借:在建工程   228 000
   贷:应付职工薪酬——应付工资   200 000
        ——应付福利费   28 000

(10) 工程完工,计算应负担长期借款利息 150 000 元,该项借款本息未付。

借:在建工程 150 000
 贷:长期借款——应付利息 150 000

(11) 一项工程完工交付使用,已办竣工手续,固定资产价值 1 300 000 元。

借:固定资产 1 300 000
 贷:在建工程 1 300 000

(12) 公司一座仓库报废,原价 200 000 元,已提折旧 180 000 元,清理费用 500 元,残值收入 800 元,均以银行存款收支。该项固定资产已清理完毕。

借:固定资产清理 20 000
 累计折旧 180 000
 贷:固定资产 200 000
借:固定资产清理 500
 贷:银行存款 500
借:银行存款 800
 贷:固定资产清理 800
借:营业外支出 19 700
 贷:固定资产清理 19 700

(13) 从银行借入三年期借款 400 000 元用于购建固定资产,款存银行。

借:银行存款 400 000
 贷:长期借款 400 000

(14) 销售产品一批,价款 700 000 元,增值税税额 119 000 元,其实际成本 420 000 元,款存银行。

借:银行存款 819 000
 贷:主营业务收入 700 000
  应交税费——应交增值税(销项税额) 119 000

(15) 公司将要到期的一张面值为 200 000 元的无息银行承兑汇票(不含增值税),连同解讫通知和进账单交银行办理转账。收到银行盖章退回的进账单第一联。款项银行已收妥。

借:银行存款 200 000
 贷:应收票据 200 000

(16) 收到现金股利 30 000 元(该项投资采用成本法核算),已存入银行。

借:银行存款 30 000
 贷:投资收益 30 000

(17) 公司出售一台不需用设备,收到价款 300 000 元,该设备原价 400 000 元,已提折旧 150 000 元。该项设备已由购入单位运走。

借:固定资产清理 250 000
 累计折旧 150 000
 贷:固定资产 400 000

借:银行存款	300 000	
贷:固定资产清理		300 000
借:固定资产清理	50 000	
贷:营业外收入		50 000

(18) 归还借款本金 250 000 元,利息 12 500 元,已预提。

借:短期借款	250 000	
应付利息	12500	
贷:银行存款		262 500

(19) 提取现金 500 000 元,准备发放工资。

借:库存现金	500 000	
贷:银行存款		500 000

(20) 支付工资 500 000 元,其中在建工程人员工资 200 000 元。

借:应付职工薪酬——应付工资	500 000	
贷:库存现金		500 000

(21) 分配应支付的职工工资 300 000 元(不包括在建工程人员),其中食品生产车间生产人员工资 275 000 元,车间管理人员工资 10 000 元,行政管理部门人员工资 15 000 元。

借:生产成本	275 000	
制造费用	10 000	
管理费用	15 000	
贷:应付职工薪酬——应付工资		300 000

(22) 提取职工福利费 42 000 元。

借:生产成本	38 500	
制造费用	1 400	
管理费用	2 100	
贷:应付职工薪酬——应付福利费		42 000

(23) 提取应计入本期损益的借款利息共 21 500 元,其中短期借款利息 11 500 元,长期借款利息 10 000 元。

借:财务费用	21 500	
贷:应付利息		11 500
长期借款——应计利息		10 000

(24) 本公司食品生产车间生产食品领用原材料实际成本 700 000 元,领用低值易耗品实际成本 50 000 元,采用一次摊销法。

借:生产成本	700 000	
贷:原材料		700 000
借:制造费用	50 000	
贷:低值易耗品		50 000

(25) 摊销无形资产 60 000 元,支付印花税 10 000 元和车间固定资产修理费 90

000元。

  借:管理费用——无形资产摊销   60 000
    贷:累计摊销   60 000
  借:管理费用——印花税   10 000
    制造费用——固定资产修理费   90 000
    贷:银行存款   100 000

  (26) 计提固定资产折旧100 000元,其中计入食品生产车间制造费用80 000元,管理费用20 000元。

  借:制造费用   80 000
    管理费用   20 000
    贷:累计折旧   100 000

  (27) 收到应收账款51 000元(不含增值税),存入银行,按应收账款余额的3%计提坏账准备。

  借:银行存款   51 000
    贷:应收账款   51 000
  借:管理费用——坏账损失   900
    贷:坏账准备   900

  (28) 用银行存款支付产品展览费10 000元。

  借:销售费用   10 000
    贷:银行存款   10 000

  (29) 计算并结转本期制造费用231 400元和完工食品成本1 244 900元。没有期初在产品,本期生产的产品全部完工入库。

  借:生产成本   231 400
    贷:制造费用   231 400
  借:库存商品   1 244 900
    贷:生产成本   1 244 900

  (30) 发生广告费10 000元,已用银行存款支付。

  借:销售费用   10 000
    贷:银行存款   10 000

  (31) 公司采用商业承兑汇票结算方式销售产品一批,价款250 000元,增值税税额42 500元,收到292 500元的商业承兑汇票一张,产品实际成本150 000元。

  借:应收票据   292 500
    贷:主营业务收入   250 000
      应交税费——应交增值税(销项税额)   42 500

  (32) 公司将上述承兑汇票到银行办理贴现,贴现息为20 000元。

  借:财务费用   20 000
    银行存款   272 500
    贷:应收票据   292 500

(33) 提取现金 50 000 元,准备支付退休金。
借:库存现金 50 000
　　贷:银行存款 50 000
(34) 支付退休金 50 000 元,未统筹。
借:管理费用 50 000
　　贷:库存现金 50 000
(35) 公司本期产品销售应缴纳教育费附加 2 000 元。
借:主营业务税金及附加 2 000
　　贷:应交税费——应交教育费附加 2 000
(36) 用银行存款交纳增值税 100 000 元,教育费附加 2 000 元。
借:应交税费——应交增值税(已交税金) 100 000
　　　　　　——应交教育费附加 2 000
　　贷:银行存款 102 000
(37) 结转本期产品销售成本 750 000 元。
借:主营业务成本 750 000
　　贷:库存商品 750 000
(38) 将各收支账户结转"年利润",年净利润为 237 901 元。
借:主营业务收入 1 250 000
　　营业外收入 50 000
　　投资收益 31 500
　　贷:本年利润 1 331 500
借:本年利润 991 200
　　贷:主营业务成本 750 000
　　　　主营业务税金及附加 2 000
　　　　销售费用 20 000
　　　　管理费用 158 000
　　　　财务费用 41 500
　　　　营业外支出 19 700
(39) 计算并结转应交所得税 102 399 元。
借:所得税费用 85 075
　　贷:应交税费——应交所得税 85 075
借:本年利润 85 075
　　贷:所得税费用 85 075
(40) 将本年实现的利润转入利润分配。
借:本年利润 255 225
　　贷:利润分配——未分配利润 255 225
(41) 提取法定盈余公积金 25 522.5 元,股利 153 135 元。
借:利润分配——提取法定盈余公积 25 522.5

贷:盈余公积——法定盈余公积　　　　　　　　　　　　　　　　　25 522.5
　借:利润分配——应付普通股股利　　　　　　　　　　　　　　153 135
　　　贷:应付股利　　　　　　　　　　　　　　　　　　　　　　　　　153 135
(42) 将利润分配各明细账户的余额转入"未分配利润"明细账户,结转本年利润。
　借:利润分配——未分配利润　　　　　　　　　　　　　　　　178 657.5
　　　贷:利润分配——提取法定盈余公积　　　　　　　　　　　　　　25 522.5
　　　　　　　　——应付普通股股利　　　　　　　　　　　　　　　 153 135
(43) 还长期借款 1 000 000 元。
　借:长期借款　　　　　　　　　　　　　　　　　　　　　　1 000 000
　　　贷:银行存款　　　　　　　　　　　　　　　　　　　　　　　1 000 000
(44) 用银行存款交纳所得税 85 075 元。
　借:应交税费——应交所得税　　　　　　　　　　　　　　　　　85 075
　　　贷:银行存款　　　　　　　　　　　　　　　　　　　　　　　　85 075

甲公司 2015 年 12 月 31 日各账户余额如表 9-3 所示。

表 9-3　总分类账户余额表

单位:元

账户名称	借方余额	账户名称	贷方余额
现金	2 000	短期借款	50 000
银行存款	913 459	应付票据	190 000
其他货币资金	7 300	应付账款	953 800
交易性金融资产	0	其他应付款	50 000
应收票据	46 000	应付职工薪酬	143 050
应收账款	600 000	应交税费	100 034
坏账准备	−1 800	其他应交款	6 600
预付账款	100 000	应付股利	153 135
其他应收款	5 000	长期借款	1 160 000
物资采购	279 800	其中:一年内到期的长期负债	0
原材料	45 000	负债合计	2 806 619
包装物	38 050	股本	3 000 000
低值易耗品	0	资本公积	1 000 000
库存商品	2 174 900	盈余公积	125 522.5
长期股权投资	250 000	利润分配(未分配利润)	1 126 567.5
固定资产	2 301 000	所有者权益合计	5 252 090
累计折旧	−170 000		
在建工程	578 000		

续表

账户名称	借方余额	账户名称	贷方余额
工程物资	150 000		
无形资产	540 000		
长期待摊费用	200 000		
总计	8 058 709	总计	8 058 709

根据甲公司各账户余额表,编制 2015 年 12 月 31 日的资产负债表,如表 9-4 所示。

表 9-4 资产负债表

编制单位:甲公司　　　　2015 年 12 月 31 日　　　　单位:元

资产	年初数	期末数	负债及所有者权益	年初数	期末数
流动资产:	(略)		流动负债:	(略)	
货币资金		922 759	短期借款		50 000
交易性金融资产		0	应付票据		19 000
应收票据		46 000	应付账款		953 800
应收股利		0	预收账款		0
应收利息		0	代销商品款		0
应收账款		598 200	应付职工薪酬		143 050
预付账款		100 000	应付股利		153 135
其他应收款		5 000	应交税费		100 034
存货		2 537 750	其他应交款		6 600
其他流动资产		0	其他应付款		50 000
流动资产合计		4 209 709	长期借款		1 160 000
非流动资产:			其中:一年内到期的长期负债		0
可供出售金融资产		0	其他流动负债		0
持有至到期投资		0	负债合计		2 806 619
投资性房地产		0	股本		3 000 000
长期股权投资		250 000	资本公积		1 000 000
长期应收款		0	盈余公积		125 522.5
固定资产		2 131 000	利润分配(未分配利润)		1 126 567.5
在建工程		578 000	所有者权益合计		5 252 090
工程物资		150 000			
无形资产		540 000			
商誉					

资产	年初数	期末数	负债及所有者权益	年初数	期末数
长期待摊费用		200 000			
递延所得税资产					
其他非流动资产					
非流动资产合计		3 849 000			
资产总计		8 058 709	权益总计		8 058 709

学习情景3 利润表的编制

一、利润表的概念和编制目的

利润表又称损益表,是反映企业在一定期间的经营成果的会计报表。该表把一定期间的营业收入与其相关的营业费用进行配比,以计算企业一定期间的净利润或净亏损。

编制利润表的目的在于向与企业经济活动有关的报表使用者提供反映企业经营成果和获利能力的信息,以便报表的使用者做出正确的决策。

二、利润表的格式和内容

利润表是根据"收入－费用＝利润"的会计等式,将企业在一定期间的全部收入、费用和利润项目以及计入当期损益的利得和损失进行分类编制成的。利润表的格式主要有多步式利润表和单步式利润表两种,我国企业的利润表一般采用多步式。具体格式如表9-5所示。

表9-5 利润表

编制单位： 年 月 单位:元

项目	本期金额	上期金额
一、营业收入		
减:营业成本		
营业税费		
销售费用		
管理费用		
财务费用(收益以"－"号填列)		
资产减值损失		
加:公允价值变动净收益(净损失以"－"号填列)		

续表

项目	本期金额	上期金额
投资净收益（净损失以"－"号填列）		
二、营业利润（亏损以"－"号填列）		
加：营业外收入		
减：营业外支出		
其中：非流动资产处置净损失（净收益以"－"号填列）		
三、利润总额（亏损总额以"－"号填列）		
减：所得税		
四、净利润（净亏损以"－"号填列）		
五、每股收益		
（一）基本每股收益		
（二）稀释每股收益		

三、利润表的编制方法

利润表是一个比较报表，反映金额的栏目有"上期金额"和"本期金额"两栏。"上期金额"栏内各项数字，应根据上年该期利润表的"本期金额"栏内所列数据填列。如果上年该期利润表规定的各项目的名称和内容同本期不一致，应对上年该期利润表各项目的名称和数字按本期的规定进行调整后填列。"本期金额"各项目的填列方法如下。

1."营业收入"项目

"营业收入"项目应根据"主营业务收入"和"其他业务收入"的发生额填列。

2."营业成本"项目

"营业成本"项目应根据"主营业务成本"和"其他业务支出"的发生额分析填列。

3."营业税金及附加"项目

"营业税金及附加"项目应根据"营业税金及附加"的发生额分析填列。

4."销售费用"项目

"销售费用"项目应根据"销售费用"的发生额分析填列。

5."管理费用"项目

"管理费用"项目应根据"管理费用"的发生额分析填列。

6."财务费用"项目

"财务费用"项目应根据"财务费用"的发生额分析填列。

7."投资收益"项目

"投资收益"项目反映企业以各种方式对外投资所取得的扣除投资损失后的净损益，

其中包括分得的投资利润、债券投资的利息收入以及认购股票取得的股利和收回投资时发生的收益等。

8."资产减值损失"项目

"资产减值损失"项目应根据"资产减值损失"的发生额分析填列。

9."公允价值变动收益"项目

"公允价值变动收益"项目应根据"公允价值变动收益"的发生额分析填列。如为净损失,则以"－"号填列。

10."营业利润"项目

"营业利润"项目反映企业实现的营业利润。如为亏损,则以"－"号填列。

11."营业外收入"项目

"营业外收入"项目根据"营业外收入"的发生额分析填列。

12."营业外支出"项目

"营业外支出"项目根据"营业外支出"的发生额分析填列。

13."利润总额"项目

"利润总额"项目反映企业实现的利润。如为亏损,则以"－"号填列。

14."所得税"项目

"所得税"项目应根据"所得税费用"的余额分析填列。

15."净利润"项目

"净利润"项目反映企业交纳所得税后的利润。如为亏损,则以"－"号填列。

16."每股收益"项目

企业应当在利润表中单独列示基本每股收益和稀释每股收益。计算公式为:

基本每股收益＝归属于普通股股东的当期净利润÷当期发行在外普通股的加权平均数

发行在外普通股加权平均数＝期初发行在外普通股股数＋当期新发行普通股股数×已发行时间÷报告期时间－当期回购普通股股数×已回购时间÷报告期时间

已发行时间、报告期时间和已回购时间一般按照天数计算;在不影响计算结果合理性的前提下,也可以采用简化的计算方法。计算公式为:

稀释每股收益＝归属于普通股股东的当期净利润÷假定稀释性潜在普通股转换为已发行普通股的前提下普通股股数的加权平均数

四、利润表的编制例题分析

【例 9-2】采用例 9-1 的资料,其中所得税税率为 25%。则甲公司 2015 年 12 月的利润表如表 9-6 所示。

表 9-6 利润表

编制单位:甲公司　　　　　　　　　　　　　　　　　　　　　　　　　　　　　　　单位:元

项目	本月金额	本年累计金额
一、营业收入	1 250 000	
减:营业成本	750 000	
营业税费	2 000	
销售费用	20 000	
管理费用	158 000	
财务费用(收益以"-"号填列)	41 500	
资产减值损失	0	
加:公允价值变动净收益(净损失以"-"号填列)	0	
投资净收益(净损失以"-"号填列)	31 500	
二、营业利润(亏损以"-"号填列)	310 000	
加:营业外收入	50 000	
减:营业外支出	19 700	
其中:非流动资产处置净损失(净收益以"-"号填列)		
三、利润总额(亏损总额以"-"号填列)	340 300	
减:所得税	85 075	
四、净利润(净亏损以"-"号填列)	255 225	
五、每股收益		
(一)基本每股收益		
(二)稀释每股收益		

学习情景 5:现金流量表

一、现金流量表的概念和作用

现金流量表是以现金为基础编制的反映企业财务状况变动的报表,它反映公司或企业一定会计期间内有关现金和现金等价物的流入和流出的信息,表明企业获得现金和现金等价物的能力。所谓现金是指企业库存现金以及可以随时用于支付的存款,包括库存现金、银行存款和其他货币资金。现金等价物是指企业持有的期限短、流动性强,易于转换为已知金额现金,价值变动风险很小的投资。现金流量表的作用如下:

1. 现金流量表可以提供企业的现金流量信息,从而对企业整体财务状况做出客观评价。

2. 现金流量表是在以营运资金为基础编制的财务状况变动表基础上发展起来的。

3. 通过现金流量表不但可以了解企业当前的财务状况,还可以预测企业未来的发展情况。

二、现金流量表的内容

我国现金流量表采用报告式结构,由主表和补充资料构成。

主表部分按照现金流量的性质,依次分类反映经营活动产生的现金流量、投资活动产生的现金流量和筹资活动产生的现金流量,最后汇总反映企业现金及现金等价物的净增加额。其中经营活动是指企业投资活动和筹资活动以外的所有交易和事项,包括销售商品或提供劳务、购买商品或接受劳务、收到返还的税费、经营性租赁、支付工资、支付广告费用、交纳各项税款等。通过经营活动产生的现金流量,可以说明企业的经营活动对现金流入和流出的影响程度,从而判断企业在不动用对外筹得资金的情况下,是否足以维持生产经营、偿还债务、支付股利和对外投资等经济活动。投资活动是指企业长期资产的购建和不包括在现金等价物范围内的投资及其处置活动。现金流量表中的"投资"既包括对外投资,又包括长期资产的购建与处理。投资活动包括取得和收回投资、购建和处置固定资产、购买和处置无形资产等。通过投资活动产生的现金流量,可以判断投资活动对企业现金流量净额的影响程度。筹资活动是指导致企业资本即债务规模和构成发生变化的活动。筹资活动包括发行股票或接受投入资本、分派现金股利、取得和偿还银行借款、发行和偿还公司债券等。通过筹资活动产生的现金流量,可以分析企业通过筹资活动获取现金的能力,判断出筹资活动对企业现金流量净额的影响程度。

现金流量表补充资料包括三部分:

1. 将净利润调节为经营活动的现金流量。

2. 不涉及现金收支的投资和筹资活动。

3. 现金及现金等价物净增加额。

三、现金流量表的编制基础

现金流量表是以现金为基础编制的,这里的现金是指企业库存现金、可以随时用于支付的存款,以及现金等价物。具体包括:

1. 库存现金。

2. 银行存款。

3. 其他货币资金,即企业存放在金融企业的有特定用途的资金。

4. 现金等价物,即企业持有的期限短、流动性高,易于转换为已知金额的现金,价值变动风险很小的短期投资。现金等价物通常指购买在 3 个月或更短时间内即到期或即可转换为现金的投资。

四、现金流量表的编制方法

(一)现金流量表编制的基本原理和方法

现金流量表是按照收付实现制反映企业报告期的经营活动、投资活动和筹资活动的现金流动信息的。由于企业的经济业务是按照权责发生制为基础进行计量、记录的,因此,编制现金流量表的核心内容是将权责发生制下的会计资料重新整理转换为按照收付实现制表示的现金流量。

现金流量表填列方法有两种方法:直接法和间接法。直接法是通过现金收入和现金支出的主要类别,直接反映来自企业经营活动的现金流量的一种方法。间接法是以本期净利润为起算点,调整不涉及现金收入、费用、营业外收支以及经营性应收应付等项目的增减变动,据此计算并列示经营活动现金流量的一种方法。我国企业会计准则规定,经营活动产生的现金流量可以采用直接法和间接法两种方法反映,其中,现金流量表正表采用直接法填列,现金流量表附注应采用间接法填列。

(二)现金流量表各项目的内容和填列方法

根据现金流量表的具体编制流程,实际工作中常用的现金流量表编制方法有工作底稿法、T型账户法以及分析填列法,这里仅介绍分析填列法。该法是直接根据资产负债表、利润表和有关明细账户资料,分析计算现金流量表各项目的具体金额,并据以编制现金流量表的一种方法。该方法操纵直观简单,适用于经济业务量较少的企业。在该法下现金流量表各项目的填列说明如下。

1. 经营活动产生的现金流量各项目的内容和填列方法

(1) 销售商品、提供劳务收到的现金项目

本项目反映企业本期销售商品、提供劳务收到的现金,以及前期销售商品、提供劳务本期收到的现金(包括销售收入和应向购买者收取的增值税销项税额)和本期预收的款项,减去本期销售本期退回商品和前期销售本期退回商品支付的现金。企业销售材料和代购代销业务收到的现金,也在本项目反映。计算公式为:

销售商品、提供劳务收到的现金＝当期销售商品或提供劳务收到的现金收入＋当期收到前期的应收账款＋当期收到前期的应收票据＋当期的预收账款－当期因销售退回而支付的现金＋当期收回前期核销的坏账损失

(2) 收到的税费返还项目

本项目包括收到返还的增值税、消费税、营业税、关税、所得税、教育费附加等。

(3) 收到的其他与经营活动有关的现金项目

本项目包括罚款、流动资产损失中由个人赔偿的现金、经营租赁的租金等。

(4) 购买商品、接受劳务支付的现金项目

本项目反映企业本期购买商品、接受劳务实际支付的现金(包括增值税进项税额),以及本期支付前期购买商品、接受劳务的未付款项和本期预付款项,减去本期发生的购货退

回收到的现金。企业购买材料和代购代销业务支付的现金,也在本项目反映。计算公式为:

购买商品、接受劳务支付的现金＝当期购买商品、接受劳务支付的现金＋当期支付前期的应付账款＋当期支付前期的应付票据＋当期预付的账款－当期因购货退回收到的现金

或:

购买商品、接受劳务支付的现金＝购买商品、接受劳务产生的销售成本和进项税＋应付账款本期减少额(期初－期末)＋应付票据本期减少额(期初－期末)＋预付款项本期增加额(期末－期初)＋存货本期增加额(期末－期初)±特殊调整业务

(5) 支付给职工以及为职工支付的现金项目

本项目反映企业本期实际支付给职工的工资、奖金、各种津贴和补贴等职工薪酬(包括代扣代缴的职工个人所得税)。

(6) 支付的各项税费项目

本项目反映企业本期发生并支付、以前各期发生本期支付以及预交的各项税费,包括所得税、增值税、营业税、消费税、印花税、房产税、土地增值税、车船使用税、教育费附加等。但不包括实际支付的耕地占用税,也不包括本期退回的增值税、所得税;本期退回的增值税、所得税在"收到的税费返还"项目中反映。

(7) 支付其他与经营活动有关的现金项目

本项目反映企业经营租赁支付的租金、支付的差旅费、业务招待费、保险费、罚款支出等其他与经营活动有关的现金流出,金额较大的应当单独列示。

【例 9-3】甲公司 2015 年度有关资料如下:

2015 年 12 月 31 日资产负债表有关项目年初、年末数见表 9-7。

表 9-7　甲公司 2015 年度 12 月 31 日资产负债表有关项目及其金额

单位:元

资产	年初数	年末数	负债和所有者权益	年初数	年末数
应收票据	30 000	20 000	应付账款	40 000	25 000
应收账款	49 500	69 300	应付职工薪酬	5 000	6 000
预付账款	10 000	15 000	应交税费	4 000	5 000
存货	100 000	70 000	其中:其他税费	2 700	4 000
			教育费附加	300	400
			其他应付款	200	1 000

2015 年度利润表有关项目本年累计数见表 9-8。

表 9-8　甲公司 2015 年度利润表有关项目及其金额

单位:元

项目	本年累计数
营业收入	800 000
营业成本	450 000

续表

项目	本年累计数
营业税金及附加	6 460
销售费用	200 000
所得税费用	40 000

其他有关资料如下：

预付款项中的 5 000 元为支付的预付保险费；本期增值税销项税额为 136 000 元，进项税额为 71 400 元，已缴增值税为 65 000 元；其他应付款为收取的出借包装物押金；2015 年度没有实际发生坏账，2014 年、2015 年两年年末均没有提取存货跌价准备；未单独设置"管理费用"账户，销售费用中包含职工工资 100 000 元、福利费 14 000 元、折旧费 2 000 元、计提应收账款坏账准备 200 元、水电费 10 000 元、差旅费 20 000 元、会议费 8 000 元、办公费 20 000 元、咨询费 15 000 元、业务招待费 5 800 元及摊销的预付保险费 5 000 元。上述资产负债表和利润表项目均与投资活动和筹资活动无关。

根据上述资料，计算现金流量表中下列项目金额全过程如下：

销售商品、提供劳务收到的现金＝800 000＋136 000＋(30 000－20 000)＋(49 500－69 300)－200＝926 000(元)

收到的其他与经营活动有关的现金＝1 000－200＝800(元)

购买商品、接受劳务支付的现金＝450 000＋71 400－(100 000－70 000)＋(40 000－25 000)＋(15 000－10 000)＝511 400(元)

支付给职工以及为职工支付的现金＝100 000＋14 000＋(5 000－6 000)＝113 000(元)

支付的各项税费＝40 000＋6 460＋65 000＋(2 700－4 000)＋(300－400)＝110 060(元)

支付的其他与经营活动有关的现金＝200 000－100 000－14 000－2 000－200－5 000＝78 800(元)

2. 投资活动产生的现金流量各项目的内容和填列方法

(1) 收回投资收到的现金项目

本项目反映企业出售、转让或到期收回除现金等价物以外的交易性金融资产、可供出售金融资产、长期股权投资(不包括处置子公司)以及收回持有至到期投资本金而收到的现金。

(2) 取得投资收益收到的现金项目

本项目反映企业除现金等价物以外的对其他企业的权益工具、债务工具和合营中的权益投资分回的现金股利和利息等。

(3) 处置固定资产、无形资产和其他长期资产收回的现金净额项目

本项目反映企业处置固定资产、无形资产和其他长期资产收到的现金(包括固定资产毁损收到的赔偿款)，减去处置资产而支付的有关费用后的净额。

(4) 处置子公司及其他营业单位收到的现金净额项目

本项目反映处置子公司及其他营业单位收到的现金,减去相关处置费用和子公司及其他营业单位持有的现金和现金等价物后的净额。

(5) 收到其他与投资活动有关的现金项目

本项目除上述各项目外,收到的其他与投资活动有关的现金流入,包括已宣告但尚未领取的现金股利或已到付息期但尚未领取的债券利息。

(6) 购建固定资产、无形资产和其他长期资产实际支付的现金项目

本项目反映企业购建固定资产、无形资产和其他长期资产实际支付的现金,以及用现金支付的应由在建工程和无形资产负担的职工薪酬及员工保险及福利费。不包括资本化借款利息、融资租赁租入固定资产支付的租赁费。

(7) 投资支付的现金项目

本项目反映企业取得现金等价物以外的对其他企业的权益工具、债务工具和合营中的权益投资所支付的现金以及佣金、手续费等。但取得子公司及其他营业单位支付的现金净额除外。这里说的投资是指狭义的投资。

(8) 取得子公司和其他营业单位支付的现金净额项目

本项目反映企业取得子公司及其他营业单位支付的现金,即企业购买子公司及其他营业单位的出价中已现金支付的部分减去子公司及其他单位持有的现金等价物后的净额。

(9) 支付其他与投资活动有关的现金项目

本项目反映企业除上述各项目外,支付的其他与投资活动有关的现金。包括:购买股票支付的价款中包含的已宣告但尚未领取的股利,企业购买债券时支付的已到付息期尚未领取的债券利息。

3. 筹资活动产生的现金流量各项目的内容和填列方法

(1) 吸收投资收到的现金项目

本项目反映企业以发行股票、债券等方式筹集资金实际收到的款项,减去直接支付给金融企业的佣金、手续费、宣传费、咨询费、印刷费等发行费用后的净额。

(2) 取得借款收到的现金项目

本项目反映企业举借各种短期、长期借款实际收到的现金。

(3) 收到其他与筹资活动有关的现金项目

本项目反映企业除上述项目外收到或支付的其他与筹资活动有关的现金流入或流出,金额较大的应当单独列示,如接受现金捐赠等。

(4) 偿还债务支付的现金项目

本项目反映企业偿还债务本金所支付的现金。

(5) 分配股利、利润或偿付利息支付的现金项目

本项目反映企业实际支付的现金股利,支付给其他投资单位的利润和支付的借款利息、债券利息。包括为构建固定资产支付的借款利息。

(6) 支付的其他与筹资活动有关的现金项目

本项目反映企业除上述各项目外,支付的其他与筹资活动有关的现金。如对外捐赠现金支出、支付的融资租赁费、分期付款购建固定资产除第一期外其他各期支付的款项。

【例 9-4】甲公司 2015 年度发生以下业务：

（1）当期销售商品实现收入 100 000 元，应收账款期初余额 20 000 元，期末余额 50 000 元；预收账款期初余额 10 000 元，期末余额 30 000 元。假定不考虑坏账准备和增值税因素。

（2）当期用银行存款支付购买原材料货款 48 000 元，当期支付前期的应付账款 12 000 元，当期购买原材料预付账款 15 000 元，当期因购货退回现金 6 000 元。

（3）当期实际支付职工工资及各种奖金 44 000 元。其中：生产经营人员工资及奖金 35 000 元，在建工程人员工资及奖金 9 000 元。另外，用现金支付离退休人员退休金 7 000 元。

（4）当期购买工程物资预付货款 22 000 元，向承包商支付工程款 16 000 元。

（5）当期购入某公司股票 1 000 股，实际支付全部价款 14 500 元。其中，相关税费 200 元，已宣告但尚未领取的现金股利 300 元。

（6）当期发行面值为 80 000 元的企业债券，扣除支付的佣金等发行费用 8 000 元后，实际收到款项 72 000 元。另外，为发行企业债券实际支付审计费用 3 000 元。

（7）当期用银行存款偿还借款本金 60 000 元，偿还借款利息 6 000 元。

（8）当期用银行存款支付分配的现金股利 30 000 元。

要求：根据上述资料，计算甲公司现金流量表中下列有关项目的金额：

（1）销售商品、提供劳务收到的现金。
（2）购买商品、接受劳务支付的现金。
（3）支付给职工及为职工支付的现金。
（4）购建固定资产、无形资产和其他长期资产所支付的现金。
（5）投资所支付的现金。
（6）吸收投资所收到的现金。
（7）偿还债务所支付的现金。
（8）分配股利、利润或偿付利息所支付的现金。

解析：

（1）销售商品、提供劳务收到的现金＝100 000＋(20 000－50 000)＋(30 000－10 000)＝90 000(元)

（2）购买商品、接受劳务支付的现金＝48 000＋12 000＋15 000－6 000＝69 000(元)

（3）支付给职工及为职工支付的现金＝44 000－9 000＝35 000(元)

（4）购建固定资产、无形资产和其他长期资产所支付的现金＝9 000＋22 000＋16 000＝47 000(元)

（5）投资所支付的现金＝14 500－300＝14 200(元)

（6）吸收投资所收到的现金＝72 000(元)

（7）偿还债务所支付的现金＝60 000(元)

（8）分配股利、利润或偿付利息所支付的现金＝30 000＋6 000＝36 000(元)

4. 汇率变动对现金及现金等价物的影响的内容和填列方法

本项目反映下列项目之间的差额：

(1) 企业外币现金流量折算为记账本位币时,所采用的现金流量发生日的即期汇率或按照系统合理的方法确定的、与现金流量发生日即期汇率近似的汇率折算的金额(编制合并现金流量表时还包括折算境外子公司的现金流量,应当比照处理)。

(2) "现金及现金等价物净增加额"中外币现金净增加额按期末汇率折算的金额。

在编制现金流量表时,可逐笔计算外汇业务所发生的汇率变动对现金的影响;也可不必逐笔计算,而采用简化的计算方法,即通过报表补充资料中的"现金及现金等价物净增加额"数额与正表中的"经营活动产生的现金流量净额"、"投资活动产生的现金净额"、"筹资活动产生的现金净额"三项之和的比较,其差额即为"汇率变动对现金的影响"项目的金额。

5. 现金流量表补充资料各项目的内容和填列方法

现金流量表正表采用直接法反映经营活动产生的现金流量,同时,企业还应采用间接法反映经营活动产生的现金流量。即以净利润为起点,以及不涉及现金的收入费用、营业外收支、经营性应收应付项目,以及不属于经营活动的现金收支项目,据以计算经营活动产生的现金流量。具体需要对四大类项目进行调整:实际没有支付现金的费用(调加)、实际没有收到现金的收益(调减)、不属于经营活动的损益(调加或减)和经营性应收应付项目的增减变动(调加或减)。

将净利润调整为经营活动的现金流量的调整方法是:净利润＋使净利润减少的项目(不影响经营活动的现金流量)－使净利润增加的项目(不影响经营活动的现金流量)＋使经营活动现金流量增加的项目(不影响净利润)－使经营活动现金流量减少的项目(不影响净利润)。

具体内容包括:

(1) "资产减值准备"项目

本项目反映企业本期计提的坏账准备、存货跌价准备、短期投资跌价准备、长期股权投资减值准备、持有至到期投资减值准备、投资性房地产减值准备、固定资产减值准备、在建工程减值准备、无形资产减值准备、商誉减值准备、生产性生物资产减值准备、油气资产减值准备等资产减值准备。

(2) "固定资产折旧"项目

本项目反映企业本期计提的固定资产折旧。

(3) "油气资产折耗"项目

本项目反映企业本期计提的油气资产折耗。

(4) "生产性生物资产折旧"项目

本项目反映企业本期计提的生产性生物资产折旧。

(5) "无形资产摊销"项目

本项目反映企业本期计提的无形资产摊销。

(6) "长期待摊费用摊销"项目

本项目反映企业本期计提的长期待摊费用摊销。

(7) "处置固定资产、无形资产和其他长期资产的损益"项目

本项目反映企业本期处置固定资产、无形资产和其他长期资产发生的损益。

(8)"公允价值变动损益"项目

本项目反映企业持有的金融资产、金融负债以及采用公允价值计量的投资性房地产的公允价值变动损益。

(9)"财务费用"项目

本项目反映企业利润表中"财务费用"项目的金额。

(10)"投资损失"项目

本项目反映企业利润表中"投资收益"项目的金额。

(11)"递延所得税资产减少"项目

本项目反映企业资产负债表中"递延所得税资产"项目的期初余额与期末余额的差额。

(12)"递延所得税负债增加"项目

本项目反映企业资产负债表中"递延所得税负债"项目的期初余额与期末余额的差额。

(13)"存货的减少"项目

本项目反映企业资产负债表中"存货"项目的期初余额与期末余额的差额。

(14)"经营性应收项目的减少"项目

本项目反映企业本期经营性应收项目(包括应收票据、应收账款、预付款项、长期应收款和其他应收款中与经营活动有关的部分及应收的增值税销项税额等)的期初余额与期末余额的差额。

(15)"经营性应付项目的增加"项目

本项目反映企业本期经营性应付项目(包括应付票据、应付账款、预收款项、应付职工薪酬、应交税费、应付利息、应付股利、长期应付款、其他应付款中与经营活动有关的部分及应付的增值税进项税额等)的期初余额与期末余额的差额。

6. 不涉及现金收支的投资和筹资活动项目的内容和填列方法

该项目反映企业一定期间内影响企业的资产或负债,但不形成该期现金收支的所有投资和筹资活动的信息。

(1)"债务转为资本"项目

本项目反映企业本期转为资本的债务金额。

(2)"一年内到期的可转换公司债券"项目

本项目反映企业一年内到期的可转换公司债券的本息。

(3)"融资租入固定资产"项目

本项目反映企业本期融资租入固定资产的最低租赁付款额扣除应分期计入利息费用的未确认融资费用的净额。

7. 现金及现金等价物净增加额的内容和填列方法

现金及现金等价物净增加额与现金流量表中"现金及现金等价物净增加额"项目的金额应当相等。

【例 9-5】甲公司 2015 年度资产负债表的相关资料如表 9-9 所示。

表 9-9 资产负债表

编制单位:甲公司　　　2015 年 12 月 31 日　　　单位:元

资产	期末余额	年初余额	负债和股东权益	期末余额	年初余额
流动资产:			流动负债:		
货币资金	815 131	1 406 300	短期借款	50 000	300 000
交易性金融资产	0	15 000	交易性金融负债	0	0
应收票据	66 000	246 000	应付票据	100 000	200 000
应收账款	598 200	299 100	应付账款	953 800	953 800
预付账款	100 000	100 000	预收款项	0	0
应收利息	0	0	应付职工薪酬	180 000	110 000
应收股利	0	0	应交税费	226 731	36 600
其他应收款	5 000	5 000	应付利息	0	1 000
存货	2 484 700	2 580 000	应付股利	3 215.85	0
一年内到期的非流动资产	0	0	其他应付款	50 000	50 000
其他流动资产	100 000	100 000	一年内到期的非流动负债	0	1 000 000
流动资产合计	4 169 031	4 751 400	其他流动负债	0	0
非流动资产:			流动负债合计	1 592 746.85	2 651 400
可供出售金融资产	0	0	非流动负债:		
持有至到期投资	0	0	长期借款	1 160 000	600 000
长期应收款	0	0	应付债券	0	0
长期股权投资	250 000	250 000	长期应付款	0	0
投资性房地产	0	0	专项应付款	0	0
固定资产	2 201 000	1 100 000	预计负债	0	0
在建工程	428 000	1 500 000	递延所得税负债	0	0
工程物资	300 000	0	其他非流动负债	0	0
固定资产清理	0	0	非流动负债合计	1 160 000	600 000
生产性生物资产	0	0	负债合计	2 752 746.85	3 251 400
油气资产	0	0	股东权益:		
无形资产	540 000	600 000	实收资本(股本)	5 000 000	5 000 000
开发支出	0	0	资本	0	0
商誉	0	0	减:库存股	0	0
长期待摊费用	0	0	盈余公积	124 770.4	100 000
递延所得税资产	7 500	0	未分配利润	218 013.75	50 000

续表

资产	期末余额	年初余额	负债和股东权益	期末余额	年初余额
其他非流动资产	200 000	200 000	股东权益合计	5 342 784.15	5 150 000
非流动资产合计	3 926 500	3 650 000			
资产总计	8 095 531	8 401 400	负债和股东权益合计	8 095 531	8 401 400

资产负债表有关项目的明细资料如下：

(1) 本期收回交易性股票投资本金 15 000 元，公允价值变动 1 000 元，同时实现投资收益 500 元。

(2) 存货中生产成本、制造费用的组成：职工薪酬 324 900 元，折旧费用 80 000 元。

(3) 应交税费的组成：本期增值税进项税额 42 466 元，增值税销项税额 212 500 元，已交增值税 100 000 元；应交所得税期末余额为 20 097 元，应交所得税期初余额为 0；应交税费期末数中应由在建工程负担的部分为 100 000 元。

(4) 应付职工薪酬的期初数中应付在建工程人员的部分为本期支付在建工程人员职工薪酬 200 000 元，应付职工薪酬的期末数中应付在建工程人员的部分为 28 000 元。

(5) 应付利息均为短期借款利息，其中本期计提利息 11 500 元，支付利息 12 500 元。

(6) 本期用现金购买固定资产 101 000 元，购买工程物资 300 000 元。

(7) 本期用现金偿还短期借款 250 000 元，偿还一年内到期的长期借款 1 000 000 元；借入长期借款 560 000 元。

甲公司 2015 年度利润表如表 9-10 所示。

表 9-10　利润表

编制单位：甲公司　　　　　　2015 年 12 月　　　　　　　　　　单位：元

项目	本期金额	上期金额（略）
一、营业收入	1 250 000	
减：营业成本	750 000	
营业税金及附加	2 000	
销售费用	20 000	
管理费用	157 100	
财务费用	41 500	
资产减值损失	30 900	
加：公允价值变动收益（损失以"－"填列）	0	
投资收益（亏损以"－"填列）	31 500	
其中：对联营企业和合营企业的投资收益	0	
二、营业利润（亏损以"－"填列）	280 000	
加：营业外收入	50 000	

续表

项目	本期金额	上期金额(略)
减:营业外支出	19 700	
其中:非流动资产处置损失	0	
三、利润总额(亏损以"一"填列)	310 300	
减:所得税费用	85 300	
四、净利润(亏损以"一"填列)	225 000	
五、每股收益	(略)	
(一)基本每股收益		
(二)稀释每股收益		

有关项目的明细资料如下:

(1) 管理费用的组成:职工薪酬 17 100 元,无形资产摊销 60 000 元,折旧费 20 000 元,支付其他费用 60 000 元。

(2) 财务费用的组成:集体借款利息 11 500 元,支付应收票据(银行承兑汇票)贴现利息 30 000 元。

(3) 资产减值损失的组成:计提坏账准备 900 元,计提固定资产减值准备 30000 元。上年末有坏账准备余额 900 元。

(4) 投资收益的组成:收到股息收入 30 000 元,与本金一起收回的交易性股票投资收益 500 元,自公允价值变动损益结转投资收益 1 000 元。

(5) 营业外收入的组成:处置固定资产净收益 50 000 元(其所处置的固定资产原值为 400 000 元,累计折旧 150 000 元,收到处置收入 300 000 元)。假定不考虑与固定资产处置有关的税费。

(6) 营业外支出的组成:报废固定资产净损失 19 700 元(其所报废的固定资产原值为 200 000 元,累计折旧为 180 000 元,支付清理费用 500 元,收到残值收入 300 000 元)。

(7) 所得税费用的组成:当期所得税费用 92 800 元,递延所得税收益 7 500 元。

除上述项目外,利润表中的销售费用 20 000 元至期末已经支付。

要求:根据上述资料,采用分析填列的方法编制甲公司 2015 年度的现金流量表。

解析:

甲公司 2015 年度现金流量表正表中各项目金额分析计算如下:

销售商品、提供劳务收到的现金=主营业务收入+应交税费(应交增值税一销项税额)+(应收账款年初余额一应收账款年末余额)+(应收票据年初余额一应收票据年末余额)一当期计提的坏账准备一票据贴现的利息=1 250 000+212 500+(299 100-598 200)+(246 000-66 000)-900-30 000=1 312 500(元)

购买商品、接受劳务支付的现金=主营业务成本+应交税费(应交增值税一进项税额)+(应付账款年初余额一应付账款年末余额)+(应付票据年初余额一应付票据年末余额)+(预付账款年末余额一预付账款年初余额)一(存货年初余额一存货年末余额)一当期列入生产成本、制造费用的职工薪酬－当期列入生产成本、制造费用的折旧费、修理费＝750 000＋42 466＋(953 800－953 800)＋(200 000－100 000)＋(100 000－100 000)－(2 580 000－2 484 700)－324 900－80 000＝392 266(元)

支付给职工以及为职工支付的现金＝生产成本、制造费用、管理费用中的职工薪酬＋(应付职工薪酬年初余额－应付职工薪酬年末余额)－[应付职工薪酬(在建工程)年初余额－应付职工薪酬(在建工程)年末余额]＝324 900＋17 100＋(110 000－180 000)－(0－28 000)＝300 000(元)

支付的各项税费＝当期所得税费用＋营业税金及附加＋应交税费(应交增值税－已交税金)－(应交所得税期末余额－应交所得税期初余额)＝92 800＋2 000＋100 000－(20 097－0)＝174 703(元)

支付其他与经营活动有关的现金＝其他管理费用＋销售费用＝60 000＋20 000＝80 000(元)

收回投资收到的现金＝交易性金融资产贷方发生额＋与交易性金融资产一起收回的投资收益＝16 000＋500＝16 500(元)

取得投资收益所收到的现金＝收到的股息收入＝30 000(元)

处置固定资产收回的现金净额＝300 000＋(800－500)＝300 300(元)

购建固定资产支付的现金＝用现金购买的固定资产、工程物资＋支付给在建工程人员的薪酬＝101 000＋300 000＋200 000＝601 000(元)

取得借款所收到的现金＝560 000(元)

偿还债务支付的现金＝250 000＋1 000 000＝1 250 000(元)

偿还利息支付的现金＝12 500(元)

将净利润调节为经营活动现金流量各项目的计算分析如下：

固定资产减值准备＝900＋30 000＝30 900(元)

固定资产折旧＝20 000＋80 000＝100 000(元)

无形资产摊销＝60 000(元)

处置固定资产、无形资产和其他长期资产的损失(减：收益)＝－50 000(元)

固定资产报废损失＝19 700(元)

财务费用＝11 500(元)

投资损失(减：收益)＝－31 500(元)

递延所得税资产减少＝0－7 500＝－7 500(元)

存货的减少＝2 580 000－2 484 700＝95 300(元)

经营性应收项目的减少＝(246 000－66 000)＋(299 100＋900－598 200－1 800)＝－120 000(元)

经营性应付项目的增加＝(100 000－200 000)＋(953 800－953 800)＋[(180 000－28 000)－110 000]＋[(226 731－100 000)－36 600]＝32 131(元)

甲公司2015年度现金流量表的编制如表9-11和表9-12所示。

表 9-11　现金流量表

编制单位：甲公司　　　　2015 年　　　　　　　　　　　　　　　　　　　单位：元

项目	本期金额	上期金额
一、经营活动产生的现金流量：		（略）
销售商品、提供劳务收到的现金	1 312 500	
收到的税费返还	0	
收到的其他与经营活动有关的现金	0	
经营活动现金流入小计	1 312 500	
购买商品、接受劳务支付的现金	392 266	
支付给职工以及为职工支付的现金	300 000	
支付的各项税费	174 703	
支付的其他与经营活动有关的现金	80 000	
经营活动现金流出小计	100 6361	
经营活动产生的现金流量净额	365 531	
二、投资活动产生的现金流量：		
收回投资所收到的现金	16 500	
取得投资收益所收到的现金	30 000	
处置固定资产、无形资产和其他长期资产所收回的现金净额	300 000	
处置子公司及其他营业单位收到的现金净额	0	
收到的其他与投资活动有关的现金	0	
投资活动现金流入小计	346 800	
购建固定资产、无形资产和其他长期资产所支付的现金	601 000	
投资所支付的现金	0	
取得子公司及其他营业单位收到的现金净额	0	
支付的其他与投资活动有关的现金	0	
投资活动现金流出小计	601 000	
投资活动产生的现金流量净额	−254 200	
三、筹资活动产生的现金流量：		
吸收投资所收到的现金	0	
取得借款所收到的现金	560 000	
收到的其他与筹资活动有关的现金	0	
筹资活动现金流入小计	560 000	
偿还债务所支付的现金	1 250 000	

续表

项目	本期金额	上期金额
分配股利、利润或偿付利息所支付的现金	12 500	
支付的其他与筹资活动有关的现金	0	
筹资活动现金流出小计	1 262 500	
筹资活动产生的现金流量净额	−702 500	
四、汇率变动对现金的影响	0	
五、现金及现金等价物净增加额	−591 169	
加:期初现金及现金等价物余额	1 406 300	
六、期末现金及现金等价物余额	815 131	

表 9-12 现金流量表补充资料

补充资料	本期金额	上期金额
1．将净利润调节为经营活动现金流量：		（略）
净利润	225 000	
加:资产减值准备	30 900	
固定资产折旧、油气资产损耗、生产性生物资产折旧	100 000	
无形资产摊销	60 000	
长期待摊费用摊销	0	
处置固定资产、无形资产和其他长期资产的损失（减:收益）	−50 000	
固定资产报废损失	19 700	
公允价值变动损失（减:收益）	0	
财务费用（减:收益）	11 500	
投资损失（减:收益）	−31 500	
递延所得税资产减少（减:增加）	−2 500	
递延所得税负债增加（减:减少）		
存货的减少（减:增加）	95 300	
经营性应收项目的减少（减:增加）	−120 000	
经营性应付项目的增加（减:减少）	32 131	
其他	0	
经营活动产生的现金流量净额	365 531	
2．不涉及现金收支的投资和筹资活动：		
债务转为资本	0	

补充资料	本期金额	上期金额
一年内到期的可转换公司债券	0	
融资租入固定资产	0	
3. 现金及现金等价物净变动情况:		
现金的期末金额	815 131	
减:现金的期初余额	1 406 300	
加:现金等价物的期末余额	0	
减:现金等价物的期初余额	0	
现金及现金等价物净增加额	−591 169	

学习情景 6:所有者权益变动表

一、所有者权益变动表的概念及作用

所有者权益变动表是反映构成所有者权益的各组成部分当期增减变动情况的报表。它既可以为报表使用者提供所有者权益总量增减变动的信息,也能为其提供所有者权益增减变动的结构性信息,特别是能够让报表使用者理解所有者权益增减变动的根源。

二、所有者权益变动表的结构与内容

所有者权益变动表以矩阵的形式列示。它一方面列示导致所有者权益变动的交易或事项(即所有者权益的来源),对一定时期所有者权益的变动情况进行全面反映;另一方面,按照所有者权益组成部分列示交易或事项对所有者权益各部分的影响。具体格式见表 9-13。

表 9-13 所有者权益(股东权益)变动表

编制单位:　　　　　　　　　　　　　年　月　　　　　　　　　　　　　单位:万元

项目	本年金额					上年金额				
	实收资本(或股本)	资本公积	盈余公积	未分配利润	库存股(减项)	所有者权益合计	实收资本(或股本)	资本公积	盈余公积	未分配利润	库存股(减项)	所有者权益合计
一、上年年末余额											
1. 会计政策变更											

续表

项目	本年金额						上年金额					
	实收资本（或股本）	资本公积	盈余公积	未分配利润	库存股（减项）	所有者权益合计	实收资本（或股本）	资本公积	盈余公积	未分配利润	库存股（减项）	所有者权益合计
2.前期差错更正												
二、本年年初余额												
三、本年增减变动额（减少以"－"号填列）												
（一）本年净利润												
（二）直接计入所有者权益的利得和损失												
1.可供出售金融资产公允价值变动净额												
2.权益法下被投资单位其他所有者权益变动的影响												
3.与计入所有者权益项目相关的所得税影响												
4.其他												
小计												
（三）所有者投入和减少资本												
1.所有者投入资本												
2.本年购回库存股												
3.股份支付计入所有者权益的金额												
（四）本年利润分配												
1.对所有者（或股东）的分配												
2.提取盈余公积												
（五）所有者权益内部结转												
1.资本公积转增资本（或股本）												
2.盈余公积转增资本（或股本）												
3.盈余公积弥补亏损												
四、本年年末余额												

三、所有者权益变动表的编制方法

所有者权益变动表主要依据资产负债表、利润表、现金流量表及相关明细账记录填列。

（一）上年金额栏的列报方法

所有者权益变动表"上年金额"栏内各项数字，应根据上年度所有者权益变动表"本年金额"栏内所列数字填列。如果上年度所有者权益变动表规定的各个项目的名称和内容同本年度不一致，应对上年度所有者权益变动表各项目的名称和数字按本年度的规定进行调整，填入所有者权益变动表"上年金额"栏内。

（二）本年金额栏的列报方法

所有者权益变动表"本年金额"栏内各项数字一般应根据"实收资本（或股本）"、"资本公积"、"盈余公积"、"利润分配"、"库存股"、"以前年度损益调整"等科目的发生额分析填列。

企业的净利润及其分配情况作为所有者权益变动的组成部分，不需要单独设置利润分配表列示。

（三）所有者权益变动表各项目的列报说明

1. "上年年末余额"项目，反映企业上年资产负债表中实收资本（或股本）、资本公积、盈余公积、未分配利润的年末余额。

2. "会计政策变更"和"前期差错更正"项目，分别反映企业采用追溯调整法处理的会计政策变更的累积影响金额和采用追溯重述法处理的会计差错更正的累积影响金额。

为了体现会计政策变更和前期差错更正的影响，企业应当在上期期末所有者权益余额的基础上进行调整得出本期期初所有者权益，根据"盈余公积"、"利润分配"、"以前年度损益调整"等科目的发生额分析填列。

3. "本年增减变动额"项目分别反映如下内容：

（1）"本年净利润"项目，反映企业当年实现的净利润（或净亏损）金额，并对应列在"未分配利润"栏。

（2）"直接计入所有者权益的利得和损失"项目，反映企业当年直接计入所有者权益的利得和损失金额。其中：

"可供出售金融资产公允价值变动净额"项目，反映企业持有的可供出售金融资产当年公允价值变动的金额，并对应列在"资本公积"栏。

"权益法下被投资单位其他所有者权益变动的影响"项目，反映企业对按照权益法核算的长期股权投资，在被投资单位除当年实现的净损益以外的其他所有者权益当年变动中应享有的份额，并对应列在"资本公积"栏。

"与计入所有者权益项目相关的所得税影响"项目，反映企业根据《企业会计准则第

18号——所得税》的规定,应计入所有者权益项目的当年所得税影响金额,并对应列在"资本公积"栏。

(3)"净利润"和"直接计入所有者权益的利得和损失"小计项目,反映企业当年实现的净利润(或净亏损)金额和当年直接计入所有者权益的利得和损失金额的合计额。

(4)"所有者投入和减少资本"项目,反映企业当年所有者投入的资本和减少的资本。其中:

"所有者投入资本"项目,反映企业接受投资者投入形成的实收资本(或股本)和资本溢价或股本溢价,并对应列在"实收资本"栏和"资本公积"栏。

"股份支付计入所有者权益的金额"项目,反映企业处于等待期中的权益结算的股份支付当年计入资本公积的金额,并对应列在"资本公积"栏。

(5)"本年利润分配"下各项目,反映当年对所有者(或股东)分配的利润(或股利)金额和按照规定提取的盈余公积金额,并对应列在"未分配利润"栏和"盈余公积"栏。其中:

"对所有者(或股东)的分配"项目,反映对所有者(或股东)分配的利润(或股利)金额。

"提取盈余公积"项目,反映企业按照规定提取的盈余公积。

(6)"所有者权益内部结转"下各项目,反映不影响当年所有者权益总额的所有者权益各组成部分之间当年的增减变动,包括资本公积转增资本(或股本)、盈余公积转增资本(或股本)、盈余公积弥补亏损等项金额。其中:

"资本公积转增资本(或股本)"项目,反映企业以资本公积转增资本或股本的金额。

"盈余公积转增资本(或股本)"项目,反映企业以盈余公积转增资本或股本的金额。

"盈余公积弥补亏损"项目,反映企业以盈余公积弥补亏损的金额。

四、所有者权益变动表的编制案例

【例9-6】采用例9-1的资料。假设甲公司2014~2015年发生了以下业务:

1. 甲公司是由A、B、C三方各出资50万元设立的,设立时的实收资本为150万元,营若干年后,留成收益已达20万元。为扩大经营规模,三方决定重组公司,吸收D投资者加入,同意D投资者以现金出资60万元,投入后占该公司全部资本的25%,同时公司的注册资本增资为200万元。

2. 2014年12月31日取得一项可供出售金融资产,取得时成本为100万元;2015年12月31日公允价值变为95万元。

3. 经股东大会决议,决定将法定盈余公积2万元转增资本。

4. 2015年12月31日发现2014年有一项行政管理部门使用的固定资产漏提了折旧,数额为100万元,所得税申报中也未包括这项费用。所得税税率为25%,按净利润的10%提取法定盈余公积,假定税法允许2014年少计提的折旧可调整应交所得税。

5. 2014年1月1日甲公司支付现金1 000万元给E公司,受让E公司持有的F公司20%的股权(具有重大影响),采用权益法核算。假设未发生直接相关费用和税金。2015年因某经济事项使资本公积增加150万元。假设不考虑对净利润的调整。

要求:根据以上业务编制2015年甲公司所有者权益变动表和更正上述会计差错的会

计分录,并将会计报表相关项目调整数填入会计差错调整表。

解析:

首先,编制会计分录如下:

借:银行存款 600 000
　　贷:实收资本——D 500 000
　　　　资本公积——资本溢价 100 000
借:资本公积——其他资本公积 50 000
　　贷:可供出售金融资产——公允价值变动 50 000
借:盈余公积——法定盈余公积 20 000
　　贷:股本 20 000

调整少计提的折旧:

借:以前年度损益调整 1 000 000
　　贷:累计折旧 1 000 000

调整应交税费:

借:应交税费——应交所得税 250 000
　　贷:以前年度损益调整 250 000

转入未分配利润:

借:利润分配——未分配利润 750 000
　　贷:以前年度损益调整 750 000

调整利润分配:

借:盈余公积 75 000
　　贷:利润分配——未分配利润 75 000
借:长期股权投资——F公司(其他权益变动) 300 000
　　贷:资本公积——其他资本公积 300 000

其次,编制2015年会计报表相关项目的调整表,如表9-14所示。

表 9-14 会计差错调整表

单位:元

项目	年初数	上年数
累计折旧	+1 000 000	
应交税费	-250 000	
盈余公积	-75 000	
未分配利润	-675 000	
管理费用		+1 000 000
所得税		-250 000
提取盈余公积		-75 000

最后,编制所有者权益变动表,如表9-15所示。

表 9-15 所有者权益(股东权益)变动表

编制单位:甲公司　　　　　　　　　　2015 年 12 月　　　　　　　　　　单位:万元

项目	本年金额					上年金额				
	实收资本（或股本）	资本公积	盈余公积	未分配利润	库存股（减项）	所有者权益合计	实收资本（或股本）	资本公积	盈余公积	未分配利润	库存股（减项）	所有者权益合计
一、上年年末余额							300	100	10	105	0	515
1.会计政策变更												
2.前期差错更正				−7.5	−67.5							
二、本年年初余额	300	100	2.5	37.5	0	440						
三、本年增减变动金额(减少以"−"号填列)												
(一)本年净利润				25.52								
(二)直接计入所有者权益的利得和损失												
1.可供出售金融资产公允价值变动净额		−5										
2.权益法下被投资单位其他所有者权益变动的影响		30										
3.与计入所有者权益项目相关的所得税影响												
4.其他												
小计		25		25.52		50.52						
(三)所有者投入资本												
1.所有者本期投入资本	50	10										
2.本年购回库存股												
3.股份支付计入所有者权益的金额												
(四)本年利润分配												
1.对所有者(或股东)的分配				−15.31								
2.提取盈余公积			2.55	−2.55								
(五)所有者权益内部结转												
1.资本公积转增资本(或股本)												

续表

项目	本年金额						上年金额					
	实收资本（或股本）	资本公积	盈余公积	未分配利润	库存股（减项）	所有者权益合计	实收资本（或股本）	资本公积	盈余公积	未分配利润	库存股（减项）	所有者权益合计
2.盈余公积转增资本（或股本）	2		－2									
3.盈余公积弥补亏损												
四、本年年末余额	352	135	3.05	45.16	535.21							

学习情景 7：财务报表附注

一、财务报表附注的概述

附注是财务报表不可或缺的组成部分，它是对资产负债表、利润表、现金流量表和所有者权益变动表等报表中列示的项目的文字描述或明细资料，以及对未能在这些报表中列示的项目的说明等。

财务报表中的数字是经过分类与汇总后的结果，是对企业发生的经济业务的高度简化和浓缩的数字，如有没有形成这些数字所使用的会计政策、理解这些数字所必需的披露，财务报表就不可能充分发挥效用。

附注与资产负债表、利润表、现金流量表、所有者权益变动表等报表具有同等的重要性，是财务报表的重要组成部分。

报表使用者要想了解企业的财务状况、经营成果和现金流量，应当全面阅读附注。对于附注披露的基本要求有以下三点。

1. 附注披露的信息应是定量、定性信息的结合，从而能从量和质两个角度对企业的经济事项进行完整的反映，以便满足信息使用者的决策需求。

2. 附注应当按照一定的结构进行系统合理的排列和分类，有顺序地披露信息。由于附注的内容繁多，因此更应按逻辑顺序排列，分类披露，条理清晰，便于使用者理解和掌握，从而更好地实现财务报表的可比性。

3. 附注相关信息应当与资产负债表、利润表、现金流量表和所有者权益变动表等报表中列示的项目相互参照，以便使用者联系相关联的信息，从整体上更好地理解财务报表。

二、附注披露的内容

附注应当按照如下顺序披露有关内容。

(一)企业的基本情况

1. 企业注册地、组织形式和总部地址。
2. 企业的业务性质和主要经营活动,如企业所处的行业、所提供的主要产品或服务、客户的性质、销售策略、监管环境的性质等。
3. 母公司以及集团最终母公司的名称。
4. 财务报告的批准报出者和财务报告批准报出日。

(二)财务报表的编制基础

1. 会计年度。
2. 记账本位币。
3. 会计计量所运用的计量基础。
4. 现金及现金等价物。

(三)遵循《企业会计准则》的声明

企业应当声明编制的财务报表符合《企业会计准则》的要求,真实、完整地反映了企业的财务状况、经营成果和现金流量等有关信息,以此明确企业编制财务报表所依据的制度基础。

如果企业编制的财务报表只是部分地遵循了《企业会计准则》,则附注中不得做出这种表述。

(四)重要会计政策和会计估计

根据财务报表列报准则的规定,企业应当披露采用的重要会计政策和会计估计,不重要的会计政策和会计估计可以不披露。

1. 重要会计政策的说明

由于企业经济业务的复杂性和多样化,某些经济业务可以有多种会计处理方法,也就是说存在不止一种可供选择的会计政策。例如,存货的计价可以有先进先出法、加权平均法、个别计价法等;固定资产的折旧可以有平均年限法、工作量法、双倍余额递减法、年数总额法等。企业在发生某项经济业务时,必须从允许的会计处理方法中选择适合本企业特点的会计政策。企业选择不同的会计处理方法,可能极大地影响企业的财务状况和经营成果,进而编制出不同的财务报表。为了有助于报表使用者理解,有必要对这些会计政策加以披露。

需要特别指出的是,说明会计政策时还需要披露下列两项内容。

(1)财务报表项目的计量基础

会计计量属性包括历史成本、重置成本、可变现净值、现值和公允价值,这直接显著影响报表使用者的分析。因此这项披露要求便于使用者了解企业财务报表中的项目是按何种计量基础予以计量的,如存货是按成本还是可变现净值计量等。

(2) 会计政策的确定依据

会计政策的确定依据主要是指企业在运用会计政策过程中所做的对报表中确认的项目金额最具影响的判断。例如,企业如何判断持有的金融资产是持有至到期的投资而不是交易性投资;又比如,对于拥有的持股不足50%的关联企业,企业为何判断企业拥有控制权因此将其纳入合并范围;再比如,企业如何判断与租赁资产相关的所有风险和报酬已转移给企业,从而符合融资租赁的标准——这些判断对在报表中确认的项目金额具有重要影响。因此,这项披露要求有助于使用者理解企业选择和运用会计政策的背景,增加财务报表的可理解性。

2. 重要会计估计的说明

根据财务报表列报准则的规定,企业应当披露会计估计中所采用的关键假设和不确定因素的确定依据,这些关键假设和不确定因素在下一会计期间内很可能导致对资产、负债账面价值进行重大调整。

在确定报表中确认的资产和负债的账面金额过程中,企业有时需要对不确定的未来事项在资产负债表日对这些资产和负债的影响加以估计。例如,固定资产可收回金额的计算需要根据其公允价值减去处置费用后的净额与预计未来现金流量的现值两者之间的较高者确定,因此在计算资产预计未来现金流量的现值时,需要对未来现金流量进行预测,并选择适当的折现率,所以应当在附注中披露未来现金流量预测所采用的假设及其依据、所选择的折现率为什么是合理的等信息;又如,为正在进行中的诉讼提取准备时,最佳估计数的确定依据等。这些假设的变动对这些资产和负债项目金额的确定影响很大,使其有可能会在下一个会计年度内做出重大调整。因此,强调这一披露要求,有助于提高财务报表的可理解性。

(五) 会计政策、会计估计变更和差错更正的说明

企业应当按照《企业会计准则第28号——会计政策、会计估计变更和差错更正》及其应用指南的规定,披露会计政策和会计估计变更以及差错更正的有关情况。

(六) 报表重要项目的说明

企业应当以文字和数字描述相结合的方式,并尽可能以列表形式披露报表重要项目的构成或当期的增减变动情况,且报表重要项目的明细金额合计应当与报表项目金额相衔接。在披露顺序上,一般应当按照资产负债表、利润表、现金流量表、所有者权益变动表的顺序及其项目列示的顺序。

(七) 其他需要说明的重要事项

主要包括或有和承诺事项、资产负债表日后非调整事项、关联方关系及其交易等,具体的披露要求须遵循相关准则的规定。

课后练习题

一、单项选择题

1. 下列关于现金流量表的描述正确的是( )。
   A. 现金流量表是反映企业在一定会计期间库存现金流入和流出的报表
   B. 现金流量表是反映企业在一定会计期间现金和现金等价物流入和流出的报表
   C. 现金等价物指的是企业的银行存款以及其他货币资金
   D. 购买的股票投资也属于企业现金等价物

2. 多步式利润表中的利润总额是以( )为基础来计算的。
   A. 营业收入　　　B. 营业成本　　　C. 投资收益　　　D. 营业利润

3. 关于资产负债表的格式,下列说法不正确的是( )。
   A. 资产负债表主要有账户式和报告式
   B. 我国的资产负债表采用报告式
   C. 账户式资产负债表分为左右两方,左方为资产,右方为负债和所有者权益
   D. 负债和所有者权益按照求偿权的先后顺序排列

4. 下列各项中,不会引起利润总额增减变化的是( )。
   A. 销售费用　　　B. 管理费用　　　C. 所得税费用　　　D. 营业外支出

5. "应收账款"科目所属明细科目,如有贷方余额,应在资产负债表的( )项目中反映。
   A. 预付款项　　　B. 预收款项　　　C. 应收账款　　　D. 应付账款

6. 在下列各财务报表中,属于企业对外提供的静态报表的是( )。
   A. 利润表　　　　　　　　　　B. 所有者权益变动表
   C. 现金流量表　　　　　　　　D. 资产负债表

7. 依照我国的会计准则,利润表采用的格式为( )。
   A. 单步式　　　B. 多步式　　　C. 账户式　　　D. 混合式

8. 在利润表上,利润总额减去( )后,得出净利润。
   A. 管理费用　　　B. 增值税　　　C. 营业外支出　　　D. 所得税费用

9. 编制利润表主要是根据( )。
   A. 资产、负债及所有者权益各账户的本期发生额
   B. 资产、负债及所有者权益各账户的期末余额
   C. 损益类各账户的本期发生额
   D. 损益类各账户的期末余额

10. 下列各项中,不会影响营业利润金额增减的是( )。
    A. 资产减值损失　　　B. 财务费用　　　C. 投资收益　　　D. 营业外收入

11. 资产负债表的下列项目中,需要根据几个总账科目的期末余额进行汇总填列的是( )。

A. 应付职工薪酬　　　B. 短期借款　　　C. 货币资金　　　D. 资本公积

12. 在资产负债表中,资产按照其流动性排列时,下列排列方法中正确的是(　　)。
　　A. 存货、无形资产、货币资金、交易性金融资产
　　B. 交易性金融资产、存货、无形资产、货币资金
　　C. 无形资产、货币资金、交易性金融资产、存货
　　D. 货币资金、交易性金融资产、存货、无形资产

13. 某企业"应付账款"明细账期末余额情况如下:"应付账款——X企业"贷方余额为200 000元,"应付账款——Y企业"借方余额为180 000元,"应付账款——Z企业"贷方余额为300 000元。假如该企业"预付账款"明细账均为借方余额。则根据以上数据计算的反映在资产负债表上"应付账款"项目的数额为(　　)元。
　　A. 680 000　　　B. 320 000　　　C. 500 000　　　D. 80 000

14. 编制财务报表时,以"收入－费用＝利润"这一会计等式作为编制依据的财务报表是(　　)。
　　A. 利润表　　　　　　　　　　　　B. 所有者权益变动表
　　C. 资产负债表　　　　　　　　　　D. 现金流量表

二、多项选择题

1. 下列各项中,属于现金流量表中投资活动产生的现金流量的有(　　)。
　　A. 分配股利、利润或偿付利息支付的现金
　　B. 构建固定资产、无形资产和其他长期资产支付的现金
　　C. 处置子公司及其他营业单位收到的现金净额
　　D. 购买商品、接受劳务收到的现金

2. 利润表的特点有(　　)。
　　A. 根据相关账户的本期发生额编制　　B. 根据相关账户的期末余额编制
　　C. 属于静态报表　　　　　　　　　　D. 属于动态报表

3. 企业中期财务报表至少应当包括(　　)。
　　A. 资产负债表　　B. 利润表　　C. 现金流量表　　D. 附注

4. 以下项目中,会影响营业利润计算的有(　　)。
　　A. 营业外收入　　　　　　　　　　B. 营业税金及附加
　　C. 营业成本　　　　　　　　　　　D. 销售费用

5. 编制资产负债表时,需要根据有关总账科目期末余额分析、计算填列的项目有(　　)。
　　A. 货币资金　　　　　　　　　　　B. 预付款项
　　C. 存货　　　　　　　　　　　　　D. 短期借款

6. 资产负债表中的"存货"项目反映的内容包括(　　)。
　　A. 发出商品　　　　　　　　　　　B. 材料成本差异
　　C. 委托加工物资　　　　　　　　　D. 生产成本

7. 资产负债表中"应收账款"项目应根据(　　)之和减去"坏账准备"账户中有关应

收账款计提的坏账准备期末余额填列。

A. "应收账款"科目所属明细科目的借方余额
B. "应收账款"科目所属明细科目的贷方余额
C. "应付账款"科目所属明细科目的贷方余额
D. "预收账款"科目所属明细科目的借方余额

8. 下列等式正确的有(　　)。

A. 资产＝负债＋所有者权益
B. 营业利润＝主营业务收入＋其他业务收入－主营业务成本－其他业务成本＋投资收益＋公允价值变动收益
C. 利润总额＝营业利润＋营业外收入－营业外支出
D. 净利润＝利润总额－所得税费用

9. 下列各项中,属于资产负债表中流动资产项目的有(　　)。

A. 货币资金　　　　　　　　B. 预收账款
C. 应收账款　　　　　　　　D. 存货

10. 利润表中的"营业成本"项目填列的依据有(　　)。

A. "营业外支出"发生额　　　B. "主营业务成本"发生额
C. "其他业务成本"发生额　　D. "营业税金及附加"发生额

三、判断题

1. 资产负债表是总括反映企业特定日期资产、负债和所有者权益情况的动态报表,通过它可以了解企业的资产构成、资金的来源构成和企业债务的偿还能力。(　　)

2. 利润表中的"营业成本"项目,反映企业销售产品和提供劳务等主要经营业务的各项销售费用和实际成本。(　　)

3. 实际工作中,为使财务报表及时报送,企业可以提前结账。(　　)

4. 一套完整的财务报表至少应当包括资产负债表、利润表、现金流量表、所有者权益变动表和附注等部分。(　　)

5. 资产负债表中的"固定资产"项目应根据"固定资产"账户余额减去"累计折旧"、"固定资产减值准备"等账户的期末余额后的金额填列。(　　)

6. 资产负债表中的"货币资金"项目,应根据"银行存款"账户的期末余额填列。(　　)

7. 营业利润减去管理费用、销售费用、财务费用和所得税费用后得到净利润。(　　)

8. 资产负债表中的"长期待摊费用"项目,应根据"长期待摊费用"科目的余额直接填列。(　　)

9. 季度、月度财务会计报告通常仅指财务报表,至少应该包括资产负债表、利润表和现金流量表。(　　)

四、业务题

1. L公司为增值税一般纳税人。2012年11月30日,有关总分类账户和部分明细分类账户的余额及有关损益类总分类账户1月至11月发生额的资料如表综-1、表综-2所示。

表综-1　2012年11月30日有关账户余额表

单位:元

会计科目	明细科目	借方余额	贷方余额
库存现金		6 000	
银行存款		610 600	
短期投资	光明公司普通股股票1 000股	100 000	
应收票据		25 000	
	A公司	15 000	
	B公司	10 000	
应收账款		30 000	
	C公司	10 000	
	D公司	10 000	
	E公司	10 000	
坏账准备			900
原材料		680 500	
	甲材料1 500千克,单位计划成本92元	138 000	
	乙材料2 500千克,单位计划成本215元	537 500	
	丙材料100千克,单位计划成本50元	5 000	
材料成本差异		66	
	甲材料	1 468	
	乙材料		1 402
库存商品		400 000	
	A产品100箱,单位实际成本2 000元	200 000	
	B产品200箱,单位实际成本1 000元	200 000	
其他应收款	存出保证金	18 334	
长期股权投资	股票投资(G公司)	108 000	
长期债权投资	债券投资	200 000	
长期投资减值准备			38 000

续表

会计科目	明细科目	借方余额	贷方余额
无形资产	非专利技术	120 000	
无形资产减值准备			20 000
固定资产		1 920 000	
	生产经营用	1 740 000	
	非生产经营常用	180 000	
短期借款	市工商银行		300 000
长期借款	市建设银行		220 000
应付账款	F公司		200 000
应付福利费			50 000
应交税金	应交所得税		50 000
实收资本	法人资本金(T公司)		2 650 000
盈余公积			200 000
	法定盈余公积		130 000
	法定公益金		70 000
本年利润			589 600

表综-2 有关损益类总分类账户1月至11月发生额表

单位:元

会计科目	明细科目	借方发生额	贷方发生额
主营业务收入		2 694 500	2 694 500
主营业务成本		1 060 000	1 060 000
营业费用		160 000	160 000
主营业务税金及附加		100 000	100 000
其他业务收入		100 000	100 000
其他业务支出		60 000	60 000
管理费用		500 000	500 000
财务费用		36 500	36 500
营业外收入		6 000	6 000
营业外支出		4 000	4 000
所得税		2 904 000	2 904 000

L公司2012年12月发生以下会计事项:

(1) 1日,收到G公司投入资本400 000元存入银行。
(2) 1日,从市工商银行借入短期借款149 000元存入银行。
(3) 1日,将超限额库存现金(银行核定本公司库存现金限额为5 000元)送存银行。
(4) 2日,向H公司购入甲材料2 000千克,单价90元/千克,增值税税率17%,采用信汇的方式支付款项。
(5) 2日,向H公司购入乙材料700千克,单价220元/千克,增值税税率17%,暂欠款项。
(6) 2日,将甲、乙两种材料按计划成本验收入库,并结转材料成本差异。
(7) 3日,向银行申请办理银行承兑汇票,票面金额200 000元,用以清偿F公司货款,期限3个月,按票面金额的万分之五交纳手续费。
(8) 3日,将银行承兑汇票交给F公司,抵付前欠货款。
(9) 3日,采购员王储借支差旅费2 000元,以现金支付。
(10) 3日,开出现金支票3 000元,从银行提取现金备用。
(11) 3日,职工葛昌报销职工医药费500元,以现金支付。
(12) 3日,用转账支票购入木箱100个,单价20元/个,增值税税率17%。木箱已按实际成本验收入库,准备用于包装产品。
(13) 4日,向J公司购入甲设备一台,价值690 000元,增值税税率17%,运杂费11 300元,用转账支票支付,该设备已交付安装。
(14) 4日,购入办公用品200元,以现金支付。该办公用品当即交办公室使用。
(15) 5日,用现金支付窗户维修费90元,其中一车间60元,厂办公楼30元。
(16) 5日,用转账支票购入账表用品100元交财会部使用。
(17) 5日,一车间领用甲材料1 000千克,单位计划成本92元,用于生产A产品。
(18) 5日,二车间领用乙材料1 000千克,单位计划成本215元,用于生产B产品和C产品。B产品材料定额消耗量为160千克,C产品材料定额消耗量为840千克。
(19) 6日,发出丙材料30千克,单位实际成本50元,共计1 500元。其中机修车间领用10千克,供水车间领用20千克。
(20) 6日,向I公司出售甲材料50千克,取得普通发票,售价163.80元/千克,款项尚未收到。
(21) 6日,按计划成本结转已售甲材料成本。
(22) 7日,售出非生产用乙设备一台,原价55 000元,已提折旧30 000元,售价30 000元,收到转账支票一张,款项存入银行。
(23) 7日,用转账支票支付上项固定资产清理费用1 000元。
(24) 7日,结转出售乙设备的有关损益。
(25) 8日,开出转账支票支付甲设备安装费23 400元。
(26) 8日,甲设备安装完毕,交付二车间使用。
(27) 9日,机修车间职工张海报销工具一套,价款100元,用现金支付。
(28) 10日,已故职工刘庆之子刘斌领取抚恤费400元,用现金支付。
(29) 10日,将款项10 000元汇往上海市工商银行,开立采购专户,以采购员王储的姓名为户名。

(30) 10日，开出现金支票，从银行提取现金2 720元，支付职工上下班交通费。

(31) 10日，职工韩平报销医药费800元，以现金支付。

(32) 10日，职工张新报销市内零星公共汽车票70元，以现金支付。

(33) 11日，二车间领用50个木箱用于生产包装C产品，按先进先出法计算发出木箱的实际成本（下同），木箱价值的摊销采用一次摊销法。

(34) 12日，购入木箱200个，单价18元/个，增值税税率17%，以转账支票支付。木箱已入库。

(35) 12日，销售产品时领用不单独计价的包装木箱180个。

(36) 13日，收到银行转来市供电局的电费付款通知，支付本月电费5 850元（其中电费价款5 000元，增值税850元）。经查电表确定：一车间生产A产品用电1 500元，照明用电500元；二车间生产B产品用电800元，照明用电200元；机修车间用电500元；供水车间用电600元；管理部门用电900元。

(37) 13日，接到银行付款通知，支付本月电话费2 000元。

(38) 14日，用转账支票支付下年度报刊订阅费8 000元。

(39) 14日，开出现金支票，从银行提取现金8 000元，支付职工困难补助。

(40) 15日，本月应付工资总额55 470元，各种代扣款项分别为：煤气费330元，水电费1 020元，房租850元。按扣除各种代扣款项后的金额向银行提取现金并予以支付。

(41) 15日，结转工资中的各种代扣款项。

(42) 15日，供销科交来出差在外职工王储的本月工资500元。

(43) 16日，向健民公司销售A产品50箱，单位售价4 000元，增值税税率17%。收到转账支票一张送存银行。

(44) 16日，向K公司销售B产品80箱，单位售价2 500元，增值税税率17%，用现金代垫运杂费900元，已办妥托收手续。

(45) 16日，向M公司销售A产品40箱，单位售价4 000元，增值税税率17%，收到M公司签发的为期三个月、面值187 200元的商业汇票一张。

(46) 17日，采购员王储出差回来，报销差旅费1 800元，退回现金200元。

(47) 17日，王储领取本月工资，以现金支付。

(48) 17日，王储报销用上海采购专户款项采购丙材料的普通发票一张，价款8 000元。该材料160千克全部验收入库，按实际成本入账。

(49) 18日，接到银行的收账通知，收回上海采购专户的余款2 000元。

(50) 18日，以现金支付退休职工王朋本月退休工资520元。

(51) 19日，A公司签发的面值为15 000元的商业承兑汇票到期，票款收妥入账。

(52) 19日，厂办公室报销购买宣传画用款200元，以现金支付。

(53) 20日，经财产清查，发现丙材料盘盈2千克，单位实际成本50元；木箱盘亏4个，单位实际成本18元；一车间盘亏YZ设备一台，账面原价80 000元，已提折旧76 000元；应收账款中C公司欠款逾期三年尚未还款。

(54) 20日，接受N公司投资转入丁材料1 000千克，单位实际成本100元，增值税税率17%，投资双方同意按实际成本确认投资额。

(55) 20日，接受N公司投资转入实达电子计算机7台，投资各方确认价为35 000元，交付二车间使用。

(56) 21日，二车间报废Q设备一台，原价4 000元，已提折旧3 800元，用现金支付清理费用50元。

(57) 22日，查明：丙材料盘盈属计量差错造成，木箱盘亏属管理不善造成，C公司濒临倒闭已无力偿还欠款。经审批：盘亏YZ设备转作营业外支出，丙材料盘亏、木箱盘亏转入管理费用，C公司欠款冲减坏账准备。

(58) 23日，报废Q设备残料交废品公司收购，获取现金160元，同时结转固定资产清理损益。

(59) 23日，收到D公司归还的前欠货款10 000元存入银行。

(60) 24日，将所持有的1 000股光明公司普通股票全部出售，出售所得价款20 000元存入银行。该股票账面价值10 000元。

(61) 24日，预收D公司货款10 000元存入银行。

(62) 25日，接到银行通知，本季度存款利息2 000元已转入银行存款账户。

(63) 25日，摊销非专利技术价值1 000元。

(64) 25日，本月固定资产应提折旧额为17 400元，其中一车间7 000元，二车间7 700元，机修车间420元，供水车间1 200元，行政管理部门1 080元。

(65) 26日，为新建三车间，向市建设银行借入五年期借款1 000 000元，年利率5%，款已存入银行。

(66) 27日，开出转账支票购入S建筑材料100吨，单位实际成本1 000元，增值税税率17%。该建筑材料已交三车间工地仓库验收。

(67) 28日，公司办公室报销业务招待费400元，用现金支付。

(68) 29日，用转账支票购入工作服300套，每套100元，共计30 000元，增值税税率17%，工作服已验收入库。

(69) 29日，一车间领用工作服100套，二车间领用工作服120套，机修车间领用工作服40套，供水车间领用工作服20套。（工作服价值的摊销采用一次摊销法）

(70) 31日，收到R公司发来的丙材料500千克，已验收入库，发票账单尚未收到，暂按单位实际成本50元入账。

(71) 31日，预提本月应负担的短期款利息4 000元。

(72) 31日，接到银行付款通知，本季度短期借款利息12 000元已支付。

(73) 31日，用转账支票向电视台支付产品广告费3 000元。

(74) 31日，年末应收账款余额为243 090元，按应收账款余额3‰的比例计提坏账准备。

(75) 31日，结转发出甲、乙材料的成本差异（材料成本差异率保留4位小数）。

(76) 31日，分配本月职工工资。本月工资总额为55 470元，其中：A产品生产工人工资10 700元，一车间管理人员工资2 100元，二车间生产B、C产品的生产工人工资共20 400元（二车间生产工人工资按B、C产品生产工人耗用工时比例分配，B产品耗用600

工时,C产品耗用400工时),二车间管理人员工资3 030元,机修车间生产工人工资8 100元,供水车间生产工人工资4 200元,行政管理人员工资5 940元,福利部门人员工资1 000元。

(77) 31日,按上述工资总额的14%提取职工福利费。

(78) 31日,采用直接分配法分配本月辅助生产费用(分配率保留4位小数)。本月机修车间实际发生的生产费用为14 754元,供水车间实际发生的生产费用为9 588元。各辅助生产部门提供劳务总量及各部门耗用劳务量如表综-3所示。

表综-3

辅助生产部门	提供劳务总量	各部门耗用劳务量				
		机修车间	供水车间	一车间	二车间	管理部门
机修车间	1 200小时		200小时	400小时	500小时	100小时
供水车间	10 100吨	100吨		6 000吨	3 800吨	200吨

(79) 31日,分配本月发生的制造费用(分配率保留4位小数)。本月一车间实际发生的制造费用总额为32 081.21元,二车间实际发生的制造费用总额为34 090.96元。一车间只生产A产品一种产品,二车间生产B、C产品两种产品,二车间发生的制造费用按B、C产品耗用生产工人工时比例分配(B产品耗用600工时,C产品耗用400工时)。

(80) 31日,采用约当产量法计算本月完工产品成本及月末在产品成本,并结转本月完工产品成本(分配率保留4位小数)。本月各产品所耗用的原材料均为生产开始时一次投入,月末在产品完工程度均为50%。具体数据如下:

A产品本月完工50箱,月末在产品50箱,发生的生产费用总额为136 579.60元,其中直接材料92 773.20元,直接人工12 198元,制造费用31 608.40元。

B产品本月完工45箱,月末在产品60箱,发生的生产费用总额为69 881.56元,其中直接材料35 303.20元,直接工人13 953.60元,制造费用20 624.76元。

(81) 31日,按先进先出法结转本月已售产品成本(本月销售A产品90箱、B产品80箱)。

(82) 31日,计算本月应交的增值税额,并以银行存款缴纳本月应交增值税。

(83) 31日,计算本月应交城市维护建设税和教育费附加,城市维护建设税税率为7%,教育费附加比例为3%。本月应交的增值税全部为产品销售应纳增值税。

(84) 31日,将本月损益类账户余额转入"本年利润"账户,并计算本月的利润总额。

(85) 31日,计算本月应交的所得税额,所得税税率33%。所得税核算采用应付税款法,假设无税收调整项目。

(86) 31日,将本月"所得税"账户余额转入"本年利润"账户。

(87) 31日,按本年税后利润的10%提取法定盈余公积金,按本年税后利润的5%提取法定公益金。

(88) 31日,按本年税后利润的30%向投资者T公司分配利润。

(89) 31日,用银行存款支付分配给投资者T公司的利润。

(90) 31日,以银行存款交清所欠的所得税额。

(91) 31日,将"本年利润"账户年末余额结转到"利润分配——未分配利润"账户。

(92) 31日,将"本年利润"账户有关明细账户余额转入"利润分配——未分配利润"账户,并计算年末未分配利润。

【要求】

1. 根据以上经济业务,编制相关的会计分录。

2. 根据L公司2012年12月有关各总分类账户和明细分类账户余额,编制资产负债表、利润表和利润分配表。

参考文献

1. 企业会计准则编审委员会.企业会计准则:应用指南[M].上海:立信会计出版社,2015.
2. 企业会计准则编审委员会.企业会计准则操作实务[M].上海:立信会计出版社,2015.
3. 王华,石本仁.中级财务会计(第三版)[M].北京:中国人民大学出版社,2015.
4. 刘永泽.中级财务会计(第四版)[M].大连:东北财经大学出版社,2015.
5. 中国注册会计师协会.2016年注册会计师考试指定教材:会计[M].北京:经济科学出版社,2016.

打造学术精品　服务教育事业
河南大学出版社
读者信息反馈表

尊敬的读者：

感谢您购买、阅读和使用河南大学出版社的_____一书,我们希望通过这张小小的反馈表来获得您更多的建议和意见,以改进我们的工作,加强我们双方的沟通和联系。我们期待着能为您和更多的读者提供更多的好书。

请您填妥下表后,寄回或发 E-mail 给我们,对您的支持我们不胜感激！

1. 您是从何种途径得知本书的：
　　□书店　　□网上　　□报刊　　□图书馆　　□朋友推荐

2. 您为什么决定购买本书：
　　□工作需要　　□学习参考　　□对本书感兴趣　　□随便翻翻

3. 您对本书内容的评价是：
　　□很好　　□好　　□一般　　□差　　□很差

4. 您在阅读本书的过程中有没有发现明显的专业及编校错误？如果有,它们是：
_____
_____
_____

5. 您对哪一类的图书信息比较感兴趣：_____
_____

6. 如果方便,请提供您的个人信息,以便于我们和您联系(您的个人资料我们将严格保密)：
　　您供职的单位：_____
　　您教授的课程(老师填写)：_____
　　您的通信地址：_____
　　您的电子邮箱：_____

请联系我们：
电话:0371-86059712　　0371-86059713　　0371-86059715　　0371-86059721
传真:0371-86059713
E-mail:hdgdjyfs@163.com
通信地址:河南省郑州市郑东新区 CBD 商务外环路商务西七街中华大厦2304室
河南大学出版社高等教育出版分社